# RECHERCHES TOPOGRAPHIQUES

## SUR

# MONTPELLIER

## AU MOYEN AGE

FORMATION DE LA VILLE, SES ENCEINTES SUCCESSIVES,
SES RUES, SES MONUMENTS, ETC.

*AVEC QUATRE PLANS*

PAR

L. GUIRAUD

**MONTPELLIER**
CAMILLE COULET, LIBRAIRE-ÉDITEUR
LIBRAIRE DE L'UNIVERSITÉ
5, GRAND'RUE, 5

M DCCC XCV

# RECHERCHES TOPOGRAPHIQUES
## SUR
## MONTPELLIER AU MOYEN AGE

*Extrait des Mémoires de la Société Archéologique de Montpellier.*

MONTPELLIER. — IMPRIMERIE J. MARTEL AINÉ.

# RECHERCHES TOPOGRAPHIQUES

## SUR

# MONTPELLIER
## AU MOYEN AGE

FORMATION DE LA VILLE, SES ENCEINTES SUCCESSIVES,
SES RUES, SES MONUMENTS, ETC.

*AVEC QUATRE PLANS*

PAR

## L. GUIRAUD

MONTPELLIER
CAMILLE COULET, LIBRAIRE-ÉDITEUR
LIBRAIRE DE L'UNIVERSITÉ
5, GRAND'RUE, 5

M DCCC XCV

# RECHERCHES TOPOGRAPHIQUES

SUR

# MONTPELLIER

AU MOYEN AGE

---

Si l'histoire politique d'une ville est indispensable à expliquer sa formation, il n'est pas moins vrai de dire que le tableau de ses mœurs, de ses coutumes, de ses usages ne peut être complet, et même ne saurait être exact, hors du cadre topographique où ces institutions naquirent et se développèrent. Ainsi les évènements et les lieux se prêtant un mutuel secours, l'exposé brillant ou judicieux des uns ne doit point faire négliger l'utile, quoique ingrate recherche des autres.

Nos historiens locaux semblent tous avoir compris cette nécessité, en consacrant à la topographie de Montpellier une partie plus ou moins considérable de leurs travaux. Mais Gariel et D'Aigrefeuille n'ont donné, en se répétant, que d'insignifiantes notices sur les monuments religieux ou établissements scolaires, et l'on regrette de ne retrouver dans les *Études archéologiques* de M. Germain, le meilleur de nos érudits d'ailleurs, que les indications disséminées dans ses nombreux mémoires. Enfin les quelques points traités en détail par divers auteurs, dont s'honore la Société Archéologique de Montpellier, se rapportent à des temps relativement récents ou ont le caractère de monographies très spéciales.

Je crois donc qu'il reste beaucoup à dire sur la topographie de notre ville, même en se limitant à la période que ferment les guerres de religion, même en s'astreignant à ne rien répéter de ce qui en a été déjà écrit. La curieuse collection des compoix et celle très considérable des minutes de notaires, l'une et l'autre jusqu'ici absolument inexplorées, les délibérations du Conseil de Ville et un nombre fort grand de chartes de toute nature, m'ont fourni les éléments que je rassemble depuis plusieurs années dans ce but.

L'extrême multiplicité des points à traiter, aussi bien que la nécessité de mêler constamment la discussion des emplacements à la description des édifices, enfin et surtout les modifications apportées par le temps à l'état des lieux, commandent la division de ce travail en deux parties. Je traiterai dans la première des origines et des progrès de la ville, marqués par l'extension successivement donnée à son enceinte; dans la seconde, on trouvera tout ce qui est relatif à la situation et à l'aspect des monuments, marchés, rues et quartiers.

Quatre plans accompagnent ce travail. Sur l'un, d'échelle plus réduite, on pourra saisir l'ensemble de Montpellier, et reconnaître le tracé de ses diverses enceintes, ainsi que la place de ses monuments. Les autres, consacrés à des quartiers particulièrement intéressants, ont reçu un développement plus considérable à cause du nombre et de l'enchevêtrement des édifices ou lieux publics groupés dans ces parties de la ville. Ils donnent, en outre, l'état actuel, afin de permettre la comparaison.

# PREMIÈRE PARTIE

## I.

Les trois différentes délimitations entre Montpellier et Montpelliéret : originelle, ecclésiastique, civile. — L'enceinte primitive : son tracé par les Tour et Porche d'Obilion, le premier château à Saint-Nicolas, la Tour d'En Canet, Castel-Moton, Sainte-Croix, le Peyrou, Saint-Firmin. — Montpelliéret fortifié.

C'est vers la fin du ix<sup>e</sup> siècle, qu'Arnaud de Verdale place la donation de Montpellier et de Montpelliéret, à l'évêque de Maguelone Ricuin II, et l'inféodation par celui-ci de Montpellier au premier de nos Guillems. Muette jusque-là sur l'exacte origine de ces deux centres de population, l'histoire le reste un siècle encore sur leur développement. L'acte par lequel se révèlent leurs rapports, constate l'usurpation accomplie au préjudice de Montpelliéret, par le seigneur sur l'évêque. N'en devait-il pas être ainsi, en vertu de la logique souvent brutale, mais irrésistible, des intérêts humains ?

Que des deux bourgs donnés à l'Église de Maguelone par les sœurs de saint Fulcran, Montpellier ait été le plus anciennement formé et le plus important aussi par le nombre de ses habitants, c'est bien ce qu'indique la comparaison des noms et de la position, car il est naturel de penser que les premiers émigrants, venus de Maguelone ou d'Espagne, se firent la meilleure part. Je ne crois pas cependant qu'il en faille conclure en faveur d'une étendue territoriale plus considérable à l'origine, l'opinion communément reçue sur leurs limites respectives n'étant que la résultante d'empiètements successifs dus à des évènements qu'il me faut rétablir.

Ces évènements ont donné lieu à trois délimitations différentes : 1° primitive, entre les deux bourgs de Montpellier et de Montpelliéret ; 2° ecclésiastique, entre les paroisses Saint-Firmin (Montpellier) et Saint-Denis (Montpelliéret); 3° civile, entre la Baylie et la Rectorie.

Je suis tout d'abord obligé de prouver l'antériorité de la division ecclésiastique sur la division civile, l'opinion contraire ayant été émise par le regretté M. Germain (1).

C'est au commencement du xii° siècle et, pour préciser, le 5 septembre 1113 qu'apparaît dans nos documents la dénomination de paroisse Saint-Firmin, paroisse Saint-Denis (2). Jusque-là, il avait été seulement question d'églises (3), constatation qui confirme une opinion aujourd'hui acquise à la critique. Or, c'est au moment de la formation de ces paroisses qu'on dut en tracer les limites. Celles-ci n'avaient aucun motif de varier, au sein d'une société religieuse, imbue par son tempérament moral des idées de tradition, naturellement respectueuse du droit d'autrui et fort jalouse de garder le sien dans toute son intégrité. Je suis donc d'autant plus persuadé de les trouver dans les privilèges de l'église Saint-Firmin, au commencement du xv° siècle, identiques à celles du xii° siècle, que je les montrerai tout à l'heure en parfait accord avec les évènements. Cette délimitation, la voici : *Primo, a portali de Lecatorio extra murum, et eundo per viam rectam que duxit ad Botonetum usque ad primum cantonum ad manum sinistram, que duxit ad viam que venit a portali Blancarie et vadit usque ad divisionem parrochie Sancti Mauricii, et sequendo usque ad pontem Gay Juvenalis, revertendo per illam viam usque ad portale Latarum est territorium parrochie Sancti Dionisii. Intrando per dictum portale ad sinistram usque ad Sanctam Fidem et transeundo per carreriam retro Monetam, continuando usque ad aulam et cantonum domus episcopalis, revertendo usque ad furnum que passe ad cantono Petri Borniole, revertendo usque ad portam ecclesie nove Sancte Katharine usque ad portale Blancarie; totum quod est a manu dextra est parrochie Sancti Dionisii; residuum totum intra muros Montispessuli est parrochie Sancti Firmini* (4).

Quant à la délimitation civile, elle trouve son origine dans

(1) A. Germain, *la Paroisse à Montpellier au moyen âge*, p. 3.
(2) *Liber instrumentorum memorialium*, p. 260.
(3) *Ibid.*, p. 69.
(4) Livre des Privilèges de Saint-Firmin, publié par A. Germain, dans *la Paroisse à Montpellier au moyen âge*, p. 42.

un accord du 5 janvier 1263, entre le roi d'Aragon Jacques Ier et l'évêque de Maguelone, Guillaume Christol. Depuis qu'une enceinte commune avait réuni Montpellier et une partie de Montpelliéret, la tentation d'absorber cette dernière était venue au prince; il émettait des prétentions analogues au sujet du faubourg de Villefranche, sur les bords du Merdanson. Après de longues discussions contradictoires et un arbitrage, les parties transigèrent, quant aux revendications territoriales du Roi, sur les bases suivantes. La ligne de démarcation serait tracée ainsi : *Et exinde descendit per rectam viam usque ad vadum Juvenale et ex ipso vado Juvenali per rectam viam usque ad aygarelam nigram, que transit juxta fontem de Priveiranicis. Et exinde sicut dicta aygarela ascendit usque ad carreriam que vadit versus Barcas, et per illam carreriam usque ad quadrivium quod est juxta domum quondam Guiraudi de Barca, que jungitur cum clausura Fratrum Minorum. Et exinde sicut itur per carreriam que transit ante viridarium quondam Petri Salvatoris usque ad viam que est juxta dogam vallati Montispessulani, ubi est unus terminus positus, per quam viam protenditur usque ad portale Obilionis, que via et portale erunt communia predictis domino Regi, domino Montispessulani, et Episcopo, et sicut itur de isto portali per carreriam Fustarie que transit per Petram et ante ecclesiam Sancte Fidis et per Flocariam et per Agulhariam veterem et juxta aulam ipsius Episcopi, et exit directe per portale Sancti Egidii usque ad portale Sancti Spiritus, quod est juxta Merdancionem. Et exinde sicut descendit sive discurrit alveus Merdancionis usque ad Selicatas* (1).

On le voit en comparant les deux dernières délimitations : pour la partie urbaine, elles différaient d'une portion comprise entre les deux portes de Saint-Gilles et de la Blanquerie; quant à la partie faubourienne, en échange de la populeuse agglomération de Villefranche, formée sur les bords du Merdanson et conduisant jusqu'à Boutonnet, possession de l'Évêque, celui-ci ne recevait que des terrains incultes entre la porte de Lattes et l'Aiguerelle. Cet accord, imposé au prélat par la puissance de son adversaire, consacrait donc un progrès de Montpellier au détri-

---

(1) Cartulaire de Maguelone, reg. E, f{os} 118 v° et suivants.

ment de Montpelliéret. Et j'ajoute : un progrès nouveau, car la délimitation ecclésiastique elle-même marque le fait d'une dérogation à l'état primitif des choses. Remontons à celui-ci.

Depuis trois siècles, l'évêque de Maguelone et les clercs restés près de lui végétaient à Substantion. Arnaud, de grande et sainte mémoire, conçut le projet de replacer dans l'île désertée son siège épiscopal ; et, comprenant la difficulté qu'il aurait à faire accepter à un clergé séculier ce séjour insalubre et triste, il fonda une communauté de chanoines sous la règle de Saint-Augustin. Mais cette entreprise, qui l'absorbait, et surtout son remplacement par un évêque simoniaque, favorisèrent l'ambition du seigneur de Montpellier, Guillem V. Celui-ci commença par prendre position à la limite des deux bourgs en y construisant un château, traité de forteresse par un serment de fidélité de l'époque (1). Puis, usurpant le fief concédé par l'Évêque à Pierre Liacas dans Montpelliéret, il en enferma hardiment une partie dans l'enceinte fortifiée qu'il élevait autour de sa ville. Il ne fallut pas moins que l'énergie de Godefrid, alors évêque de Maguelone, et l'appui de prélats circonvoisins, pour amener à résipiscence le très entreprenant seigneur. Néanmoins on dut céder quelque chose à la violence. Guillem V fut autorisé à garder toute la portion du fief de Pierre Liacas mise à l'intérieur des murs et fossés de Montpellier et, en outre, le tiers du fief restant hors de ces mêmes murs (2). Il est évident que, si l'on connaissait l'étendue totale des acquisitions faites par Guillem V en 1090, la ligne de démarcation primitive entre les deux bourgs serait, du fait même, établie. Malheureusement ce résultat ne peut être obtenu avec une certitude absolue pour la portion englobée *intra muros*. Quant à l'autre, elle me paraît naturellement indiquée par le terrain compris entre le tracé de l'enceinte primitive et celui de la circonscription ecclésiastique qui, créée entre 1090 et 1143, a dû nécessairement être commandée par le nouvel ordre de choses. On conviendra, en effet, qu'à l'origine, la paroisse dite Saint-Firmin de Montpellier ne devait rien comprendre de Montpelliéret, et réciproquement celle qu'on dénommait Saint-Denis

---

(1) *Liber instrum. memor.*, p. 269.
(2) *Ibid.*, p. 69.

de Montpelliéret n'empiétait point sur Montpellier. La ligne de délimitation des paroisses étant connue, je vais essayer d'établir celle de l'enceinte primitive.

L'existence d'une première enceinte, antérieure à celle dont nos boulevards marquent le tracé, se déduit de tous les actes que je citerai et de ceux qui, au commencement du XIII$^e$ siècle, parlent d'un agrandissement alors accompli. Si la pénurie des documents ne me permet que de jalonner cette enceinte, du moins ce sera par des traits essentiels.

C'est d'abord, dans la partie limitrophe à Montpellier et Montpelliéret, une portion de la ligne commune aux délimitations civile et ecclésiastique, portion représentée par les rues Jacques-Cœur et de la Monnaie. J'y remarque, aux extrémités, les tours d'Obilion et d'En Canet et, vers le milieu, le premier château des Guillems, cédé aux vicaires en 1104. Cette ligne, fort bien protégée contre les revendications de l'Évêque de Maguelone, avait pour point de départ le porche d'Obilion, issue de ville dont l'étroitesse et la solidité étaient combinées dans un but évident de défense.

Aux termes d'un acte de 1127, une maison située *prope porticum qui vocatur d'Obillum* se trouvait à l'extrémité de la rue Flocarié et sur le chemin allant à Centrairargues (1). La position de la Flocarié est connue : c'est la rue actuellement appelée Jacques Cœur. Quant à Centrairargues, c'était une petite localité, dont le nom a disparu, mais qui était située près du Lez et formait un prieuré desservi par l'église Saint-Hilaire, ruinée en 1562 (2). Dans le texte qui m'occupe et tous ceux de la même époque, le chemin de Centrairargues désigne constamment celui qui mène au Lez, et pour lequel prévaudra bientôt le nom de chemin de Lattes. Qui dit chemin parle d'une voie *extra muros* ; il fallait donc que le porche ou la porte d'Obilion se trouvât en arrière de

---

(1) *Liber instrum. memor.*, p. 92.

(2) Je relève, comme preuve d'une identification qui n'a jamais été faite, des désignations de tènements à la dîmerie Saint-Hilaire ne laissant aucun doute à ce sujet : lieu dit au Malpas (Arch. dép. de l'Hérault, série G, Invent. du Chap. cathédral de Montpellier par Fr. Joffre, t. I$^{er}$, p. 230) ; lieu dit à la Font de Lattes (*ibid.*) ; Mas d'Encivade (*ibid.*, p. 398).

la rue de la Flocarié; et dès lors, je n'hésite point à l'assimiler avec ce pont ou arc d'Obilion détruit en 1268 pour dégager la rue actuelle de la Loge. Cet arc la traversait près de la maison de la Tour d'Obilion, à laquelle il était attenant. On voit, en outre, par l'acte de l'acquisition qu'en firent les Consuls pour le détruire qu'il renfermait des constructions à l'intérieur et au dessus de son ouverture (1).

La maison de la Tour d'Obilion était contiguë à l'arc. Cet immeuble reçut son nom de l'ancienne famille de bourgeois si fréquemment mentionnée au XII<sup>e</sup> et au XIII<sup>e</sup> siècle ; mais il fut démembré de bonne heure. J'en trouve une preuve dans le premier compoix connu de Sainte-Foy, où l'on voit la maison Pons d'Apchier, aujourd'hui le n° 7 de la rue des Trésoriers de

---

(1) *In nomine Domini Jhesu Christi, amen. — Anno Incarnationis ejusdem millesimo ducentesimo sexagesimo octavo, scilicet octavo idus marcii... ego Johannes de Casis major.... vendo, cedo.... vobis Petro de Cumbis.... consulibus ville Montispessulani.... scilicet totum illum pontem meum sive arcum cum omnibus ac singulis hedifficiis in ipso ponte vel arcu et supra ipsum et infra ipsum pontem sive arcum factis et positis, qui pons sive arcus est apud turrem Obilionis infra Montempessulanum supra carreriam publicam qua itur de ecclesia Beate Marie de Tabulis ad portale Montispessulani quod vocatur portale Obilionis, per etiam portale exitur de Montepessulano versus iter Latarum et versus domum Fratrum Minorum, qui etiam pons sive archus predictus venditus est, et fuit inter domum meam turris Obilionis, que fuit Petri Alberti, et domum Raymundi Cavalerii, blanquerii, et ejus uxoris, filie quondam Jacobi Tibaudi, ita scilicet quod dictus pons sive archus venditus et omnia edificia in ipso et supra ipsum et infra ipsum pontem sive arcum facta et posita penitus destruantur, demoliantur et removeantur, atque perpetuo sint et esse debeant inde remota, neque aliquo tempore possint ibidem esse vel refici sive restitui aut reedificari aliqua racione vel concessione seu alicujus juris racione vel causa. Sed neque ego vel mei successores possimus aliquo modo ullo tempore in dicta domo nostra de Turri Obilionis supra carreriam publicam, in loco et prope locum in quo modo est dictus pons sive archus, facere biscalinum aliquem sed neque auvannum ultra terciam carrerie. Et preterea quod omnia et singula hedifficia facta in dicta domo mea a domo Petri Ramundi, filii quondam domini Ramundi Petri de Sancto Egidio, et ejus uxoris, recta linea usque ad signum factum ad pedem et infra pedem hedificii dicte domus mee, quod signum factum est ibidem per Johannem de Rippa et Durantum Gaudou, magistrum de petra, removeantur penitus et removeri debeant, ita quod in perpetuum ibi non sint neque fieri vel refici possint vel rehedificari ibidem.* (Arch. mun. de Montp., grand chartrier, arm. F, cass. VII, pièce n° 13).

Le même jour Raymond Cavalier, blanquier, vendait sa maison *ad dilatationem carrerie que est inter domum Johannis de Casis vocatam Turris Obilionis et domum meam*. (Ibid.)

France, absorber une «part de lostal de la Torre d'En Bilhon»(1). Mais la fraction principale gardait le nom usité. En 1598, Jean Anchés, trésorier de France, est dit posséder la maison « où est la Tour d'Embillon », confrontant Alard et Valobscure de part et d'autre, du devant la rue, du derrière Gaillard (jadis Pons d'Apchier). Changée en 1639 sur Moïse Mauran, orfèvre, elle passa en 1648 à un boulanger, Ozias Atgé, après lequel l'immeuble fut démembré. Tandis que sa fille Louise gardait la partie qui a formé la maison portant le numéro 21 de la rue de la Loge, le 11 juin 1693, une autre fut vendue à Marguerite de Gaillard, propriétaire de cet immeuble, aujourd'hui n° 7 de la rue des Trésoriers de France, qui jadis en avait absorbé une parcelle. La portion vendue est représentée par celle du magasin occupé par M. Mouton, confiseur, qui donne du côté de la rue de la Loge. Le 6 juin 1729, une troisième partie passait à Jacques Mouton Laclotte, bourgeois, et a formé le numéro 9 de la rue des Trésoriers de France (2). On voit, par les détails qui précèdent, que les parcelles connues de la maison dite de la Tour d'Obilion enchâssaient les immeubles placés aux angles des rues de la Loge et Jacques Cœur, de la Loge et des Trésoriers de France. Pour ce motif, je crois que ces derniers durent, à l'origine, faire partie de cette maison, et dès lors la Tour d'Obilion n'est autre que cet épais massif de maçonnerie englobé dans l'immeuble n° 23 de la rue de la Loge et placé sur la ligne de délimitation.

L'exacte position du Château est d'autant plus malaisée à déterminer, que les actes s'y rapportant reproduisent tous ou à peu près celui de 1104, qui en stipulait cession aux vicaires, et qu'en outre, il disparut de bonne heure sacrifié aux rancunes de Guillem VI. *Locale totum ubi fuit castrum vegairale*, dit un document de 1150 (3). Néanmoins, on a toujours placé le Château dans cette partie de la rue Aiguillerie qui fait face à la place Jacques Cœur. La proximité de l'arc Saint-Nicolas, sur laquelle on s'est basé, ne constitue pas, à elle seule, une preuve convaincante, puis-

---

(1) C. Sainte-Foy, 1429, f° 7.
(2) C. Sainte-Foy, 1598, f° 210; après 1600, f°° 199 et 209; 1600 veau, f° 211; 1738, f° 210; actes de vente.
(3) *Liber instrum. memor.*, p. 225.

q i'elle se prête à une double hypothèse. Et pour moi, je croirais assez probable que le Château primitif était situé en majeure partie à droite de la rue Aiguillerie, dans un îlot que délimitent cette rue, le côté de la place Jacques Cœur, une ruelle venant de la rue Embouque d'Or et se dirigeant vers l'angle rentrant de la rue Henri IV, et enfin cette dernière, jusqu'à sa jonction avec celle de l'Aiguillerie. La ruelle dont je parle se décèle dans le jardin de la maison qui porte le n° 2 de la place Jacques Cœur par l'existence d'une ancienne fenêtre ; et, au xviii° siècle, elle se continuait par ce qu'on appelait « le porche à Griffy », venant ressortir juste en face du débouché de l'impasse actuelle Tour d'En Canet. L'îlot en question comprend encore, après des alignements successifs, cinq vastes immeubles, autrefois morcelés à plus du double ; il avait donc une étendue assez considérable.

Quant à sa situation, il me paraît répondre mieux qu'aucun autre lieu aux quelques indications conservées sur l'ancien Château. Un document de 1139 place *juxta portam castelli* les maisons de Pierre Adalguier (1), et en 1183, je trouve celle de Guillaume Adalguier, marquée au chevet de l'église Saint-Nicolas, derrière le vieux mur d'enceinte de Montpellier (2). En outre, la comparaison des actes de cession ou inféodation aux vicaires en 1104, 1139, 1150 et 1183, et de rachat en 1200 (3), montre le Château, son sol, les maisons et tables au chevet et autour de l'église occupant successivement la même place. Enfin, l'on sait que le Château primitif était muni de tours et clos de murs (4), et il est bien naturel de penser que ceux de l'enceinte avaient dû être partiellement utilisés à cet effet. Or, l'acte de 1163 parle expressément du mur d'enceinte situé derrière la rue allant de l'arc Saint-Nicolas à l'Argenterie, c'est-à-dire, ainsi que je le prouverai plus tard, à la rue actuelle de la Loge, ce qui ne peut s'entendre que de celle d'En Bocador, aujourd'hui représentée par la place Jacques Cœur, et les rues Embouque d'Or et des Trésoriers de France.

(1) *Liber instrum. memor.*, t. I, p. 219.
(2) *Ibid.*, p. 239.
(3) *Ibid.*, pp. 207, 219, 225, 239 et 246.
(4) *Ibid.*, pp. 207 et 219.

Mais je suis loin de nier que le Château n'aura eu quelque partie du côté opposé de l'arc Saint-Nicolas, l'existence de celui-ci ne pouvant se justifier que par l'hypothèse de la communication à ménager ou par celle d'une issue de ville à établir. Cette dernière supposition aurait pour elle : 1° le passage de la voie publique sous l'arc, *preter viam que sufficienter ampla remaneat* (1); 2° sa dénomination : *porta que dicitur Sancti Nicholai* (2); 3° l'analogie de construction avec le porche ou arc d'Obilion. Comme celui-ci, en effet, l'arceau Saint-Nicolas est bâti au-dessus et au dedans, de chaque côté de l'étroit passage qu'il laisse à la circulation (3).

A l'extrémité de l'îlot où je suppose que s'éleva le Château, le mur d'enceinte dut être percé pour mettre en communication directe Montpellier et Montpelliéret. Cette ouverture me paraît avoir été placée sur la ligne de la rue actuelle Henri IV, car une inféodation de l'évêque de Maguelone à Guillaume de Conques, en 1211, parle de terrain situé dans l'île (île de la Miséricorde), *in via publica qua itur de portali Montispessulaneti versus portaletum* (4). Ce petit portail, encore sur les terres de l'Évêque, étant à l'entrée de la rue Montpelliéret, il me semble qu'il devait correspondre à une ouverture du mur de Montpellier. En outre, celle-ci est mentionnée expressément en 1183 aux environs de Saint-Nicolas, dans la rue allant à l'Argenterie, ou rue Embouque d'Or (5).

Tout près de là était la tour d'En Canet. La tradition la place dans la rue de l'Aiguillerie, à la pointe formée par celle-ci et l'impasse Coste, dite depuis 1851 de la Tour d'En Canet. La légende rapporte de son côté l'histoire de certain chien sauvant son maître par la découverte d'un assassin, d'où le petit chien (*Canet*) sculpté sous le balcon qui fait angle; ce détail architectural ne signifie rien, car la légende ne tient pas debout : la seule présence de la particule *En*, indique un nom patronymique de

---

(1) *Liber instrum. memor.*, pp. 207 et 219.
(2) *Ibid.*, pp. 207 et 219.
(3) *Ibid.*, pp. 207 et 219.
(4) Cartul. de Mag., reg. E, f° 137.
(5) *Liber instrum. memor.*, p. 239.

bourgeois montpelliérain. Quant à la tradition, elle est exacte, et je suis en mesure d'indiquer, par la succession des propriétaires, l'emplacement de la maison dite de la Tour d'En Canet. En 1544, elle appartenait au fustier Bernard Besson. Jean, puis Pierre Salamon, la possédèrent ensuite. Vendue à Théodore de Gau, garde des archives du Domaine, elle fut réunie à celle de Jean Martin, orfèvre, qui lui servait d'unique confront, et cela du côté vers la Loge. Aussi, l'entier immeuble est-il dit, après Théodore de Gau, maison joignant la Tour d'En Canet et confrontant d'une part le plan de ce nom, d'autre Pierre Gache, du devant la rue de l'Aiguillerie, et du derrière les hoirs Joubert. Pierre Gache, dont la maison avait été, elle aussi, formée de deux autres, faisait coin sur la rue menant à la Monnaie, aujourd'hui Henri IV, et l'immeuble Joubert est celui qui, après modifications, porte le numéro 14 de la rue du Collège. Un plan dressé en vue de l'élargissement de la rue allant de l'Aiguillerie à l'Esplanade (1), montre clairement la position des immeubles énumérés ci-dessus. Quant à celui qui avait englobé la tour d'En Canet, il était passé successivement, en 1606, à Antoine Coste, puis à André, en 1637, à Henri Brey, dont la veuve, Marguerite de Bosc, l'eut après lui. En 1759, il était la propriété du sieur Jaquet. Enfin, le 26 février 1779, Thomas Vergny l'achetait (2), et Flandio de la Combe l'indique sous le nom de Vergnes, avocat, n° 237. Actuellement cet immeuble est fondu avec celui qui faisait coin sur les rues de l'Aiguillerie et Henri IV ; et, les quatre maisons séparées au xv° siècle s'étant ainsi agglomérées, il importait de remonter jusque-là pour déterminer avec certitude la position de la tour. J'ignore à quelle époque elle disparut.

Cette tour d'En Canet protégeait-elle simplement une entrée du Château faisant vis-à-vis à la porte Saint-Nicolas, ce qui justifierait l'expression de l'acte de 1104 à propos de ce Château : *cum egressu et regressu ?* Servait-elle de défense à une porte de

---

(1) Arch. mun. de Montp., série II, n° 490.
(2) C. Sainte-Foy, 1544, f°° 110 et 114 ; Saint-Matthieu, f° 396 ; Sainte-Foy, 1598, f°° 310 et 311 ; Saint-Matthieu, f° 462 ; Sainte-Foy, après 1600, f° 410 ; 1606, vente, f° 291 ; 1738, f° 313.

ville ? Et dans ce cas, s'agit-il de l'issue ouverte du côté de Montpelliéret dont j'ai déjà parlé, ou bien d'une autre répondant au chemin qui, venant de Nimes, est pour ce motif appelé *via Francisca, rua Francigena*, dans la partie de l'Aiguillerie située au-delà du Château ? Il est fort difficile de résoudre semblables difficultés, et je me contente de les poser.

La dernière hypothèse implique le fait que l'enceinte de Guillem V aurait poussé une pointe vers le nord-est, sur la pente du plateau, ce qui, nous le verrons, est une dérogation au tracé d'ensemble. Mais elle a des présomptions si sérieuses que je l'adopterais de préférence. Je mets en premier lieu un texte de 1294, mentionnant au lieu dit portail du Cannau un tenant de maisons placé entre le four de Guillem Dupuy, bourgeois, et la rue publique allant du carrefour d'En Camburat vers l'église Saint-Matthieu (1), c'est-à-dire la rue qui s'appelle aujourd'hui du Bout du Monde, par corruption de Bout du Mont. Cette rue ainsi identifiée, il s'agirait de retrouver le four de Guillem Dupuy. Ici je ferai remarquer que, le nombre des fours étant limité à cette époque, le voisinage immédiat de celui qu'on appelait au XIV<sup>e</sup> siècle le Four qui passe, semble trancher la question. L'île Four qui passe était celle que circonscrivent les rues actuelles des Écoles-Laïques, Bout du Monde, du Plan de l'Olivier, Verrerie-Basse, Sainte-Ursule, Aventurin et la place de la Chapelle-Neuve. Or la ligne de la délimitation paroissiale suivait justement cette île où se trouvaient deux de ses points : le coin de Pierre Borniole, à l'angle de la rue des Écoles-Laïques et de la place de la Chapelle-Neuve (2), et le Four qui passe; autre témoignage en faveur de l'existence du mur d'enceinte en ce lieu. Enfin, il paraît logique d'admettre que Guillem V aura voulu englober dans sa ville cet entier quartier du Cannau qui, selon les compoix, s'étendait de

---

(1) Le 1 mars 1294 Raymond Porcien vend : *totam meam quandam domorum teneuciam quam habeo in Montepessulano, in loco vocato portale Capitis* (sic) *novi et confrontatur ex parte una cum furno Guillelmi de Putheo, burgensis, et ex alia parte cum carreria publica qua itur a trivio vocato de Camburat versus ecclesiam Sancti Mathei et retro cum hospiciis que quondam fuerunt magistri Cardinalis, phisici*. (Arch. mun. de Montp., série BB, minutes de Jean Grimaud, notaire, de 1293, f° 84 v°.)

(2) C. Saint-Matthieu, 1525, f<sup>os</sup> 113 et suivants.

la place actuelle du Marché aux Fleurs jusqu'à la pente raide débouchant dans la rue Bout du Monde.

Et maintenant, que la ligne de fortification fît ce détour très probable vers l'extrémité de la rue de l'Aiguillerie pour remonter par celles du Bout du Monde, École de Pharmacie et Germain, ou bien qu'elle tournât à angle droit près de la tour d'En Canet, en suivant les rues Carbonnerie et de Girone, l'un et l'autre tracé viennent aboutir, par la rue Fournarié, à un autre point acquis de la vieille enceinte.

Ce point se trouvait au quartier de Castel-Moton et Sainte-Croix. Qu'entendre par la première de ces dénominations?

*Castrum Multonem*, dit un acte de 1150 (1), malheureusement postérieur à la révolte de 1144; car, si la supposition d'une propriété privée désignée par le nom de *castrum*, doit être écartée *à priori*, eu égard aux coutumes de l'époque, il n'en saurait être de même de celle qui en ferait la forteresse élevée par Guillem VI à la suite de cette sédition. Pourtant, je ne crois pas qu'il faille se faire de cette hypothèse-là une objection sérieuse; voici pourquoi. La forteresse de Guillem VI est appelée Tour de Montpellier par le *Petit Thalamus* (2) et par un acte de 1207, qui, en autorisant la démolition avec celle des ouvrages du Château, semble bien en faire une dépendance de celui-ci (3). En outre, le Château de Montpellier ayant été positivement commencé sous Guillem VI et dès la fin de l'année 1143 (4), comme la Tour de Montpellier (5), il n'est pas croyable que ce seigneur, en fortifiant deux points différents de la ville, ait ainsi éparpillé ses moyens de défense et gaspillé des sommes qu'il était obligé d'emprunter (6). Il ne resterait donc plus à voir

---

(1) *Liber instrum. memor.*, p. 225.

(2) *Petit Thalamus*, p. 329.

(3) *Anno Incarnationis ejusdem millesimo ducentesimo septimo, octavo idus augusti, Domina Maria.... donavit et concessit consulibus.... quod turrim Montispessulani diruerent et vallum et omnes munitiones castri de Montepessulano prorsus destruerent et explanarent.* (Arch. mun. de Montp., grand chartrier, arm. A, cass. IV, pièce n° 7).

(4) *Liber instrum. memor.*, p. 33.

(5) *Petit Thalamus*, p. 329.

(6) *Liber instrum. memor.*, p. 387.

dans le lieu appelé *Castrum Multonem*, *Castrum Mutonis*, que la résidence choisie par Guillem V, lorsqu'il céda le château près Saint-Nicolas aux vicaires, dès le début du xii⁰ siècle.

A l'instar du premier château, le second se trouve près du mur de primitive enceinte. La position de ce mur, en effet, est certaine, grâce à une mention relative à la maison de Guillem VI. Il y est déclaré que le mur passait derrière la chambre de ce seigneur, donnée par lui à l'église Sainte-Croix, et qu'il servait de clôture à la demeure dont faisait partie cette chambre (1). Où se trouvait le manoir ou résidence de Guillem VI ? Je vais le dire.

Le 11 février 1152, en présence et du consentement de son père, alors moine à Grandselve, le jeune Guillem VII fit, avec le prieur de Saint-Firmin, un échange d'immeubles, où le seigneur de Montpellier abandonnait à l'église paroissiale, pour en faire l'habitation des prêtres, la maison de son père Guillem VI (2). Or le Livre des Privilèges de Saint-Firmin débute ainsi : *Et primo canonica Sancti Firmini que alias fuit palatium et domus prima domini Guillermi Montispessulani et Hermessendis avie sue domini de Montepessulo, et eorum cappella erat cappella Sancti Crucis contigua domui, qui moti dominus Guillermus et Hermessendis fervore devotionis dederunt pro salute animarum suarum Deo, Sancto Petro et Paulo, et Beato Firmino cum suis libertatibus, immunitatibus, franchisiis et privilegiis predictum palatium seu domum cum cappella Sancte Crucis et claustrello contiguis* (3).

Indice très précieux, l'attenance de l'église Sainte-Croix avec la demeure de Guillem VI, devenue la Canourgue Saint-Firmin, ne suffirait pas pourtant à nous fixer. Plusieurs maisons à Montpellier ont porté ce nom de canourgue, qui s'explique de lui-même. Je ne parle pas de celles de Notre-Dame des Tables et de Saint-Denis de Montpelliéret, affectées aux desservants de ces églises respectives. Mais, voisins l'un de l'autre, et tous les deux placés de façon que leur sol s'est trouvé sur la place de la Canourgue, deux de ces immeubles doivent être soigneusement distingués. J'y reviendrai plus tard avec détails ; il

(1) *Liber instrum. memor.*, p. 287.
(2) *Ibid.*, p. 287.
(3) A. Germain, *la Paroisse à Montpellier au moyen âge*, p. 37.

me faut, d'ores et déjà, dire qu'on appelait Grande Canourgue une maison appartenant au Chapitre de Maguelone, dans l'île située à l'entrée du square de la Mairie, et qui a disparu il y a une trentaine d'années. Cette Grande Canourgue était donc isolée de l'église Sainte-Croix. Quant à l'autre, dite par opposition Petite Canourgue ou Canourgue de Saint-Firmin, elle faisait partie de l'île même de Sainte-Croix. Tous les compoix du sixain de ce nom la montrent placée vers le chevet de l'église, faisant retour sur la rue du Puits des Esquilles. Ceci concorde avec les indications fournies par Guillem VI, dans son testament. Il y déclare avoir bâti l'église Sainte-Croix *juxta domum meam*. En outre, il donne aux desservants de cette chapelle sa chambre *prope ipsam ecclesiam*. Enfin, il mentionne un cloître ou promenoir, dont trois côtés sont formés par l'église, par sa chambre et par la salle de la maison, cette salle faisant angle droit avec la chambre, et par conséquent vis à vis à l'église, sur sa façade latérale. Quant au jardin, comme la chambre, concédé aux chapelains, il se trouve au chevet de Sainte-Croix (1). C'est donc là aussi, derrière la chambre de Guillem VI, que passe le mur d'enceinte dominant la pente rapide qui dévalait perpendiculairement à la façade de l'ancienne Faculté des Sciences, et dont les descentes Sainte-Croix et de la Faculté des Sciences donnent l'idée très exacte.

Dans cette portion du mur d'enceinte, les documents marquent une porte de ville qui me paraît répondre au débouché vers la Blanquerie, la maison d'un certain Pierre Calvet servant de point intermédiaire entre la chambre de Guillem VI et le *portale Rofi*, et un terrain vendu en ce lieu au même seigneur par Raymond de Malbosc, en 1129, étant dit *infra muros et extra muros* (2).

Le troisième point acquis de l'enceinte confine à la partie culminante de la ville, le Peyrou. Mais il ne faut pas confondre celui-ci avec le monticule ainsi dénommé aujourd'hui, et qui portait alors le nom de Puy Arquinel. Le Peyrou correspondait au sommet du plateau qui s'abaisse brusquement au nord et au sud par les pentes de Coste-Frège et de la Valfère. Un acte de

---

(1) *Liber instrum. memor.*, p. 177.
(2) *Ibid.*, p. 259.

la seconde moitié du xii° siècle mentionne l'acquisition faite par le seigneur de Montpellier d'une terre sise *al Petrun* et contiguë de l'occident au portail par lequel on va vers Saint-Côme. Cette terre est dite confronter du couchant *cum vallo et cum cava*, et du levant *cum cava veteris valli* (1). Le parallélisme de la première et de la seconde enceinte étant ainsi établi à cet endroit, la position du mur primitif me paraît devoir être fixée vers le haut de la rue Nationale, dans la partie jadis occupée par la rue Astruc. Rien de plus naturel, au surplus, puisque ce lieu est intermédiaire entre Sainte-Croix et Saint-Firmin, dernier point certain de l'enceinte.

C'est à un document de 1132 que l'on doit cette indication. Par cet acte, les trois frères Ebrard font acquisition d'une maison, sise *ad Sanctum Firminum*, et dont il est dit : *et retro jungitur cum muro* (2).

De Saint-Firmin au porche et à la tour d'Obilion, que j'ai pris comme point de départ, les jalons font défaut pour suivre le tracé de la primitive enceinte, et les itinéraires qu'on pourrait proposer sont purement conjecturaux ; c'est pourquoi je n'insisterai pas. Le plus probable, en tenant compte d'un fait que je vais bientôt déduire de ce qui précède, est celui qui, maintenant la ligne d'enceinte sur la hauteur, la ferait passer par la rue Philippy, l'impasse Ranchin, la rue de la Friperie, le plan du Sauvage, une ruelle inféodée à travers l'île Gallières, de Flandio de la Combe, et perpendiculaire à la rue du Bras de Fer, par la rue Causit, partie de celle de la Croix d'Or et ruelle inféodée aboutissant à la Grand'Rue.

Si, maintenant, l'on reprend les divers points acquis de la primitive enceinte : porche et tour d'Obilion, premier Château près Saint-Nicolas, tour d'En Canet, portail du Cannau, Castel-Moton et Sainte-Croix, l'extrémité de la rue Nationale, Saint-Firmin, et qu'on jette les yeux sur un plan de Montpellier, en tenant compte par la pensée de la déclivité du sol, deux faits connexes ressortiront de cet examen. En premier lieu, l'enceinte

---

(1) *Liber instrum. memor.*, p. 279.
(2) *Ibid.*, p. 373.

primitive réduit la ville à la partie dominante du mont, au plateau, sauf une exception au Cannau, sur laquelle je vais revenir. En second lieu, le parallélisme des deux enceintes urbaines, que nous verrons compléter au xive siècle par celui de la palissade, reste à peu près constant. A cela rien qui étonne. Si, à une époque comme la nôtre, où de nouveaux facteurs de prospérité, tels que les lignes ferrées, le groupement des intérêts universitaires, la multiplication d'établissements humanitaires publics ou privés, peuvent contribuer puissamment à favoriser tel ou tel quartier, le développement reste à peu près égal par rapport à la ligne de nos boulevards, il en dut être bien davantage ainsi, lorsque la ville était limitée au seul plateau de ce mont fermé, qui lui donna bien véritablement son nom : *Mont peylat*, Montpellier. Ce fut sur tous ses flancs à la fois, mais de préférence vers les pentes méridionales, plus douces et tout ensoleillées, que s'étendirent le mouvement et la vie. Et lorsque, à diverses reprises, il fallut mettre à l'abri ces nouveaux éléments de population, les enceintes successives se juxtaposèrent à celle dont je viens d'établir pour la première fois l'existence (1).

Il est temps de revenir au point de départ de cette longue, mais indispensable digression. Elle avait pour but, je le rappelle, de fournir l'un des deux éléments de comparaison afin de déterminer la primitive limite des bourgs de Montpellier et Montpelliéret à leur ligne de contact, le second, apporté par la circonscription ecclésiastique, étant connu. Je disais que le tiers du fief de Pierre Liacas, abandonné en 1090 par l'évêque Godefrid au seigneur Guillem V, hors des murs de Montpellier, était très

---

(1) J'ignore absolument sur quels actes s'appuyait Gariel pour écrire, dans une première rédaction de l'*Idée de la Ville de Montpellier*, dont je dois la communication à l'érudit bibliothécaire de la ville de Montpellier, M. Léon Gaudin : « L'an 1060 les murailles de Montpellier furent un peu changées d'un costé et tout ensemble fortifiées et embellies de quelques tours, d'un meilleur fossé. L'an 1070, celles de Montpelieret qui estoient un peu basses afin que le Chasteau eust plus d'éclat et régnat mieux sur toute la ville, furent élevées par un commun conseil. » Ces lignes ont été supprimées dans l'édition, ce qui me paraît prouver que Gariel était embarrassé de citer ses références.

D'un autre côté, en 1887, j'avais moi-même émis l'opinion d'un mur primitif d'enceinte, suivant la ligne de démarcation entre Montpellier et Montpelliéret. (L. Guiraud, *la Paroisse Saint-Denis à Montpellier*, p. 4).

évidemment la portion comprise entre le mur d'enceinte primitive et la délimitation paroissiale de Saint-Firmin, c'est-à-dire le revers septentrional de la montagne, de chaque côté de la rue de la Blanquerie. Mais, qu'on le remarque, à ce quartier a dû appartenir dès l'origine celui du Cannau, qui a la forme d'une enclave par rapport à l'enceinte que j'ai dessinée. Aussi, je ne crois pas qu'il faille hésiter à le considérer comme la partie du fief de Pierre Liacas englobée dans la ville par Guillem V. Son nom de *Campus Novus* (1) par opposition à la Condamine, terre attenante au Château, la déclivité du terrain, laquelle commence à ce quartier, sa position intermédiaire entre la vieille ville et la partie légitimement acquise en 1090, tout confirme cette opinion. Et cette dernière difficulté tranchée, la ligne primitive de démarcation des territoires est établie, aussi bien que l'étendue originelle de la ville.

Tandis que Montpellier se développait ainsi au préjudice de Montpelliéret sous Guillem V et Guillem VI (2), dans ce dernier bourg, l'évêque demeurait-il inactif en face de son entreprenant voisin ? Un acte que je n'ai pu retrouver, mais que Gariel paraît avoir vu, puisque, assure cet historien, « il nous apprend en » termes précis que le saint evesque Arnaud fit travailler *in* » *ecclesia, in ipsis vallatis et muris* de Montpelliéret » (3), prouve que le prélat sentait le besoin de se défendre. Cependant l'infériorité topographique de Montpelliéret rendant la chose malaisée, je ne pense pas que les évêques aient jamais songé sérieusement à enceindre une étendue trop peu susceptible de l'être. Ils se seront contentés de quelques ouvrages à leur résidence, appelée *Sala*, et de portes fermant les issues correspondantes à celles de Montpellier, c'est-à-dire les plus exposées. C'est ainsi qu'il existait un portail à l'entrée de la rue Montpelliéret à l'une des extrémités de l'île triangulaire où s'élèvent aujourd'hui, en lui donnant leur nom, les locaux de l'Œuvre de la Miséricorde. Ce portail, dit en 1154 de Jean Ratier, et en 1184 de Nicolas de Mèze, faisait face à celui de Montpelliéret, occupant

(1) *Liber instrum. memor.*, pp. 273 et 429.
(2) *Ibid.*, p. 95.
(3) Gariel, *Idée de la Ville de Montpellier*, p. 146.

le deuxième angle ; et enfin, à la pointe envisageant la rue actuelle Jacques Cœur, se trouvait une maison particulière (1). Les immeubles compris entre les lignes de jonction de ces points formaient ce qu'on appelait absolument : l'île, *insula*. Mais, pas plus que la Salle-l'Évêque, ce groupe d'habitations ne pouvait devenir un centre géographique propre à guider le développement du bourg épiscopal.

C'est pourquoi celui-ci, dans son ensemble, quelle qu'ait été sa parité d'origine avec Montpellier, ne doit-il plus être désormais considéré qu'à l'égal des autres éléments, dont la fusion définitive en une ville unique s'opéra vers la fin du xiie siècle.

## II.

Noyaux d'habitations qui ont formé la ville de Montpellier. — Saint-Firmin. — Premier Château à l'Aiguillerie et rôle des vicaires. — L'église Sainte-Marie, plus tard Notre-Dame des Tables. — Castel-Moton et Sainte-Croix. — Le Château ou Palais. — Villeneuve. — Obilion. — Montpelliéret. — La Salle-l'Évêque. — Le Cannau. — La Blanquerie. — Coste-Frège. — Le Peyrou et le Puy Arquinel. — La Valfère.

Mais la formation de cette ville avait été l'œuvre de quatre siècles déjà, qu'on ne l'oublie point, et pareille œuvre ne s'accomplit que graduellement. Le colon qui s'établit dans une contrée libre de toute domination, l'émigré qui fixe sa demeure dans un lieu inhabité, ne consultent que leur goût ou leur intérêt. Si d'autres les suivent, tout en faisant la part des avantages de l'union et de la société, chacun tient compte aussi des inconvénients d'un trop immédiat voisinage. On s'espace donc, ou l'on se serre ; on s'isole ou l'on se groupe, et lorsque les familles s'augmentent, quand c'est toute une population qui se condense, les intervalles se construisant et se remplissant, les noyaux

---

(1) Cartul. de Mag., reg. E, fos 141 vo et 143.

originels ne se reconnaissent plus guère qu'à la force des souvenirs. Faisons appel à ces souvenirs.

De ces noyaux d'habitations, les uns et les plus anciens englobés dans la primitive enceinte, les autres disséminés autour d'elle, un des premiers dut être celui que commandait l'église Saint-Firmin, entourée de ses dépendances. Réservant tout ce qui est détails archéologiques pour la seconde partie de mon travail, je me contente ici d'indiquer la place de ce groupe tout ecclésiastique. L'église et le cimetière occupaient l'île connue sous le nom d'île église Saint-Firmin et délimitée par les rues Saint-Firmin et Rebuffy. Quant à l'habitation des prêtres, on ne peut rien affirmer sur son emplacement primitif. L'échange en fut fait avec Guillem VII contre la demeure de son père et la désignation de l'acte de 1152 est fort vague. Mais il paraît assez naturel de supposer qu'elle occupa l'île appelée Vivens au XVIII$^e$ siècle, circonscrite par la rue Saint-Firmin et celle du Bayle, une rue orbe qui, avec la rue Rebuffy, forme cercle autour de ce groupe.

Ainsi placée, l'église paroissiale peut bien être considérée comme un *nucleus*, d'où rayonnent dans plusieurs directions des voies de communication ; mais en faire le principe ou le cœur de la ville même est une véritable exagération. A part le débouché de l'est (partie inférieure de la rue Saint-Firmin), qui menait vers le centre populaire, les autres ne purent, à l'origine, avoir grande importance, car à l'ouest, le quartier du Peyrou n'en acquit que dans la seconde moitié du XII$^e$ siècle. Quant aux rues Ranchin et Cherche-Midi, qui représentent les issues du sud et du nord, elles ne devaient pas mener bien loin : la première ne pouvait que rencontrer le mur de primitive enceinte et tout au plus par quelque porte conduire à la Valfère; la seconde, qui ouvre aujourd'hui dans la partie de la rue Barralerie emportée par le percement de la rue Nationale, n'avait pas alors de débouché, la rue Sabaterie-Neuve ou Barralerie n'ayant été faite qu'en 1253. Il est vrai que, parallèlement à cette voie de la Barralerie, existait jadis une ruelle dont partie de l'impasse Luquet formait un tronçon ; mais, si cette ruelle avait primitivement pu servir de communication entre la Draperie Sainte-

Croix, aujourd'hui rue du Palais, et les marchés, aurait-on persisté, devant plus d'une résistance, à ouvrir la rue Barralerie, dont le percement n'eut pas d'autre but (1)?

C'est loin du clocher de Saint-Firmin que les Guillems élevèrent les tours du premier Château seigneurial, placé par eux sur la limite de Montpellier et de Montpelliéret. J'ai déjà eu occasion d'en parler à propos de l'enceinte primitive, mais j'ai à revenir sur les évènements qui en amenèrent la cession aux vicaires.

C'était à la fin du $XI^e$ siècle. La prédication de Pierre l'Ermite enflammait l'Europe occidentale. Le passage du pape Urbain II, l'exemple de Raymond de Saint-Gilles, le remords peut-être de sa conduite violente vis-à-vis de l'Église de Maguelone, les exhortations qu'il put recevoir de Godefrid, un des assistants au concile de Clermont, portèrent Guillem V à prendre la croix. Comme tant d'autres seigneurs, il lui fallut, pour rassembler les ressources nécessaires à cette expédition, faire argent de ses domaines et de ses droits. Ce fut à la branche cadette des Aimoins, issue comme son père de Guillem III, qu'il les engagea. Lorsque, au retour, il voulut les ressaisir, ce lui fut œuvre malaisée. En somme, la transaction conclue en 1104 avec les fils de Guillem Aimoin : Bernard Guillem et Raymond Guillem, évêque de Nîmes, ne fit que consacrer un état de choses déjà existant. Par cet acte, la vicairie de Montpellier était régulièrement définie et attribuée d'une manière irrévocable à la famille des Aimoins. Ils n'étaient plus, comme durant la croisade, de simples juges commis à remplacer le seigneur absent dans l'exercice de l'un des principaux droits et devoirs féodaux ; ils entraient en part quant à l'autorité et quant aux domaines, et, puissants dans la ville entière par leur influence, ils devenaient les maîtres dans une de ses parties, grâce à la possession d'un groupe d'immeubles importants et admirablement placés pour servir leurs desseins d'élévation (2).

Chose étrange, mais seulement de prime abord : un tel évènement, si bien fait pour entraver le développement de l'autorité

---

(1) Arch. mun. de Montp., grand chartrier, arm. F, cass. VII, pièce n° 12.
(2) *Liber instrum. memor.*, p. 207.

seigneuriale, n'a pourtant pas nui au travail de formation de la ville ; tout au contraire, il y a aidé. Car, d'un côté, les Guillems sont allés créer la vie et le mouvement sur un nouveau point en s'y fixant ; et, de l'autre, l'œuvre d'absorption qu'ils avaient commencée par les moyens violents à l'égard de l'Évêque, possesseur de Montpelliéret, va être pacifiquement achevée par la branche cadette. Sans doute, celle-ci se trouvera en opposition avec son aînée : appuyée sur l'Église de Maguelone et sur le peuple, elle essayera de ruiner le pouvoir seigneurial ; mais, vaincue dans cette lutte d'un demi-siècle par le courage des Guillems et par le hasard des évènements, elle devra abandonner morceau par morceau le fruit de ses longs efforts.

Les Aimoins, en effet, aux avantages acquis à Montpellier en 1104, en avaient joint de considérables à Montpelliéret, dont je vais exposer la situation féodale à cette époque.

Les évêques en avaient tiré deux fiefs : l'un, concédé à Pierre Liacas, auquel son fils Gui succéda ; l'autre, à Alafred, alors représenté par son fils Bernard. Du premier, Guillem V avait englobé une portion dans sa ville ; quant au reste, hors des murs, un tiers fut abandonné à ce seigneur par l'évêque Godefrid, l'une et l'autre parcelles restant définitivement perdues pour Montpelliéret, un second tiers fut attribué à Bérenger de Turreves, le dernier réservé par le prélat pour le faire administrer en son nom par un vicaire. A l'égard du deuxième fief, en litige alors entre Godefrid et Bernard Aranfred, l'évêque en disposait d'ores et déjà, par tiers, en faveur de Guillem V et de Bernard Aranfred, lui-même retenant le troisième (1).

Or, Bernard Guillem, le vicaire de Montpellier, eut l'habileté d'obtenir de Bernard Aranfred la vicairie de sa portion de Montpelliéret, et de Godefrid celle des deux parts qu'il avait gardées (2). Bien qu'il soit impossible d'évaluer l'étendue, ni d'indiquer la position du territoire ainsi placé sous l'influence de la branche cadette, on voit qu'à Montpelliéret elle avait l'avantage sur son aînée.

A Montpellier même, elle en avait obtenu la cession d'un nombre

---

(1) *Liber instrum. me nor.*, p. 69.
(2) *Ibid.*, pp. 90, 214, 216.

très considérable d'immeubles groupés autour de ses propriétés de famille, telles que l'ancienne maison de Guillem Aimoin et celle de son fils l'archidiacre (1). Tous ces immeubles avoisinant plus ou moins l'église Sainte-Marie et le Château à l'Aiguillerie, les Aimoins se trouvaient ainsi en contact direct avec le noyau de tous le plus populaire de Montpellier, son vrai centre déjà, celui qui, en dépit de tentatives contraires, prévaudra enfin.

Forts de tant d'avantages, les vicaires ne craignirent pas d'entamer la lutte contre les seigneurs. Elle resta sourde quelque temps, comme en témoigne un acte de 1143. En dépit de la convention de 1104, Guillem V avait gardé sa juridiction spéciale, sa cour : les procès y étaient portés, et il jugeait aussi au criminel. Bernard Guillem s'en plaignit. Par l'organe de Pierre Jauffre, archidiacre de Maguelone, Guillem V répondit en seigneur résolu à défendre ses droits et les intérêts de ses hommes. Il accusa formellement son cousin de mal juger les affaires portées devant lui, et les gens de Bernard Guillem de délivrer les voleurs traduits à la cour du vicaire (2). A des griefs semblables, Guillem VI en joignit de plus graves contre Gaucelin de Claret. Il n'est pas douteux, en effet, que celui-ci n'ait fomenté la révolte de 1141. Non-seulement le seigneur de Montpellier s'en plaint expressément en ces termes : *Item conqueror super Gaucelino de Clareto, qui cum militibus hujus terre et cum inimicis meis sacramentum fecit, et se cum eis juravit, nec inde me excepit*, etc. (3) ; mais le pape Célestin II en témoigne aussi dans une bulle du 8 décembre 1143 (4).

Jusqu'où la branche cadette portait-elle ses visées ? C'est ce qu'il est difficile de préciser ; on ne saurait pourtant disconvenir de la gravité de la sédition qui chassa Guillem VI de sa ville pour deux années (5), et eut pour résultat l'établissement temporaire du Consulat. *In illos vero qui loci ipsius consules dicuntur et tante nequicie auctores esse noscuntur*, dit le pape (6). On sait comment

(1) *Liber instrum. memor.*, pp. 207, 216, 219 et 225.
(2) *Ibid.*, p. 250.
(3) *Ibid.*, p. 252.
(4) *Ibid.*, p. 35.
(5) *Petit Thalamus*, p. 329.
(6) *Liber instrum. memor.*, pp. 38, 39, 40 et 43.

l'appui du comte de Barcelone, Raymond Bérenger, rendit Montpellier à Guillem VI (1). La répression fut dure : les aspirations populaires se virent refoulées pour un demi-siècle, et une forteresse nouvelle contint la ville dans l'obéissance (2). Quant aux Aimoins, tandis qu'ils erraient dans la région voisine, machinant encore contre le vainqueur, et qu'ils s'y voyaient poursuivis par les foudres ecclésiastiques (3), leur château vicarial était rasé (4), et leurs biens confisqués avec ceux de leurs partisans (5). Un accord eut lieu pourtant, mais au bout de quelques années. La situation avait alors changé. Guillem VI, jadis le seigneur magnifique dans le siècle, n'était plus que « l'humble pauvre du Christ sous l'habit cistercien ». Pour Gaucelin de Claret, il avait vieilli dans l'exil et la pauvreté. Aussi céda-t-il à ses neveux, les fils de Bernard Guillem, Raymond Aimoin et Pelagos, l'entière vicairie de Montpellier, qui leur fut confirmée par le jeune Guillem VII (6). Mais cette vicairie demeura indivise entre les deux frères, premier symptôme d'un affaiblissement auquel les évènements vont travailler sans relâche.

Pelagos mourut bientôt sans héritier direct. Sa succession, réclamée par son frère Raymond Aimoin et par leur sœur Ricarde, femme de Guillem de Montolieu, fut dévolue par moitié à ceux des enfants de l'un et de l'autre dont le mariage pourrait servir à reconstituer sa part. En conséquence, Aimoine, fille aînée de Raymond Aimoin, épousa Guillem de Montolieu, fils aîné de Ricarde (7). Quant à la portion propre de Raymond Aimoin, elle devait revenir naturellement à son fils Bernard Guillem, ce qui eut lieu (8). Mais autre disgrâce : à son tour Bernard Guillem mourut sans alliance. Ses trois sœurs : Aimoine, Adalmude, Alamande, pouvaient prétendre à son héritage. La renonciation de la troisième (9), un accord entre les aînées (10), firent

(1 et 2) *Petit Thalamus*, p. 329.
(3) *Liber instrum. memor.*, pp. 35, 38, 39, 40, 43 et 45.
(4) *Ibid.*, p. 225.
(5 *Ibid*, p. 61.
(6) *Ibid.*, p. 225.
(7) *Ibid.*, p. 235.
(8) *Ibid.*, p. 240.
(9) *Ibid.*, p. et 44.
(10) *Ibid.*, p. 242

d'Adalmude la seule représentante de la part de vicairie de Montpellier et de Montpelliéret qu'avait eue leur père Raymond Aimoin, soit une moitié du tout. Quant à l'aînée des filles et son mari Guillem de Montolieu, ils possédaient, par convention, à eux deux, l'autre moitié de vicairie de Montpellier et un quart seulement de celle de Montpelliéret. En effet, la moitié de Pelagos sur la vicairie de Montpelliéret s'étant partagée entre Raymond Aimoin et Ricarde, le quart échu à celle-ci était allé à Bernard Pierre de Montolieu, son second fils (1).

Quelle division, quel enchevêtrement de droits! Nous sommes loin de la sagesse de Bernard Guillem, consacrant, à l'exemple de la branche aînée, le principe d'indivisibilité de la double vicairie (2), seul capable d'en assurer le maintien. Querelles, partages, faiblesse chez les Aimoins, en regard d'une prospérité toujours croissante chez les Guillems : l'issue d'une lutte désormais si inégale ne pouvait être douteuse ; elle n'était pas, non plus, éloignée.

En septembre 1190, la cour seigneuriale se trouvait définitivement constituée : un bayle, un sous-bayle, des juges la formaient ; une première rédaction de la Coutume de Montpellier leur servait de code. Quelque soin qu'on eût pris d'interdire, par un respect louable de l'équité, le rôle d'avocats aux légistes venus avec Placentin, leur influence ne resta pas nulle certainement sur une organisation parfaite déjà, quoique en germe (3). La vicairie n'avait donc plus sa raison d'être en tant qu'institution judiciaire et féodale. A l'égard des domaines qu'on y avait attachés et que nous venons de voir ainsi se morceler, il ne restait plus qu'à les racheter, ce que fit Guillem VIII.

En octobre 1197, Guillem de Montolieu, comme ayant-droit de sa mère et de sa femme, céda pour 1500 sols melgoriens la part de Pélagos sur la vicairie de Montpellier (4). En janvier 1200, une transaction analogue avec Adalmude et Raymond Bernard

---

(1) Cartul. de Mag., reg. E, fol. 143. Cf. A. Germain, *Arnaud de Verdale, évêque et chroniqueur*, p. 210.
(2) *Liber instrum. memor.*, p. 211.
(3) *Ibid.*, pp. 400 à 405.
(4) *Ibid.*, p. 253.

de Montpeyroux, son mari, livra à Guillem VIII, pour 11350 sols melgoriens, la part de Raymond Aimoin sur la vicairie de Montpellier et de Montpelliéret, ainsi que les possessions territoriales tenues de l'Évêque à l'intérieur de la nouvelle enceinte (1). De cette clause-ci sortiront les prétentions de Jacques d'Aragon, auxquelles fera droit en partie la convention de 1263, signalée comme ayant servi de règle définitive pour les limites entre les deux juridictions civiles (2).

Mais, pour le moment même, l'ambition des Aimoins avait produit un résultat qu'ils ne cherchaient point : en supprimant la ligne de défense entre Montpellier et Montpelliéret pour passer des domaines qu'ils avaient dans celui-ci aux domaines qu'ils possédaient dans celui-là, en réunissant dans leurs mains le pouvoir judiciaire en l'un et l'autre lieu, ils avaient en quelque sorte confondu ou associé les bourgs primitifs, et par là contribué puissamment à la fusion désormais près de s'accomplir. C'est pourquoi j'ai dû insister sur ce rôle des vicaires, qui remplit tout le XII° siècle.

Bien près de leur domaine se trouvait l'église Sainte-Marie. Sa position sur la pente la plus douce, la plus ensoleillée, dans la partie de la ville où les communications avec la région circonvoisine se trouvaient le mieux établies ; la célébrité acquise de bonne heure par ce sanctuaire, lieu de pèlerinage et de vœux ; les ressources qu'il procurait au commerce ; le stimulant qu'il était pour l'industrie : tout se réunit pour attirer autour de ses murs une agglomération accusée par mille détails. Dès avant 1140, il est question de *domibus adherentibus ecclesie Beate Marie et superposito aliarum domorum* (3). Les rôles de censives de l'époque (4), et un peu plus tard les premiers compoix témoignent de l'extrême subdivision des immeubles dans ce quartier. Son nom même de Condamine (5) marque une terre avoisinant immédiatement le Château, par conséquent placée sous

---

(1) *Liber instrum. memor.*, p. 246.
(2) Cartul. de Mag., reg. E, f°⁵ 116 et suivants.
(3) *Liber instrum. memor.*, p. 95.
(4) *Ibid.*, pp. 422, 424, 451 et 462.
(5) De *Condominium*.

la protection de ses tours. Enfin le groupement des entrepôts : orgerie, marché ; la concentration des industries : draperie, argenterie, etc ; la localisation des boutiques de change indispensables aux transactions font de ce lieu le centre même de toute la ville. L'église Sainte-Marie en recevra son nom de Notre-Dame des Tables, mais elle aura bien puissamment contribué à créer la vie sur ce point.

C'est aux Guillems qu'il revient de l'avoir portée vers un quartier nouveau, prédestiné, ce semble, par sa position, à devenir le quartier seigneurial. Mais deux stations marquèrent leur marche vers le nord, et ainsi les évènements doublèrent les résultats.

En cédant le château primitif aux vicaires en 1104, Guillem V dut se chercher ailleurs une résidence. J'ai déjà dit quelle probabilité donnent à son séjour à Castel-Moton la dénomination même de ce lieu et sa position près des murs d'enceinte. J'ajouterai à ces preuves la proximité de la cour seigneuriale, la demeure de Guillem VI, toute voisine et contiguë certainement, ayant été construite *in curia veteri* (1) et enfin les droits de directe conservés sur le quartier de Castel-Moton par les rois d'Aragon, de Majorque, de France, successeurs, dans cet ordre, des seigneurs de Montpellier (2).

Quoi qu'on pense d'ailleurs de ce séjour de Guillem V à Castel-Moton, celui de son fils près Sainte-Croix est acquis ; sa maison, devenue la Canourgue Saint-Firmin, a été décrite avec le cloître reliant l'église, la chambre de Guillem VI et la salle du manoir. Fantaisie qui ne paraîtra nullement singulière, si l'on songe aux projets que pouvait nourrir déjà le pieux seigneur.

De goûts bien différents, le jeune Guillem VII n'avait pas les mêmes motifs de tenir à cette résidence sévère, isolée à l'extrémité d'un plateau sans avenir. D'ailleurs, son père, instruit par une dure expérience, avait dû, après la révolte, s'occuper d'établir un véritable château-fort. Il en avait choisi l'emplacement sur la partie culminante du mont, subordonnant à son intérêt celui des

---

(1) *Liber instrum. memor.*, p. 387.
(2) Compoix du xv⁰ siècle, *passim*.

particuliers, dont il détruisait les maisons (1). Il y avait élevé la tour de Montpellier; il avait commencé à construire le Château; il avait songé même à bâtir un oratoire, car, le 10 décembre 1143, le pape Célestin II déléguait sur ses instances l'abbé de Saint-Gilles pour poser, au nom du pontife, la première pierre à la chapelle que ce seigneur se disposait à édifier *in castro suo quod apud Montempessulanum noviter edificare incepit* (2).

Mais si la pensée, le choix de l'emplacement et le commencement d'exécution appartiennent à Guillem VI, c'est à Guillem VII qu'il faut en attribuer la réalisation véritable. Dès le 15 février 1152, le Château paraît bâti; la chapelle ne l'est point encore, puisque le seigneur, du consentement de son père, moine à Grandselve, retient les ornements légués à Sainte-Croix par Guillem VI, et cela, dit-il, *ad opus capelle et ecclesie quam, Deo auctore, fundaturus sum in castello meo* (3). Dix ans après, le projet est exécuté, et Alexandre III met la chapelle à l'abri de toute interdiction (4).

Avec ses goûts magnifiques, son alliance impériale, Guillem VIII s'occupa d'augmenter et d'embellir le château de ses pères. La chapelle fut considérablement agrandie, peut-être reconstruite complètement (5), et la consécration en eut lieu le 5 novembre 1200 (6). Du côté de son jardin aussi le fastueux seigneur se mit à l'aise, par l'acquisition de terrains contigus (7).

En élevant leur château à l'extrémité de la ville, nos derniers seigneurs auraient-ils voulu s'isoler fièrement de leurs hommes? Le croire ainsi serait méconnaître totalement leur politique, je dirai même leur tempérament de famille. Tout au contraire, s'il y avait un reproche à leur faire, ce serait d'avoir, à ce moment, essayé d'entraîner vers le nord, contre la logique des choses, le développement de la ville, en dotant ce quartier d'établisse-

---

(1) *Liber instrum. memor.*, p. 177.
(2) *Ibid.*, p. 33.
(3) *Ibid.*, p. 287.
(4) *Ibid.*, p. 46.
(5) *Ibid.*, pp. 48, 63 et 64.
(6) A. Germain, *Études archéologiques*, 2ᵉ partie.
(7) *Liber instrum. memor.*, pp. 302 et 308.

ments utiles, mais déjà existants dans la partie centrale. S'ils ne parvinrent pas, heureusement, à réaliser leur dessein dans toute sa portée, ils réussirent à multiplier l'activité sur ce point, qui en manquait alors, quoique renfermant un certain noyau d'habitations. Le dernier fait se déduit de l'établissement d'un four *al Peirone* en 1139 (1).

Mais avec le séjour des Guillems le mouvement de progrès se dessine. En 1156, le quartier du Peyrou possède un marché, dont Guillem VII accorde les censives comme don nuptial à Mathilde de Bourgogne (2). En 1168, le même seigneur y établit une orgerie près du Château (3). A son tour, Guillem VIII concède, à quelques pas de là, une petite place aux marchands de cuir en détail, et cette concession porte même monopole en leur faveur (4). Enfin, nombre d'industries se groupent à l'ombre ou dans le voisinage des tours seigneuriales: friperie, teinturerie, sabaterie. Les canabassiers sont au Peyrou, les drapiers près de Sainte-Croix, les merciers et sediers à Castel-Moton. L'œuvre des seigneurs, elle aussi, a été féconde, et, comme celle des vicaires, elle déborde au-delà des murs de la primitive enceinte. Franchissons ces derniers pour indiquer quels groupes s'étaient formés dans la partie suburbaine, simultanément au développement de la ville proprement dite.

Le premier en date est celui de Villeneuve. Ce nom seul indique la pensée qui présida à sa création. Celle-ci eut lieu sous Guillem VI, vers 1139, le seigneur lui-même déclarant, à cette date, que Villeneuve est en voie de se construire tant sur un jardin lui appartenant en propre que sur un autre, contigu, possédé par certain hôpital. Cet hôpital, non dénommé encore, est désigné par la rubrique de l'acte dans le registre comme celui de Saint-Guillem (5). Mais, ici, il importe de distinguer afin de connaître l'exacte position de Villeneuve. L'hôpital dont il est question dans le document de 1139, était attenant au mur d'enceinte et fut vendu à Guillaume et Pierre Olric, lorsque

---

(1) *Liber instrum. memor.*, p. 219.
(2) *Ibid.*, p. 263.
(3) *Grand Thalamus*, fol. 72.
(4) *Liber instrum. memor.*, pp. 297 et 298.
(5) *Ibid.*, p. 277.

l'établissement eut été transféré dans le jardin de Guillaume Gerbaud, c'est-à-dire en un lieu qui, plus tard, répondit à l'entrée de la rue du Courreau vers la gauche. Ce transfert était accompli en 1164 quand Guillem VII, comme tuteur et procurateur de l'hôpital, acheta de Pons de Mèze tous les droits qu'avait celui-ci sur une vigne léguée à l'œuvre par Guillaume Gerbaud (1).

Par conséquent, Villeneuve ne commença pas près du Courreau actuel, mais bien vers les quartiers dits aujourd'hui Saint-Côme, du Petit-Saint-Jean, de la Triperie. De là l'expression employée à propos du four que Guillem VI se réserve *in villam novam*, *que est extra portale quo itur ad Biterrim* (2), portail qui me paraît être celui d'Obilion, la Grand-Rue actuelle n'étant que l'amorce du chemin de Béziers. Mais le bourg s'étendit par de progressifs développements jusqu'à occuper le sol compris entre les rues actuelles du Courreau et faubourg de la Saunerie, et, la portion primitive ayant été englobée pendant la seconde moitié du xii° siècle dans la nouvelle enceinte, le nom de Villeneuve resta en propre à celle qui forma faubourg. Nombre d'actes des xiv° et xv° siècles en témoignent, et même au xviii°, lorsque les dénominations plus modernes de faubourgs du Courreau et de la Saunerie eurent prévalu complètement, une rue gardait encore celle de Villeneuve la Crémade, par allusion sans doute aux destructions violentes de 1352 et de 1562 (3).

En me dirigeant vers l'est, je dois signaler, près de la Tour de l'Observatoire, la position des premières Étuves, déjà mentionnées en 1156 (4), et qui semblent bien être restées longtemps au milieu de terrains peu habités.

Hors le porche d'Obilion se trouvait le quartier de ce nom. Là, paraît avoir existé un noyau d'habitations assez dense : la position y contribuait. Placé sur le chemin qui va à Lattes, il se

(1) *Liber instrum. memor.*, p. 296.
(2) *Ibid.*, p. 219.
(3) Arch. mun. de Montp., série II, plan n° 6. — Cette rue porte aujourd'hui le nom de rue des Grenadiers.
(4) *Liber instrum. memor.*, p. 263.

trouvait à même de recevoir les bois venus par le Rhône; aussi les fustiers formèrent-ils une partie de sa population. En 1264 encore, nous les voyons fixés tant dedans que dehors de la porte d'Obilion ou de Lattes, située, on le sait, sur la place de la Comédie (1). Mais les fustiers n'en étaient pas les seuls habitants. Divers actes du commencement du xiiie siècle montrent que, pour faire les murs et fossés de la nouvelle enceinte ou Commune-Clôture, il avait fallu démolir, entre les portes de Lattes et de Montpelliéret, un certain nombre de maisons (2). Il en restait encore autour de l'église Sainte-Foy, à l'intérieur de cette enceinte (3), et à la Bonne-Carrière, à l'extérieur. Cet ensemble doit avoir formé le noyau le plus important de Montpelliéret et le plus ancien aussi, à en juger par le nom de Bourguet-Neuf donné, au xive siècle, à la partie supérieure de l'Esplanade actuelle (4).

L'église Saint-Denis, en effet, est restée isolée sur son tertre abrupt, où rien n'attirait la vie, et telle encore en 1544 nous la représente Belleforest.

Il n'en fut pas de même de la Salle ou résidence de l'Évêque, placée en face du Château primitif comme pour mieux couvrir, contre les empiètements seigneuriaux, les maisons qui se groupaient autour d'elle. Il est quelque peu étrange de constater que ces maisons renfermaient en notable proportion des Juifs : *Judei commorantes in parte episcopi* (5). Est-ce à leur activité industrielle et commerciale qu'il faut attribuer l'existence de la Flocarié, le long de la ligne de démarcation des bourgs? Je le croirais volontiers.

J'ai déjà eu occasion de parler du Cannau, et de déterminer son étendue, d'expliquer sa dénomination. Salubre et recueilli dans sa partie septentrionale, il dut attirer les médecins qu'on y voit établis à une époque ancienne, et en faveur desquels Guillem VIII proclama, en 1181, le libre exercice de leur art et de

---

(1) A. Ricard et Renouvier, *Des Maîtres de pierre*, etc., p. 161.
(2) Appendice n° 1.
(3) Cartul. de Mag., reg. E, fos 116 vo et suivants.
(4) A. Germain, *Études archéologiques*, 2e partie.
(5) Cartul. de Mag., reg. E, fos 116 vo et suivants.

leur enseignement. Pour le reste, je suppose qu'il participa au mouvement qui animait la Condamine et le centre de la ville.

Le revers septentrional du mont était couvert d'une population laborieuse, occupée par des industries analogues, si l'on considère les matières qu'elles emploient. Il y avait là une rue de la Boucherie, passant derrière l'ancien hôpital Saint-Éloi et le monastère de la Visitation, qui tous les deux en ont, par des inféodations, absorbé des tronçons. Toute parallèle était celle de la Blanquerie. Les rues transversales étaient occupées par les corratiers et par le Legassieu, destiné à la fonte des suifs.

L'extension donnée à ces industries, surtout à celle des blanquiers, et les facilités qu'elles trouvaient dans le voisinage du Merdanson, ont pu pour beaucoup contribuer à la formation du bourg de Villefranche sur ses rives. Mais, avant que celui-ci fût créé, sur la route de Nimes, sous l'église Saint-Denis de Montpelliéret, existaient des maisons que cite un acte de 1196 (1).

Quant à Boutonnet, c'était un simple *mansus*, appartenant à l'Évêque de Maguelone (2).

Au nord du mamelon dénommé Peyrou, de la nature pierreuse du sol, dévalait la pente rapide de Coste-Frège ; au sud s'étendait, abritée, ensoleillée, la Valfère. L'un et l'autre quartier ne reçurent qu'au xiii° siècle un four banal, ce qui témoigne d'un développement assez tardif. Pour Coste-Frège, rien de plus naturel ; quant à la Valfère, les cultivateurs en formant la population exclusive, le sol dut être divisé en enclos maraîchers, ce qui expliquerait la multiplicité des îles et la régularité des rues.

Le monticule auquel s'adossait celui du Peyrou portait alors le nom de Puy Arquinel, et devint la montagne Sainte-Geneviève de Montpellier. Là s'établirent, dans la seconde moitié du xii° siècle, avec Placentin et Alain de Lille, les premières écoles de droit et d'arts libéraux. Guillem VIII les favorisa de sa protection, peut-être il aida à leur fondation par une concession de terrains : ceux qu'il acquit au Puy Arquinel (3) ne paraissent pas avoir servi à un autre usage.

(1) *Liber instrum. memor.*, p. 316.
(2) Cartul. de Mag., reg. B, f° 32 v°.
(3) *Liber instrum. memor.*, p. 303.

Déjà, pendant le xıı⁰ siècle, s'étaient établis hors de l'enceinte divers ordres religieux et maisons hospitalières : chevaliers de Saint-Jean de Jérusalem et ceux de la milice du Temple, une colonie de l'abbaye cistercienne de Valmagne; les hôpitaux de Saint-Jacques, de Saint-Guillem, de Saint-Robert, du Saint-Esprit. Il ne me faut pas oublier non plus le cimetière Saint-Barthélemy, placé loin des murs pour satisfaire aux exigences de l'hygiène et à celles d'une population toujours croissante.

Tout le reste du terrain me paraît avoir consisté en vignes et champs. Un certain nombre de chemins les sillonnaient : celui de Nîmes, qui venait aboutir au portail du Cannau et donna son nom de *via Francisca*, *rua Francigena* à l'Aiguillerie actuelle ; celui de Centrairargues, menant au Lez et à la Font de Lattes, dite alors *de Priveiranicis* (1); celui de Béziers, appelé chemin de Saint-Jacques (2), peut-être parce qu'il était suivi par les pèlerins allant à Compostelle (il bifurquait sur la gauche pour mener à la villa de Prunet, et la Grand-Rue d'aujourd'hui était la commune amorce); le chemin de Saint-Côme, qui conduisait à l'église de ce nom, et de là se prolongeait sans doute vers les localités avoisinantes ( notre rue du faubourg Saint-Jaumes en représente le point de départ). Je ne parle point de celui du Courreau vers Celleneuve, ouvert seulement au commencement du xıııᵉ siècle à travers des jardins (3). Quant à Montpelliéret, tous les chemins le traversant se dirigeaient vers les moulins du Lez : Sauret, Semalens, Salicates et l'Évêque.

(1) Cart. de Mag., reg. E, fᵒˢ 118 et suivants.
(2) *Ibid.*, reg. E, fᵒ 33 vᵒ. — *Liber instrum. memor.*, p. 271.
(3) Arch. mun. de Montp., fonds Joffre, t. II, fᵒ 24, pièces nᵒˢ 42 et 43.

## III.

Fusion de Montpellier et de Montpelliéret par la construction d'une deuxième enceinte, dite Commune-Clôture. — Tracé de cette enceinte. — Les portalières faubouriennes. — Développement progressif des faubourgs.

Il ne restait plus qu'à réunir par la construction d'une autre enceinte ces groupes primitifs, entre lesquels la population s'étendait, se multipliait avec une rapidité et une intensité d'autant plus grande qu'ils se trouvaient plus rapprochés du centre originel. L'ouvrage d'une nouvelle clôture fut commencé sous Guillem VII.

Je recueille à ce sujet quelques indications. C'est d'abord en 1152, la dénomination de vieux mur donnée à la portion de la première enceinte contiguë à la demeure de Guillem VI (1). En 1164, l'hôpital des Guillems, plus tard de Saint-Guillem, est dit *extra portale Sancti Guillelmi* (2), ce qui implique l'existence de celui-ci au fond de la rue actuelle de ce nom. Sous Guillem VII, un acte non daté, mais qui doit être de la même époque à peu près, fait mention du portail allant à Saint-Côme, c'est-à-dire de celui du Peyrou (3). Enfin, en 1183, il est question des anciens murs près de l'Aiguillerie (4).

Rien de plus naturel de penser que l'agrandissement de l'enceinte se réalisa en premier lieu du côté de Montpellier, la volonté seule des seigneurs suffisant à le décréter. Pour l'étendre vers Montpelliéret, il fallait le consentement de l'Évêque. Ni le *Cartulaire de Maguelone*, ni le *Liber instrumentorum memorialium* ne mentionnent l'accord; mais un fait en témoigne: c'est le nom de Commune-Clôture donné à l'institution qui eut pour objet la construction et l'entretien des murs de ville. Il ne faudrait pourtant point rapporter la fusion définitive de ce côté-là seule-

---

(1) *Liber instrum. memor.*, p. 288.
(2) *Ibid.*, p. 296.
(3) *Ibid.*, p. 279.
(4) *Ibid.*, p. 239.

ment à l'année 1196, date de la charte constitutive de l'œuvre, car je rappellerai que, dès 1183, il est fait mention du vieux mur d'enceinte près Saint-Nicolas (1), et mieux encore que, en 1154, le portail de Montpelliéret existait là même où son emplacement est connu (2).

Pour le tracé de la nouvelle enceinte, on tint compte des groupes formés autour de l'ancienne; mais ils n'y furent pas tous ni totalement englobés : il eût fallu arriver à une extension exagérée, nombre de points construits laissant entre eux de vastes espaces à l'état de champs, ou bien dessiner de capricieux contours. Or, il est aisé, en jetant les yeux sur la ligne de nos boulevards, qui représente l'enceinte urbaine, de se convaincre qu'un certain souci de la régularité a présidé à son tracé. Celui-ci formait une figure qui serait rectangulaire, sans la courbe imposée par le monticule du Puy Arquinel; en outre, cette sorte de quadrilatère déprimé est orienté vers les quatre points cardinaux. Huit portes y furent ouvertes, correspondant soit aux chemins de grande communication : portes de Saint-Gilles vers Nîmes, de la Saunerie vers Béziers, soit à ceux desservant des localités avoisinantes : porte du Legassieu vers Boutonnet et Montferrier, d'Obilion vers Lattes; soit enfin, tout simplement, aux nouveaux quartiers faubouriens : portes de la Blanquerie, du Peyrou, dite aussi de l'Estude (3), de Saint-Guillem et de Montpelliéret.

Dans l'intervalle, des tours et des demi-tours s'espacèrent, pour protéger portes et rempart. Le long de celui-ci, à l'intérieur, on ménagea un chemin dit des Douze Pans à cause de sa largeur, et à l'extérieur un fossé, au-delà duquel courait un autre chemin appelé dougue ou douve. Un avant-portail, correspondant à chaque porte, y était construit, et dans les murs latéraux qui reliaient porte et avant-portail, se trouvaient des ouvertures descendant aux fossés.

Un peu plus tard, trois portes de ville furent adjointes aux

(1) *Liber instrum. memor.*, p. 239.
(2) Cartul. de Mag., reg. E, f°° 141 v° et 143.
(3) Arch. mun. de Montp., série BB, reg. des petites notes du Consulat, 17 novembre 1472.

huit primitives : celle qu'on désigna sous le nom de Portail-Neuf du Peyrou, ou simplement Portail-Neuf (1), au fond de la rue J.-J.-Rousseau, desservant le faubourg Saint-Jaumes, dont beaucoup plus tard elle prit le nom ; celle que l'Évêque fut autorisé, en 1260, à ouvrir en face de son palais, et qu'on appela de la Salle ou Portail-Neuf de l'Évêque (2) ; enfin, une poterne, pratiquée au xv<sup>e</sup> siècle entre la Tour des Pins et le Portail-Neuf, pour l'usage et la commodité des étudiants du monastère Saint-Benoît.

J'ai déjà dit que, ainsi constituée, l'enceinte laissait en dehors de son tracé quelques noyaux d'habitations et spécialement les écoles du Puy Arquinel, une partie de Villeneuve et de Montpelliéret, l'église Saint-Denis et, objet de litige entre les deux juridictions seigneuriale et épiscopale, le bourg de Villefranche, sur les bords du Merdanson. Ils ne demeurèrent pourtant point sans défense, car les chemins furent clos, en avant de ces groupes, de portalières construites dans un rayon à peu près égal. Le fait est constaté par les mentions qu'on trouve de ces portalières, antérieurement à la construction de l'enceinte suburbaine, dite Palissade, en 1352. C'est, en 1260, celle du Saint-Esprit ou de Montferrand près du Merdanson, sur la route de Nimes (3) ; en 1268, celle du cimetière ou des Aires Saint-Denis, sur le chemin de Salicates (4) ; en 1342, celle du Pont-Juvénal (5) ; en 1232, celle de Saint-Martin allant vers Prunet (6) ; en 1336, le portalet de Villeneuve (7) ; en 1247, le portail d'En Fescalin, au milieu du Courreau (8) ; en 1301, celui de Lavérune (9). Je

---

(1) Arch. mun. de Montp., fonds Joffre, t. II, f° 93 v°, pièce n° 193. — C. Saint-Firmin, 1544, f° 10.
(2) Cartul. de Mag., f<sup>os</sup> 116 et suivants.
(3) *Ibid.*, reg. E, f° 148.
(4) L. Guiraud, *la Paroisse Saint-Denis de Montpellier*, p. 21. — Arch. mun. de Montp., série BB, reg. des petites notes du Consulat de 1342, f° 16.
(5) Arch. dép. de l'Hérault, série G, notaires : Périer, Lafon, Holanie, reg. 23, f° 138. — Arch. mun. de Montp., série BB, reg. des petites notes du Consulat de 1342, f° 31.
(6) Arch. mun. de Montp., fonds Joffre, t. II, f° 2 v°, pièce n° 2. — Cartul. de Mag., reg. E, f° 33 v°.
(7) Arch. dép. de l'Hérault, série G, notaires : J. Holanie, reg. 3, f° 101 v°.
(8) Arch. mun. de Montp., fonds Joffre, t. II, f° 210, pièce n° 377 répété.
(9) *Ibid.*, série BB., reg. de J. Grimaut, notaire, de 1301 à 1302, f° 4.

ne cite que les plus anciennes mentions parmi celles que j'ai recueillies, et peut-être existait-il d'autres portalières dont le souvenir n'a pas été conservé. Mais les indications que j'ai données suffisent à prouver la sollicitude des seigneurs ou des magistrats municipaux appelés, depuis 1204, à veiller désormais sur la Commune de Montpellier.

D'une importance capitale au point de vue politique, l'établissement de la Commune ne pouvait guère exercer d'influence sur le développement topographique d'une ville qui n'en devait plus attendre que de sa prospérité, toujours croissante. C'est pourquoi à peine quelques faits sont à relever dans cette nouvelle période. Le premier est la décadence lente, mais réelle, du quartier seigneurial, mis, en 1253, par l'ouverture de la rue Sabaterie ou Barralerie, en communication directe avec le centre de la ville (1). Ce dernier acquérait une importance d'autant plus grande que, successivement, il reçut les deux maisons consulaires, les deux Loges, grande et petite, et tous les marchés : orgerie, poissonnerie, herberie et boucherie. Un autre fait est la multiplication des établissements que vaudront à la ville d'abord l'acquisition de Montpelliéret par Philippe-le-Bel en 1292 : maison du Recteur, Cour du Petit-Scel, hôtels de la Monnaie; ensuite la création de juridictions nouvelles, conséquence de la main-mise définitivement sur Montpellier par Philippe de Valois, en 1349 : Cour des Généraux ou des Aides, Chambre des Comptes, Bureau des Finances. Mais, en somme, tout se réduit dans cet ordre d'idées à quelques affectations ou désaffectations d'immeubles, à des transferts successifs : la ville proprement dite ne change point jusqu'après le siège.

Quant à ses dehors, et c'est le troisième fait que j'avais à signaler, ils reçoivent un développement marqué. L'établissement, à Montpellier, de nombreux ordres religieux en est le facteur essentiel. Grâce à la création de leurs maisons de prière, d'étude ou de charité, les vastes terrains incultes se couvrent de constructions modestes d'abord, puis rendues somptueuses par l'incessante générosité des fidèles. Simultanément, les fau-

(1) Arch. mun. de Montp., grand chartrier, arm. F, cass. VII, pièce n° 12.

bourgs se distinguent et se multiplient : celui du Courreau se dessine de celui de Villeneuve ; le quartier scolaire du Puy Arquinel se développe ; le faubourg Saint-Jaumes est créé par l'illustre roi d'Aragon ; celui de Villefranche doit son extension à ce même prince ; le faubourg Montpelliéret se forme entre l'église paroissiale Saint-Denis et la Salle-l'Évêque ; enfin, celui de Lattes acquiert, par le progrès commercial du XIII<sup>e</sup> siècle, une importance nouvelle. Presque partout, la vie circule. Les parties même qui semblent délaissées par elle s'embellissent de jardins et de vergers, comme entre les faubourgs de Lattes et de Villeneuve, de Saint-Jaumes et de Villefranche. Et rien ne manque ainsi à Montpellier pour faire, à la masse sombre et sévère d'une ville close du moyen âge, la pittoresque, la riante ceinture qu'à son tour la Palissade protégera contre tous les dangers du XIV<sup>e</sup> siècle.

## IV.

Nécessité d'une enceinte faubourienne au XIV<sup>e</sup> siècle. — Construction de cette enceinte. — Son tracé par les tours et portalières. — Enceinte supplémentaire protégeant le quartier scolaire. — Destruction des faubourgs.

Ces dangers et ces malheurs sont trop connus pour qu'il ne suffise pas d'en rappeler le souvenir d'une façon générale. En ce qui regarde plus particulièrement Montpellier, d'un côté la vétusté des murs d'enceinte après deux cents ans et plus, le dommage qu'ils avaient subi par l'autorisation accordée d'y adosser des maisons à l'intérieur, ainsi que la mise en culture des fossés ; de l'autre, le développement, l'importance, la richesse des faubourgs créaient de graves appréhensions pour une surprise possible. Les officiers royaux avaient fréquemment averti les Consuls et du dommage subi par d'autres villes et du péril couru par la leur, et nos magistrats avaient tenu plus d'un conseil à ce sujet. Mais les ressources manquaient. Les dangers augmentant toujours, il fallut en venir à une décision. Le 2 décembre 1352, le peuple fut solennellement convoqué à une assemblée générale. Ayant énuméré les faits que je viens de rapporter, les Consuls communiquèrent leur pensée de faire exécuter, tout autour des faubourgs, une ligne de fossés, dont le tracé était d'ores et déjà arrêté. Nul doute que ces fossés ne fussent destinés à relier entre elles les portalières déjà existantes. Afin de réaliser promptement et à peu de frais cet ouvrage de défense commune, les sept échelles de métiers y travailleraient par ordre, à commencer du lendemain lundi. Le peuple approuva ce projet à l'unanimité (1). Le *Petit Thalamus* confirme de tout point les détails de la précédente délibération, et, comme elle, ne mentionne que des fossés (2).

Ils n'étaient point achevés encore en octobre 1355, puisqu'à ce moment on prenait et bouleversait pour les faire, le cimetière du couvent des Carmes (3). Mais, au cours du travail, avec la captivité du roi Jean, les périls avaient augmenté : guerre civile et guerre étrangère mettaient la ville à la discrétion des compagnies courant le Languedoc en tous sens. Notre chronique locale mentionne les dégâts qu'elles commirent dans les faubourgs et principalement dans celui de Lattes (4). Effrayés à juste titre, les habitants demandèrent que, en outre des fossés, on élevât des murs de pierre, capables d'opposer une résistance plus sérieuse. D'eux-mêmes ils se mirent à l'œuvre, et commencèrent, en deçà de la portalière de Lavérune, dans la rue du Courreau (5). Mais, comme toujours, l'argent manquait. On pourvut à ce besoin par de durs impôts, auxquels les privilégiés même furent invités à contribuer (6). Ressource insuffisante pour ce qu'on avait à faire : réparer et exhausser les murs de l'enceinte urbaine, acquérir les

---

(1) Arch. mun. de Montp., grand chartrier, arm. B, cass. VI, pièce n° 5.
(2) *Petit Thalamus*, p. 349.
(3) Arch. mun. de Montp., grand chartrier, arm. F, cass. VII, pièce n° 5.
(4) *Petit Thalamus*, p. 358.
(5) *Cum esset debatum inter quosdam populares sive habitatores suburbiorum ville Montispessulani ex parte una et dominos consules ville predicte ex parte altera super eo quia dicti habitatores suburbiorum predictorum petebant et volebant muros lapideos fieri circa suburbia predicta pro tuhicione et deffencione eorumdem, et ut cum eis resisti possint inimicis domini nostri Regis, qui muri jam incepti sunt citra portale Veyrune in carreria Coralli*, etc. (Arch. mun. de Montp., fonds Joffre, t. II, f° 11, pièce n° 16 bis).
(6) L. Guiraud, *les Fondations du Pape Urbain V à Montpellier*, t. III, le Monastère Saint-Benoît, p. 2.

pièces d'artillerie indispensables, enfin construire les murs autour des faubourgs. Encore une fois, le soin de se protéger devait incomber aux habitants. Les échelles de métiers furent requises de travailler à la fortification, soit en nature, soit en argent. On convint de répartir les subsides dans la proportion de 5/7 pour la clôture faubourienne, et 2/7 pour l'enceinte urbaine, et de nommer quatre commissaires, dont deux veilleraient à la première, deux à la seconde (1).

A en croire les Ouvriers de la Commune-Clôture, au 22 novembre 1364, les ouvrages décidés, tant en murs que palissades, se trouvaient exécutés. Malheureusement, la majeure partie était à refaire, par suite d'inondations persistantes (2). Ce désastre est également attesté par un autre document, et celui-ci précise le lieu qui en eut le plus à souffrir. Il y est dit que Jean de Casanova et Jacques Raoul, peyriers, avaient commencé à prix-fait la construction d'une tour, dénommée de Saint-Martial, et que leur travail a été détruit par le courant des eaux (3). Il est évident que la tour en question était voisine de l'hôpital Saint-Martial, sur les bords du Merdanson (4). Tout refaire était bien dispendieux, mais semblait utile aussi. Le 30 janvier 1364, on agita, au Conseil de Ville, la question de savoir s'il convenait d'élever dans les faubourgs des tours et des forteresses en pierre, et on la résolut affirmativement. On décida même que l'excédent de l'impôt sur le vin, s'il y en avait, une fois ces ouvrages exécutés, serait employé à la construction de murs de pierre (5).

(1) Arch. mun. de Montp., fonds Joffre, t. II, f° 11, pièce n° 16 bis.
(2) *Item dixerunt quod fortalicia dicte ville tam in muris quam in palis et fossatis juxta suburbia et burga dicte ville de novo constructis maxima indigerent reparacione per magnam inundationem aquarum, que in partibus istis longeviis temporibus regnavit, prout premissa omnia et singula sunt notoria omnibus habitatoribus dicte ville, quod, nisi breviter repararentur, est periculum maximum non solum de dirutione murorum dicte ville sed etiam fossatorum et palium super dictis fossatis edifficatorum et constructorum.* (Arch. mun. de Montp., fonds Joffre, t. II, f° 10, pièce n° 13).
(3) Arch. mun. de Montp., fonds Joffre, t. II, f° 89, pièce n° 183.
(4) L. Guiraud. *la Paroisse Saint-Denis de Montpellier*, pp. 79 et 102; voir aussi le plan.
(5) *Item die xxx$^a$ januarii domini consules tenuerunt aliud consilium super eo scilicet... Item si fierent turres et fortalicia lapidea in suburbiis Montispessulani*

Mais je ne pense pas que, sauf sur un assez court espace, ce dessein ait jamais été réalisé, et la majeure partie de cette fortification, dite palissade, consista en pieux rapprochés et liés, en avant desquels existait un fossé (1). D'espace en espace s'élevaient des tours, qu'on avait dû placer aux endroits dangereux ou découverts. Je ne peux en citer que quatre : une qui paraît avoir été située entre les Carmes et l'église Saint-Côme, on l'appelait tour Lucie ou Lucien (2); une autre sur le chemin de l'Aiguelongue ou de Montferrier, désignée sous le nom d'En Candelon (3); j'ai déjà parlé de celle de Saint-Martial, protégeant la route de Nimes ; enfin celle d'En Barca se trouvait entre la porte de Lattes et la Tour de la Babotte, dans le faubourg, répondant à peu près à l'Hôtel du Quartier-Général (4). Toutes ces tours tiraient leur appellation de propriétaires ou d'immeubles avoisinants. Mais on ne saurait être assuré qu'il n'y en eut pas davantage.

Des portalières également il est difficile de préciser le nombre ; je ne crois pas qu'il en puisse manquer beaucoup, cependant, à la liste suivante :

1° Sur le chemin du Lez, à peu près au passage à niveau de la ligne ferrée P.-L.-M., portalière du *Lez* (5).

---

*de emolumentis impositionis vini. Super secundo [omnes sinaverunt] quod fiant turres et fortalicia in dictis suburbiis de dictis emolumentis competentes et durabiles, et, eis perfectis, si dicta emolumenta sufficiant, fiant ibi muri lapidei.* (Arch. mun. de Montp., série BB, reg. de délib. du Conseil de Ville de l'an 1363).

(1) *Officium dicti Operis consistit super reparacione murorum et fortaliciorum dicte ville et de novo construendorum et eciam constructorum in barris dicte ville, que fossata et fortalicia ac muri... et vallati dicte ville ruptuosi existunt... et municioni dictorum barrium et palissate dictis fossatis contigue multa sunt necessaria pro reparacione.* (Arch. mun. de Montp., fonds Joffre, t. II, f° 10, pièce n° 13 répété).

(2) Arch. dép. de l'Hérault, série G, notaires : Pierre de Nemause, reg. 17, f° 80. — *Viridarium retro turrim Luciani confrontatur cum alio itinere quo itur a portali beate Marie du Portal ad conventum predictum Carmelitarum.* (Arch. mun. de Montp., série BB, notaires : Fulcrandi, reg. de l'année 1506, f° 95 v°, 17 septembre 1506).

(3) Arch. dép. de l'Hérault, série G, notaires : Georges Baylin, reg. 25, f° 7 v°.

(4) Arch. dép. de l'Hérault, série H, fonds des Cordeliers de l'Observance, plans divers.

(5) *Ibid.* — Arch. dép. de l'Hérault, série G, notaires : Périer, Lafon et Holanie, reg. 29, f° 138.

2° Sur le chemin de la Font de Lattes, portalière dite de *las Esquirras* en 1445 (1).

3° A l'extrémité du faubourg de la Saunerie, répondant aux chemins de Saint-Martin de Prunet et de Béziers, portalière *Saint-Sauveur* (2).

4° Au bout de la rue Marceau, allant vers le cimetière Saint-Barthélemy, le portalet de *Villeneuve* (3).

5° Vers l'entrée du faubourg Figairolles, répondant au chemin de Pézenas, la portalière de *Lavérune* (4).

6° Au bas du faubourg Celleneuve, sur le chemin de Gignac, une portalière dite portail *Firmin* ou des *Prêcheurs* (5).

7° Au débouché d'un ancien chemin allant à Celleneuve, la portalière des *Masques* (6).

8° Celle de *Sallepenche*, sur le chemin ainsi dénommé, près du couvent actuel des Dames de l'Assomption (7).

9° Sur la route de l'église Saint-Côme, aujourd'hui rue du faubourg Saint-Jaume, le portail *Saint-Jacques* (8).

---

(1) Arch. dép. de l'Hérault, série G, notaires : Jean Valossière, reg. 27, f° 38.

(2) Qui avait primitivement porté le nom de Saint-Martin (Arch. mun. de Montpellier, fonds Joffre, t. II, f° 2 v°, pièce n° 2).

(3) *Viridarium situatum infra palissata suburbiorum dicte ville Montispessulani, videlicet prope portaletum Villenove, confrontatum cum itinere quo itur a parte portalis Predicatorum versus portale Sancti Salvatoris et cum itinere quo itur ab ecclesia Repentitarum versus portaletum Villenove.* (Arch. mun. de Montp., série BB, actes du Consulat de l'année 1438, au 29 septembre).

(4) Arch. dép. de l'Hérault, série G, notaires : Jean Valossière, reg. 27, f° 93.

(5) *Claves portalis Firmini sive Predicatorum tres in quodam annulo ferreo.* (Arch. mun. de Montp., série BB, reg. des petites notes du Consulat, 8 novembre 1455).

(6) Ainsi nommée parce qu'on y brûla certains hérétiques ou sorciers.

(7) *Viridarium situm prope portale vocatum de Sala picta, quod confrontatur cum domo Predicatorum, carreria in medio et cum duabus viis publicis.* (Arch. mun. de Montp., série BB, parchemin du 7 juin 1363, servant de couverture au registre des petites notes du Consulat de l'année 1366).

(8) Qu'il ne faut pas confondre avec la porte de Saint-Jacques ou Jaume, au fond de la rue Basse. Celle-ci, pratiquée dans le mur de ville au commencement du xiii° siècle, s'appela Portail Neuf du Peyrou, Portail Neuf ensuite. Elle fut fermée plus tard et rouverte sous le nom de Saint-Jacques, quand la portalière du faubourg n'existait plus, au moins comme entrée fortifiée.

10° Le portail *Notre-Dame*, situé au faubourg Boutonnet, près l'église de ce nom (1).

11° La portalière de *Villefranche*, répondant à un ancien chemin vers Castelnau, près du Grand-Séminaire (2).

12° Celle de *Montferrand* ou du *Saint-Esprit*, sur la route de Nimes, près du Merdanson (3).

13° Enfin la portalière des aires de *Saint-Denis*, près du cimetière de cette église, sur le chemin menant à Salicates (4).

La position de ces portalières (5) me paraît donner le tracé de l'enceinte faubourienne ; mais des trois éléments qui composaient celle-ci : murs, palissades et fossés, soit simultanément, soit exclusivement, il ne faut pas avoir la prétention de trouver la continuité tout le long de cette ligne. Les endroits les plus faibles ou les plus importants seuls avaient été munis ; pour les autres, on avait utilisé des défenses naturelles, ou remis à plus tard ce qui ne s'exécuta jamais. Voici cependant ce que la vue de Montpellier en 1541, par Belleforest, monument précieux par son exactitude, et les documents contemporains, me font croire à ce sujet.

Le monticule appelé Aires de Saint-Denis, par sa seule situation et à l'aide de son église, protégeait suffisamment le faubourg Montpelliéret. Celui de Lattes n'avait que ses deux portalières et la tour d'En Barca ; aussi l'appelait-on les Barris ouverts (6). Mais ce

---

(1) Voir p. 3, note 1.

(2) L. Guiraud, *la Paroisse Saint-Denis de Montpellier*, p. 63 : voir aussi le plan.

(3) *Ibid.*, p. 84 et plan.

(4) *Ibid.*, p. 6, note 4 : p. 21, note 3 et plan.

(5) Outre les noms cités, j'ai trouvé deux autres mentions de portalières qui me paraissent moins en indiquer de nouvelles que donner des variantes de dénominations. Le 4 décembre 1268, Bérengère, veuve de Philippe Mancelli, et son fils Philippe, reconnurent au monastère Saint-Benoît.... *videlicet unum campum situm prope portale de la Pauza Montispessulani*, (Arch. dép. de la Lozère, série G, reg. n° 1021, f° 1). J'ignore absolument la position de cette portalière. — Le 29 décembre 1468, François Payen reconnut au monastère Saint-Ruf de Montpellier... *terram sitam in territorio Montispessulani et in decimaria Sancti Firmini, loco dicto al claus d'En Benezech, sive à la portalieyra de la campane, confrontatur cum violo quo itur a fonte de Latis versus Sanctum Ylarium et cum laygarila*. (Arch. dép. de l'Hérault, série H, fonds Saint-Ruf, reg. Benedictus, f° 125). Celle-ci me paraît, par sa situation et la conformité de nom : *esquirras, esquillas, campana*, celle qui allait à la Font de Lattes.

(6) *Petit Thalamus*, pp. 358 et 359.

faubourg se trouvait couvert au-delà de ses portalières par l'enclos des Frères Mineurs et par l'Aiguerelle-Noire, qui passait derrière le Collège Saint-Sauveur.

A partir de la portalière Saint-Sauveur jusqu'à celle de Lavérune, on voit encore en 1544 des pans de mur importants joignant le portalet de Villeneuve. Qu'on se le rappelle : c'est en ce lieu que, dès 1357, les murs étaient commencés (1). Ils furent continués ou refaits quelques années après. Le 9 novembre 1381, Pierre Poujol, clavaire des subsides assignés à la construction de la palissade, passait prix-fait avec deux peyriers pour un ouvrage à exécuter dans les conditions suivantes. Pons Gervais et Durand Amilhau s'engageaient à élever, entre le portalet de Villeneuve et la tour la plus voisine en allant vers Saint-Sauveur, un mur dont la largeur est indiquée par celle de la tranchée à faire : 6 palmes, soit 1 mètre 50. Le clavaire de la palissade devra fournir les pierres, la chaux, le sable, et tous matériaux, ce qui prouve bien qu'il s'agit d'une véritable muraille. En outre les peyriers garniront celle-ci de merlets. Enfin, au milieu du mur ainsi construit, ils devront bâtir une tourelle (2). D'autres documents parlent également des merlets de la palissade (3).

Le ponceau marqué par Belleforest en sortant de la portalière de Lavérune, indique un fossé qui vient de celle de Villeneuve. Si ce fossé disparaît ensuite entre le chemin de Pézenas et celui de Gignac, il n'en avait pas moins existé en cet endroit. Nous savons, en effet, qu'il donna lieu, en 1411, à un débat entre les Ouvriers et certains particuliers, les premiers prouvant que ce fossé avait été fait comme ceux qui entourent la ville et les faubourgs pour leur défense (4). A son tour, un compoix de 1417 mentionne :

---

(1) Voir p. 128.

(2) Arch. mun. de Montp., série BB, reg. des petites notes du Consulat, 9 novembre 1381 ; cf. au 25 novembre.

(3) Arch. mun. de Montp., Cérémonial consulaire du xv° siècle, f° 49.

(4) *Quoddam vallatum situm in suburbiis Montispessulani juxta conventum Predicatorum ejusdem ville, confrontatum cum itinere quo itur de dicto conventu Predicatorum versus Sanctum Georgium, et cum eodem conventu dicto itinere in medio, et ab alia parte cum alio itinere publico quo itur de portali Veyrunie versus locum de Veyruna et cum quadam vinea dicti Johannis Fari*, etc. (Arch. mun. de Montp., fonds Joffre, t. II, f° 73 v°, pièce n° 148).

« 1 verdier de lay lo pourtal de la Verunha, confronta se an lo
» valat viel, et fa de l'usage a las prolanhas vij sols » (1).

Entre les portalières Firmin et des Masques, le monastère des
Frères Prêcheurs formait une défense excellente ; au-delà reprenait
le fossé : une concession faite en 1435 par les Ouvriers en témoigne.
A cette époque, on n'avait plus guère à se préoccuper de la fortification, et le fossé qui s'étendait depuis le couvent des Dominicains dans la direction de Saint-Côme servait à recevoir les
corp d'animaux morts (2). Enfin, les Carmes assurant que le
fossé a été fait dans leur cimetière, et au chevet de leur église (3),
il est certain que ce moyen de défense continuait jusqu'au Merdanson. Je suppose que c'était en partie par le ruisseau des
Vaches. Mais il y a plus : entre le couvent des Carmes et la portalière de Villefranche, on marque encore la palissade, près du
jardin du Milanais, jadis affecté au cimetière commun (4). Quant
au fossé, non mentionné, le Merdanson devait y suppléer.

En avant de la palissade dont je viens ainsi de suivre le tracé,
se trouvait une seconde et courte ligne de défense, constituée par
un fossé, deux portalières, et une palissade, et qui paraît avoir
mis à couvert le quartier des Écoles. Les portalières étaient
celle d'En Frescalin au Courreau (5), et le portail Layron, souvent mentionné avec ceux de la ville (6), et dont un compoix de
1416 fixe la position : « verdie à la carrière que va als Presica-

---

(1) C. Saint-Firmin *extra muros* de l'an 1417, f° 43.

(2) *Videlicet quoddam vallatum antiquum.. quod protendit a muris conventûs
Fratrum Predicatorum eundo versus Sanctum Cosmam, actento quod nullus cum
(sic) possidet nec a longo tempore possedit et actento eciam quod gentes prohiciunt
infra dictum vallatum cadavera.* (Arch. mun. de Montp., fonds Joffre, t. II,
f° 74 v°, pièce n° 151).

(3) Arch. mun. de Montp., grand chartrier, arm. F, cass. VII, pièce n° 67.

(4) *Videlicet totum quoddam suum viridarium situm in palissatis dicte ville et
prope conventum Carmelitarum, confrontatur ab una parte cum riparia Merdan-
sonis et ab alia parte cum dogua sive carreria tendente a portali Sancte Catherine
versus dictum conventum Carmelitarum, certis crosis in medio, et cum viridario
Johannis Caponi, mercatoris, et cum viridario heredum Ysarni Planqueta, quondam
monetarii, et cum suis, etc.* (Arch. mun. de Montp., série BB, reg. des petites
notes du Consulat, 25 mars 1494-95).

(5) C. Saint-Paul, 1480, f° 44 ; C. Sainte-Anne, 1544, f° 372 v°.

(6) Arch. mun. de Montp., série BB, pièces extraites des registres des actes du
Consulat et de ceux des petites notes : rôle des clefs de portes, *passim*.

» dors prop del portalet Layron, que se confronte am las escolas
» de Peyre et Guillem de la Manhanie » (1). Or j'ai établi
ailleurs (2) la position de ces écoles : elles se trouvaient sur le
flanc gauche de la colline que couvre aujourd'hui la promenade
du Peyrou. Au xvi⁰ siècle, on avait perdu l'habitude d'appeler
la portalière de son ancien nom, et on la désignait sous celui
de Cathalan, l'apothicaire, hôte de Félix Platter, qui possédait
un jardin tout près de là, dans la rue Bona Nioch (3).

La palissade est mentionnée des deux côtés du mamelon :
« hostal en la palissada en la gramaticua » (4), c'est-à-dire au
faubourg Saint-Jaume et près des écoles de la Manhania, qu'en-
dommage sa construction (5). Quant au fossé, indiqué sur d'anciens plans (6), il existait près du portail d'En Frescalin : « ung
» cros al portal Frescalin, confronte an lo valat vieil de la ville » (7);
et près du couvent des Dominicains : « ung pre assis auprès des
» Jacopyns confrontant avec le claux de M⁰ Anthoine Garnier,
» lequel pré est des fossés de lad. ville » (8). Rien n'est mieux acquis que la situation de l'enclos Garnier, sieur Deschênes, où se
trouva englobé plus tard le sol de la célèbre Tour Sainte-Aularie (9). Je citerai également un texte de 1544, faisant mention de
« camp al plan des predicadours, confronte an lo valat de papa
» Urban » (10) et enfin un mémoire du xvi⁰ siècle donnant au fossé
la même dénomination (11). Mais ceci est une de ces erreurs dont
il ne faut pas faire une preuve, car le peuple, comme il s'y plaît
souvent, a prêté aux riches, et je me l'explique aisément ici. Le

---

(1) C. Sainte-Anne, 1416, f⁰ 1 v⁰.
(2) L. Guiraud, *les Fondations du Pape Urbain V à Montpellier* : t. II, *le Collège Saint-Benoît*, pp. xxv et suiv., 71 et suiv.
(3) Arch. dép. de l'Hérault, série G, notaires : Pierre Martin, reg. 16, f⁰ 101,
7 novembre 1529. — C. Saint-Firmin, 1525, f⁰ 61.
(4) C. Saint-Matthieu, 1404, f⁰ 16.
(5) Arch. mun. de Montp., série BB, reg. des petites notes du Consulat, 31 août
1381.
(6) Arch. mun. de Montp., série II, n⁰⁵ 226, 417 et 316.
(7) C. Saint-Paul, 1480, f⁰ 44.
(8) Arch. mun. de Montp., fonds Joffre, t. II, f⁰ 76, pièce n⁰ 154 bis.
(9) L. Guiraud, *les Fondations du Pape Urbain V à Montpellier* : t. II, *le Collège Saint-Benoît*, p. 75, note 3.
(10) C. Saint-Firmin, 1544, f⁰ 29 v⁰.
(11) Arch. dép. de l'Hérault, série H, fonds des Cordeliers de l'Observance.

souvenir de la sollicitude du pape Urbain V pour Montpellier et son Université, l'époque de la construction de la palissade, contemporaine ou à peu près de son pontificat, le voisinage de cette enceinte intermédiaire avec les écoles du Collège Saint-Benoît au Puech Sainte-Aularie, ont plus que suffi à la formation de la légende qui lui attribue cette défense. Tout en confirman le premier motif, la critique historique établit, à l'encontre des deux autres : 1° que le commencement de la construction de la palissade précéda de dix années l'élévation de Guillaume Grimoard au souverain pontificat (1); 2° que l'établissement des écoles de Saint-Benoît au Puech Sainte-Aularie, tout à fait contraire aux intentions d'Urbain V, est dû à Pierre Flamenc, et ne remonte pas plus haut que l'année 1393 (2).

Et maintenant, faut-il que pareil rapprochement s'impose pour clôturer sous une impression pénible cet exposé de la formation topographique de Montpellier ? Tant de précautions prises au xiv<sup>e</sup> siècle contre les périls extérieurs ne devaient plus servir de rien devant l'irrésistible fureur des passions populaires criminellement surexcitées. La destruction ne vint pas de troupes mercenaires étrangères à la ville, à la contrée ; elle fut l'œuvre d'une foule inconsciente, entraînée par le fanatisme de quatre ou cinq sectaires. C'était au xvi<sup>e</sup> siècle, on l'a compris. En quelques jours, presque en quelques heures, les faubourgs furent dépouillés de tous les établissements religieux qui en faisaient l'ornement et la richesse ; les écoles ne se virent pas mieux respectées ; et piétinés, arrachés, saccagés par l'avalanche humaine, de longtemps les vergers ne furent que des hermes désolés. Aussi, quand nous voyons aujourd'hui tout autour de la ville se créer, s'étendre et s'embellir de populeux quartiers, ne soyons pas trop fiers de ce qu'on appelle l'incessant progrès de notre temps. Songeons qu'il n'a pas fallu moins de deux siècles pour refaire, ce qu'en avaient fait quatre, ce qu'il a suffi de peu de jours pour détruire.

(1) L. Guiraud, *les Fondations du Pape Urbain V à Montpellier* : t. III, *le Monastère Saint-Benoît*, p. 2.
(2) *Ibid.* : t. II, *le Collège Saint-Benoît*, pp. 71 et suivantes.

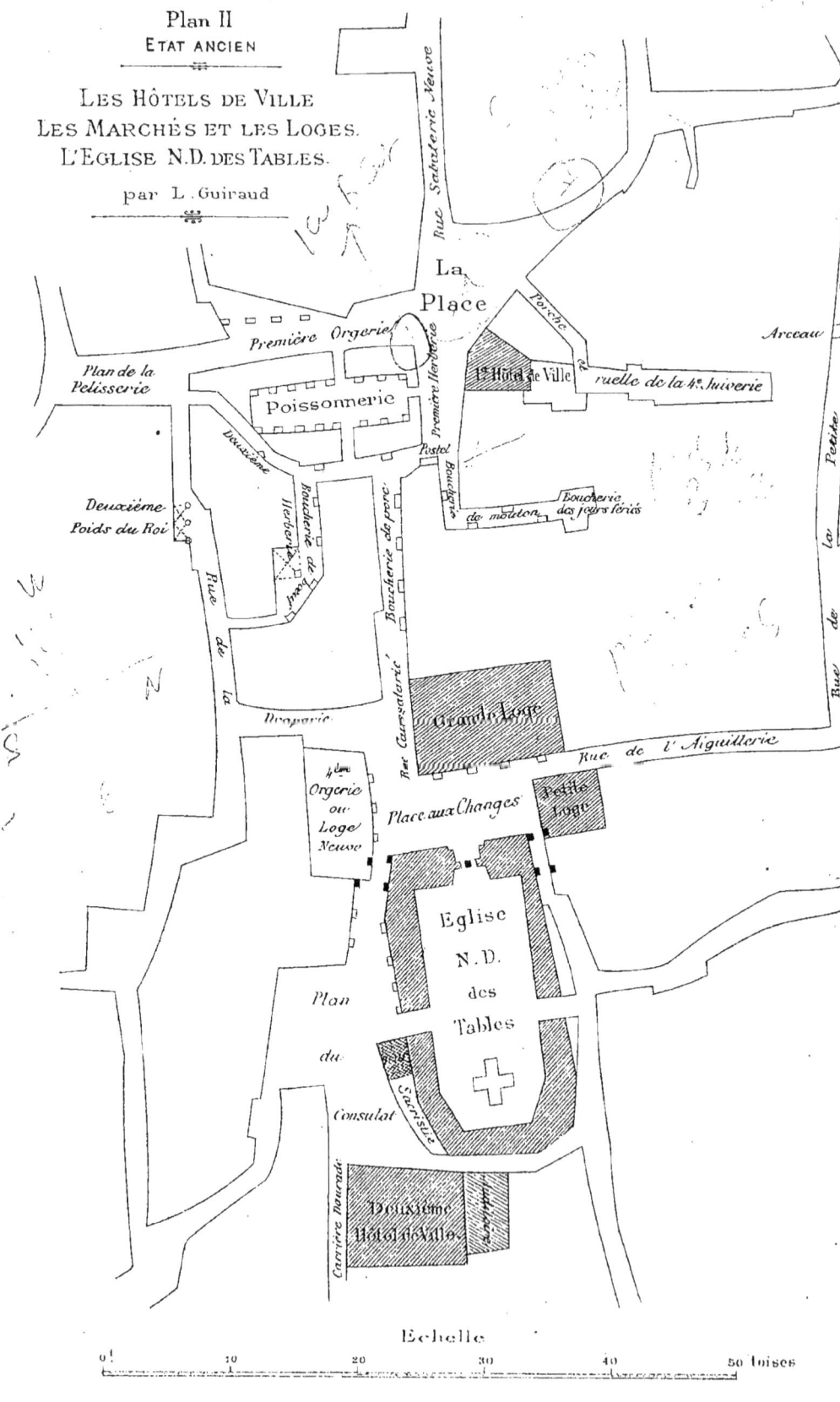

Plan II
ETAT ACTUEL

Impasse Périer

Square

Place de la Préfecture

Place Castellane

Rue Nationale

Halle Castellane

Rue de l'Horlerie

Rue de la Loge

Rue de l'Aiguillerie

Rue Vieille de la

Rue de la Petite-Loge

Halle aux Colonnes

Rue de

Rue

Collet

R. de l'Argenterie

Rue du Consulat

Echelle

0   10        50        100 Mètres

# DEUXIÈME PARTIE

## I.

Acquisition du premier Hôtel-de-Ville en 1205. — Opinions émises sur son emplacement. — Fixation de cet emplacement. — Description de l'Hôtel-de-Ville.

De tout ce qui précède sur la formation de Montpellier, il résulte que le point de départ de la cité en resta constamment le centre, et que le quartier actuellement délimité par la place de la Préfecture, les rues Nationale et de l'Aiguillerie, la place Jacques Cœur, les rues Embouque-d'Or, des Trésoriers-de-France, de la Loge, de l'Argenterie, de la Vieille, de l'Herberie et enfin la place Castellane, doit le premier attirer notre attention. Là circulait la vie religieuse autour du sanctuaire vénéré de Notre-Dame des Tables, la vie matérielle y était assurée par la réunion de nombreux marchés alimentaires ; c'est là que les Consuls fixèrent la vie politique par l'établissement du premier Hôtel-de-Ville.

Cet Hôtel-de-Ville ne fut pas construit par eux en vue d'une destination toute spéciale ; ils se contentèrent de chercher une maison qui leur parût offrir les conditions requises : position centrale, facilité des issues, disposition intérieure appropriée à son usage. L'immeuble de Jean de Lattes, avocat, situé sur la place de l'Herberie, ayant sortie de façade et porte latérale sur un porche ou ruelle, renfermant des bâtiments et une cour, fixa leur choix. L'acquisition en fut faite le 19 août 1205, juste une année après l'octroi de la charte communale, par les douze premiers de cette longue suite de consuls dont la sagesse, la probité, le dévouement ont constamment honoré notre ville. L'acte d'achat, que je publie intégralement (1), est ainsi rubriqué

(1) Appendice n° II, 1.

par une note marginale du *Grand Thalamus* : « Carta come Johan de Latas vendet la maiso dels cosels ». Moyennant la somme de 1,550 sols melgoriens, le vendeur y cédait à la Ville, représentée par ses magistrats, dont dix stipulaient au contrat pour eux et leurs collègues absents, une maison minutieusement confrontée et décrite. La confirmation fut accordée par le bayle Guillem Capdebou, le 29 juillet 1207.

Où se trouvait ce premier Hôtel-de-Ville ?

Deux opinions ont été émises à ce sujet. D'Aigrefeuille, qui s'en est d'abord occupé, nous dit : « Je trouve que l'Hôtel-de-Ville était auparavant à l'Herberie, et l'on m'a assuré que c'était dans cette maison qui fait coin sur la place des Cevenols attenant la Poissonnerie, (1) ; les armoiries et autres figures qui sont en nombre sur l'angle de cette maison et les marques d'ancienneté qu'on y voit partout me persuadent aisément la chose »(2). Comme on le voit, notre historien ne recherche d'autres arguments en faveur de son dire que l'assertion d'un anonyme et un air d'ancienneté qui devait être, à cette époque, commun à pas mal de maisons à Montpellier.

A son tour M. Renouvier, se basant sur les termes dans lesquels l'acte d'acquisition du nouveau Consulat, en 1361, décrit subsidiairement l'ancien (3), place ce dernier à la maison portant actuellement le n° 17 de la rue Herberie. Il étaye son opinion sur trois motifs : 1° l'ancien Consulat était situé à l'Herberie ; 2° il se trouvait en contre-bas du sol ; 3° il était enchevêtré avec d'autres maisons. Et M. Renouvier ajoute : « L'un des plus anciens compoix de la ville donne pour confront à une maison de la même île la

---

(1) L'interprétation de ce passage de d'Aigrefeuille ne laisse pas d'offrir quelque difficulté : grave défaut quand on cherche à établir un emplacement. Cependant l'expression de *coin* me paraît plutôt désigner l'angle formé par la rue Barralerie (aujourd'hui disparue à cet endroit) et la place Castellane.

(2) *Hist. de Montpellier*, t. I$^{er}$, p. 582.

(3) Voici le texte de l'acte : « *Nos... consules constituti in plano seu porticu consilii domus consularis... situate juxta planum Herbarie... quia presens domus consulatus est multum bassa et antiqua et male clausa, et multis servitutibus hospiciorum circumvicinorum subjecta, et in vili platea et fetida presertim in estate situata.* (Arch. mun. de Montp., grand chartrier, arm. F, cass. VII, pièce n° 35. — Cf. Germain, *Hist. de la Commune de Montpellier*, t. II, p. 264).

rue qui descend au Consulat » (1). Quelle que soit l'autorité de l'érudit dont je rapporte les paroles, ses assertions, en ce qui touche le Consulat, ne sauraient être admises, car elles reposent sur une confusion constante de lieux et de dates. Je reprends les arguments un à un pour les réfuter.

Que le Consulat fût situé près de la place de l'Herberie, rien de plus certain. A la preuve donnée par M. Renouvier j'ajouterai celle que fournit l'acte d'acquisition de 1205, et j'en pourrais joindre bien d'autres ; mais il me suffira de dire, ce que je vais justifier bientôt, que l'Herberie, de 1205 à 1361, n'était ni au lieu où certains de nos contemporains l'ont encore vue, et qui ne devint place qu'en 1746, ni même dans l'île voisine, démolie à cette dernière date, où elle se trouvait antérieurement : la première de toutes les Herberies était l'espace compris entre les îles Poissonnerie et Grande Loge. Et deuxièmement, croire que la salle basse, cave aujourd'hui, que renferme la maison n° 17 de la rue de l'Herberie, a pu jamais, même il y a six ou sept siècles, être au ras du sol, est impossible, si l'on tient compte des nivellements opérés en cet endroit. En outre, lors de la construction de la Halle Castellane, on a rencontré la terre rouge et vierge. La salle n'a donc jamais pu appartenir qu'à un étage souterrain. Mais il y a plus, et pour détruire la preuve fournie par M. Renouvier, j'aurais pu me contenter de rectifier l'interprétation du texte de 1361, « *domus multum bassa* » ne devant s'entendre que d'une construction non en contre-bas du sol, mais peu élevée au-dessus, ce que je montrerai d'ailleurs parfaitement exact pour le véritable Consulat.

Sur ce que l'Hôtel-de-Ville était sujet à des servitudes, à cause de son enchevêtrement avec d'autres immeubles, voici ce que je répondrai. La maison située ici avait été démembrée d'un plus grand corps, ayant appartenu au xv° siècle à Sauveur de l'Om, canabassier. Sa fille Marthe en reçut une partie et la porta à son mari Léonard Maigret (2). Le restant, passé à Jean Rey,

---

(1) J. Renouvier, *Des vieilles maisons de Montpellier*, dans les *Mémoires de la Société archéologique de Montpellier*, t. I, p. 41.

(2) C. Saint-Paul, après 1600, t. II, f° 681 ; 1738, f° 267.

apothicaire (1), fut divisé entre ses fils: Pierre eut la parcelle représentée par la maison n° 17 de la rue actuelle de l'Herberie (2) et Isaac celle faisant angle et fondue aujourd'hui dans la maison n°3, rue du Trésorier de la Bourse(3). Il est vrai qu'Isaac garda une cave sous la maison de Pierre, et que ce dernier possédait cave et pièce au-dessous dans la maison de Maigret. Mais ces détails, que je donne pour la première fois, ne prouvent rien en faveur de l'opinion de M. Renouvier, car il ne s'agit ici que de parcelles nécessairement enchevêtrées, puisqu'elles ont été détachées d'un entier immeuble. Celui-ci figure sans servitudes, dans son intégrité, en 1544 (4), et le premier Consulat était désaffecté depuis 1364.

Enfin, il est exact qu'une maison de cette île Poids du Roi, et je précise, la maison de Guillaume d'Hébrard, sieur de la Lauze, aujourd'hui n° 13 de la rue de l'Herberie, est dite confronter « de devant la rue qui descend au Consulat » (5). Mais la mention est empruntée au compoix de 1600, et le Consulat, je le répète toujours, était, depuis 1364, à l'angle des rues actuelles de la Loge et du Consulat. Au surplus, qu'on tienne compte des niveaux et du rapport des positions, c'est monter qu'il eût fallu dire, s'il s'était agi du premier Hôtel-de-Ville.

J'aurais pu me dispenser de cette discussion critique n'aboutissant, en somme, qu'à une élimination, car je possède surabondance de preuves quant au véritable emplacement du Consulat. Mais l'assertion d'un érudit doit être toujours mise en ligne de compte, et je ne voulais point paraître fuir l'objection qu'on aurait pu me faire de celle-ci. Mais il est temps d'en venir au Consulat.

Et d'abord, un examen, même assez rapide, des compoix Saint-Firmin, aux xv° et xvi° siècles, conduit à l'identification de l'île dénommée du Consulat Vieux sur ceux-là, de la Grande

---

(1) C. Saint-Paul, 1544, f°° 117 et 228.
(2) Ibid., 1600, t. II, f°° 811 v° et 805 ; après 1600, t. II, f°° 677 v° et 600 ; veau jaune, t. II, f° 674 ; 1738, f° 266 bis.
(3) Ibid., après 1600, t. II, f° 678 ; veau, f° 675 ; 1738, f° 811.
(4) Ibid., 1544, f°° 205 et 117.
(5) Ibid., 1600, f° 669.

— 53 —

Loge sur ceux-ci. Pourquoi insister? En second lieu, une annotation de la charte de 1253, stipulant vente des maisons à démolir pour le percement de la rue Sabaterie Neuve (rue de la Barralerie), porte textuellement : « Cartas de la careria nova d'En G. del Pos », et l'on y a ajouté : « que es aras la sabataria nova prop lo cossels loqual compreron cossols » (1). A son tour, le compoix de 1435 (île du four d'Atbrand, plus tard île de Massilian) mentionne au manifeste de Louis Jourdan, c'est-à-dire après l'angle des rues Barralerie et du Plan d'Encivade jadis « hostal que es davant lo cosselh vielh » (2). Mais j'entre dans les détails les plus précis, et je localise la recherche.

Lorsque les Consuls se furent décidés, malgré la misère des temps, à faire l'acquisition d'un nouvel Hôtel-de-Ville, ils songèrent à faire argent de l'ancien. Le 26 décembre 1364, par l'organe de Jacques Mayssend, leur assesseur, ils proposèrent au peuple, convoqué en assemblée plénière, l'aliénation du vieux Consulat (3). L'acquiescement de la multitude obtenu, la maison à l'Herberie fut adjugée par Durand Ange, crieur public, au changeur Armand Roux, pour le prix de 500 livres ; et les magistrats consulaires ratifièrent aussitôt cette vente (4). Désormais le Consulat entrait dans le domaine privé et, comme tel, devait être soumis à l'impôt et figurer sur les compoix.

L'y voici, en effet, dès le plus ancien registre du sixain Saint-Firmin, au manifeste de « Sen Peire Peinie, canabassier.... Item » 1 hostal a cosselh vielh es en alo faus cent sincant lieuras » (5). Sa femme Mingette le recueillit dans sa succession et le transmit à un parent : « Sen Guillem de Pradas cambiador de Mont- » pellier... autras bens que luy son pervenguz de dona Pinhiera » sa cousine... Item 1 ostal appellat lo consolat viel estimat L

---

(1) Arch. mun. de Montp., grand chartrier, arm. F, cass. VII, n° 11.

(2) C. Saint-Firmin, 1435, f° 57 v°.

(3) *Item die xxvj decembris per dominum Jacobum Mayssendis proposito populo ad clocam convocato si placeret eis alienatio domus Consulatus... respondit populus quod sic et eis placet.* (Arch. mun. de Montp., série BB, reg. des petites notes du Consulat, année 1364).

(4) Voir appendice n° II, 2.

(5) C. Saint-Firmin, 1404, f° 48 v°.

» lieuras, abatut lo cart resta xxxvij l. x s. » (1). Après Guillem de Prades, l'immeuble passa à ses fils, qui le vendirent à Jean Cambais, ainsi qu'il appert du manifeste de celui-ci : « Item » ung hostal appellat lo conseilh vieilh que fonc de Terrin et » Berthomieu de Pradas, confronta an m° Anthoni de Mala » Rippa, estimat cinquanta lieuras son... L. » Et en marge on lit : « Daquest hostal es estat mudat ung sotol et una petita transcort » estimadas per los xiiij de la cappella de l'an m. cccc lxx$^{ta}$ » cinq a detz lieuras sus M° Anthoni de Mala Riba, notari, et per » aisi reston sus lod. sen Johan Cambais aquest viij° jour de » jenoyer m. cccc lxx$^{ta}$ cinq quaranta lieuras son... xl $^l$ » (2).

Avec ce premier démembrement du Consulat commence une recherche minutieuse, exigeant une extrême sagacité pour suivre chaque parcelle de l'immeuble entre les mains de ses propriétaires successifs. Je m'occuperai d'abord du Consulat proprement dit, demeuré sur le rôle des hoirs de Milan Cambais, lui-même héritier de Jean. Marie, fille de Milan, et femme de Pierre Tremoulet, docteur en médecine (3), le transmit à son fils le baron de Montpezat. La maison, à cette époque, était affectée aux usages les plus vulgaires. «Item ung estable et tinal al consolat » vielh, confronta an Frances Rozier, dona Perrete Formere, los » heretiers de Palavena et los heretiers de M° Jehan Malaripa per » debas, extimat huyt lieuras.... viij $^l$ » (4). L'absence du compoix du baron de Montpezat à ce moment, ne me permet pas de dire à quelle date l'immeuble passa à Louis Rosset, puis à François Rozier, canabassier ; mais en 1544, je le retrouve au nom de ce dernier sous un libellé conforme (5). Par décret du 23 juin 1578, il fut transféré aux frères François et Louis Geurins, marchands, qui avaient épousé les deux sœurs Rieufosse : Françoise et Bernardine (6).

Parvenu à ce point, il me faut revenir sur le sotol, acquis de

---

(1) C. Saint-Paul, 1448, f$^{os}$ 217 et suivants.
(2) C. Saint-Firmin, 1469, f° 3.
(3) *Ibid.*, 1480, f° 4 v°.
(4) *Ibid.*, 1525, f° 36.
(5) *Ibid.*, 1544, f° 73 v°.
(6) *Ibid.*, 1544, f$^{os}$ 11 et 59.

Johan Cambais par Antoine Malaripe. Son manifeste le désigne ainsi, à l'époque de la réfection du compoix de 1469 : « Item plus
» ung sotol et una petita transcort que fonc del hostal del con-
» selh vielh, local sotol et transcort a comprat de sen Johan
» Cambais, local avie comprat lod. hostal deld. conseilh vielh
» dels enfans et heretiers de sen Guilhem de Pradas, local fonc
» heretier de dona Mingeta Pennyera, se confronta de per-
» dessus an lod. sen Johan Cambais, so es an la cambra de la
» cappella deld. conselh vielh et aussi de par dessus an la cambra
» de l'hostal deld. M$^e$ Anthoni de Mala Riba, es estat extimat lod.
» sotol et transcort per los xiiij de la cappella de l'an m. cccc
» lxx$^{ta}$ cinq a detz lieuras....x $^1$ »(1). Mais le sotol du Consulat s'adjoint à l'immeuble contigu possédé déjà par Antoine de Malaripe ; aussi le manifeste de son fils Jean porte-t-il :« 1° ung hostal
» ont el demora an son sotol et una petita transcort que se
» confronta an lo conseilh vielh et an dona Catherine Roqueta »,
etc. (2). Pour arriver à déterminer la superficie de cette portion du vieux Consulat, je vais donc recourir à un autre moyen. Voici lequel.

La situation de l'ancien Hôtel-de-Ville sur la place la plus marchande, la plus fréquentée de tout Montpellier, devait faire naître la pensée d'utiliser l'espace en construisant au-dessus du sotulum ou rez-de-chaussée acquis par Malaripe. C'est ce qui se produisit entre 1480 et 1525, le compoix, à cette date, donnant la première mention d'une maison bâtie sur la parcelle de Malaripe. Manifeste de sire Frances Rozier, canabassier : « une
» maison a la place confronte an sire Jehan Verchand, Peyroton
» Celier jeune, Dodan Deleuze et les heretiers de M$^e$ Jehan Mala-
» rippa, dont le dessot de la salle es dud. Malarippa, et les here-
» tiers de Milan Cambais, estimada trente-six livres » (3). Je puis donc raisonner pour cette maison, comme je le ferais pour le sotol, dont elle représente la superficie, et je constate que les deux parcelles du Consulat se trouvaient réunies d'abord entre les mains de Rozier, puis des frères Geurins, héritiers de tous ces

(1) C. Saint-Firmin, 1469, f° 1.
(2) Ibid., 1480, f° 1.
(3) Ibid., 1525, f° 41 v°.

immeubles, enfin de Barthélemy Massolier, auquel les apporta par un second mariage Françoise Rieufosse, veuve Geurins (1).

Mais ici nouveau démembrement, autres difficultés. Possesseur de « l'estable et tinal » qui représentaient la maison du vieux Consulat, Rozier avait pu facilement bâtir au-dessus du *sotol* une maison, laquelle donnait accès dans les étages supérieurs le premier de ces immeubles. Mais sous Massolier un partage de famille modifia forcément cet état de choses. La maison au-dessus du sotol passant aux époux Laurent Durranc et Françoise Gervais, il fallut y joindre de bas en haut une pièce de l'ancienne maison du Consulat, afin de ménager une issue sur la rue à la parcelle Durranc (2). L'autre demeura au compoix sous le nom de Massolier (3).

Une fois encore ces parcelles se réunirent dans les mêmes mains par suite de la double acquisition que fit Daniel Verchant, le 9 décembre 1637, de l'immeuble Durranc (4), et le 15 novembre 1638 de la maison Massolier (5). Verchant représente donc l'entière superficie du Consulat. Mais le démembrement s'opéra bientôt, et cette fois définitif. Le 4 août 1660, David Albus, bourgeois, acquit une parcelle sur le derrière où se trouvait un petit porche ayant sortie du côté de la ruelle qui menait à la maison Ranchin (6), ruelle de la Juiverie, disparue seulement de notre siècle. Puis le restant se subdivisa de cette manière : le côté Massolier sur : 1° Claude Caffarel, puis ses hoirs (7), 2° sur Balthazar Milon (8) ; le côté Durranc sur : 1° Antoine Sabatier (9), qui transmit sa portion à Levezonne, femme du sieur Aimard (10), 2° sur Marie Rose Romieu, veuve d'André Clemens (11). Mais le compoix de 1738, qui me fournit ces noms, me conduit à un plan

---

(1) C. Saint-Firmin, 1544, f°° 10 et 59, 1600, f° 19 v°.
(2) *Ibid.*, 1600, parch., f° 19 v° ; veau jaune, f° 24 ; basane verte, f° 22.
(3) *Ibid.*
(4) *Ibid.*, 1600, parch., f° 105.
(5) *Id., ibid.* f° 19 v°
(6) *Ibid.*, après 1600, basane verte, f° 31 v° ; 1738, f° 21.
(7) *Ibid.*, 1738, f°° 7 et 8.
(8) *Ibid.*, 1738, f° 17.
(9) *Ibid.*, après 1600, f° 34 v°.
(10) *Ibid*, 1738, f° 20.
(11) *Ibid.*. f° 26.

très intéressant de l'île Poissonnerie et ses environs, plan dressé en 1746 (1). J'y vois figurer d'un côté les maisons Caffarel et Milon, de l'autre celle du sieur Aimard, qui avait absorbé une portion de la maison Durranc. Entre ces points extrêmes sont indiqués deux immeubles : Poulaud et Grenier. Que représentent-ils ? Je m'en vais le dire.

On se souvient que pour simplifier l'historique du Consulat, j'ai considéré, à la place du *sotol* fondu dans Malaripe, la maison Rozier bâtie au-dessus et en représentant, par suite, la superficie. Mais je reviens à l'immeuble de Malaripe. De sa famille, il passa au chanoine Jean Servel (2), puis à Étienne de Combes, général des Aides (3), enfin à Guillaume Sartre, en 1577 (4). Celui-ci le démembra pour en tirer meilleur parti. En 1584, Sauvaire Texier ou Teissier en acquit une parcelle évaluée au tiers, puis une seconde (5). Quoiqu'il ne soit pas là question de la troisième, je la retrouve sous le nom de Domenge Peyre, dont un magasin est dit sous la salle de l'immeuble Massolier et a sortie à la ruelle (6). Ce Domenge Peyre fut remplacé par sa fille Françoise et son gendre Étienne Hugon, dont le contrat de mariage est du 14 novembre 1620 (7). Une vente du 6 février 1660 livra l'immeuble à Michel Bonnefous (8) ou Bonnafoux (9). Enfin, en 1738, je le retrouve sous le nom de Jean Poulaud (10). Quant à Sauvaire Teissier, sa maison, « qui jadis était deux », avait au-dessous une ruelle allant à la maison de Ranchin ou ruelle de la Juiverie (11). Elle se fractionna : 1° sur Sébastien Imbert, en 1617 ; 2° sur Pierre Buffanier, en 1628 (12). La première, après avoir passé

---

(1) Arch. mun. de Montp., série II, n° 564.
(2) C. Saint-Firmin, 1525, f° 39 v°.
(3) *Ibid.*, 1544, f° 68 v°.
(4) *Ibid.*, 1544, f° 329 v°.
(5) *Ibid.*, 1544, f° 69 v°.
(6) *Ibid.*, 1600, veau jaune, f° 24.
(7) *Ibid.*, après 1600, f° 20.
(8) *Ibid.*, après 1600, f° 20.
(9) *Ibid.*, après 1600, f° 18.
(10) *Ibid.*, 1738, f° 19.
(11) *Ibid.*, 1600, veau jaune, f° 21 v°.
(12) *Ibid.*, après 1600, f° 19.

— 58 —

par les mains de Jacques Durranc en 1647 (1), vint dans celles de D^lle Madeleine Levezonne, femme d'Aimard (2). La deuxième, que je ne retrouve plus sur les compoix, ne peut être que l'immeuble Grenier compris entre Poulaud et Aimard. Seulement, qu'on le remarque : Poulaud, Grenier, Aimard, du plan de 1746, représentent le *sotol* du Consulat et la maison d'habitation de Malaripe confondus. Or Domenge Peyre étant le seul dont la parcelle ait autre propriétaire par-dessus, me paraît seul aussi désigner le *sotol*.

Et pour conclure enfin, après cette fastidieuse, quoique indispensable discussion, la superficie du Vieux Consulat est donnée par celle des immeubles Caffarel, Milon, Poulaud et Albus, auxquels il en faut joindre un dernier, que j'avais passé jusqu'ici sous silence, pour ne pas compliquer la recherche. Cette parcelle consistait dans la cour de l'ancien Hôtel-de-Ville ; l'acte d'acquisition de 1205 l'appelle *solarium*, et un compoix de 1480 « cros del conseil vielh ». Comme le *sotulum*, elle avait été acquise par un voisin immédiat. Étudier l'immeuble de celui-ci sera établir un deuxième confront du Consulat, Malaripe étant le premier.

La maison dont je parle eut pour premier possesseur connu le célèbre docteur ès lois Jacques Rebuffi et après lui Raoul (3). Comme ils étaient seigneurs de la Paillade (4), elle prit ce dernier nom, et le garda sous ses propriétaires successifs : Étienne de Tarties, Guillaume de Lauvergnac, Pierre de Varye, enfin sire Guillaume Travers (5). Au manifeste de celui-ci, la maison est ainsi décrite : « Primo ung grant hostal dit de la Pailhade, que
» a crompat de Pierre de Varye, confronte an Guinot Cornet et
» an messire Johan del Mas, enclus ung cros del conseil vielh, de
» que a fach ung verdier, estimat tot ensemble cent huictante cinq
» lieuras torn. sont .. clxxxv^l » (6) . Perrette Fournière, qui devait tenir par quelque lien à Guillaume Travers, puisqu'elle était surnommée la Traverse, l'eut après lui, et l'apporta à son mari Jacques

---

(1) C. Saint-Firmin, après 1600, f° 35 ; C. Saint-Paul, après 1600, f° 65.
(2) C. Saint-Firmin, 1738, f° 20.
(3) *Ibid.*, 1404, f° 13 v° ; 1435, f° 9.
(4) C. Sainte-Anne, 1449, f° 135.
(5) C. Saint-Firmin, 1469, f° 8.
(6) *Ibid.*, 1480, f° 14 v°.

Mourgues (1). Puis l'immeuble entra dans la famille de Ranchin : Étienne, général à la Cour des Aides, Jean, Gédéon, François, Jean de Massia, son gendre (2). Le 30 août 1766 elle en sortit par vente faite à ce Jean Chaleil, notaire (3), qui donna, comme possesseur d'un autre immeuble voisin, son nom à l'impasse débouchant sur la rue Plan d'Encivade. La maison de la Paillade avait sortie sur la ruelle qui y aboutissait et qui desservait plusieurs maisons voisines (4). Cette ruelle est appelée « andronne del » Consolat vielh » en 1544 (5). Elle ouvrait sur la place des Cévenols par un porche que des contemporains y ont vu, et s'appelait encore de la Juiverie. Quant à la maison de la Paillade ou de Ranchin, qui, vers la fin du XVe siècle, avait absorbé un petit immeuble de Jean Delmas, la séparant de la maison de l'Arc d'Arènes (6), elle porte sur le plan d'alignement de 1835 le n° 6 de la rue de ce nom, et a disparu en partie par l'ouverture de la rue Nationale. Mais il est aisé de constater sur le plan que je viens de citer et l'existence de son jardin, et son voisinage immédiat avec le groupe formé du démembrement du Consulat.

A part les immeubles Malaripe et de la Paillade, qui participèrent à ce démembrement, l'Hôtel-de-Ville avait deux autres confronts en 1525 : François Rozier et les héritiers Pelavena. François Rozier n'est autre que la maison élevée au-dessus du *sotol*, une parcelle servant de confront à l'autre. Quant à Pelavena, il figure aux compoix jusqu'au moment où, le 13 avril 1531, la maison est changée sur Rozier et voici comment on la désigne : « Maison que se solie apela la Jutarie, confronte an los here- » tiers de Jehan Trincaire per darres, et lo darries de Jehan » Durand » (7). De Rozier, la maison de la Juiverie, aisée à reconnaître, passa sur Guillaume Aubert en 1577 (8). Cet Aubert

---

(1) C. Saint-Paul, 1480, f° 35 ; Saint-Firmin, 1525, f° 26.
(2) Fragments de compoix XVIe siècle, t. II, f° 49 ; Saint-Firmin, 1600, parchemin, f° 8 ; 1600, veau jaune, f° 12 ; après 1600, f°s 11 et 13 ; 1738, f° 16.
(3) C. Saint-Firmin, 1738, f° 16.
(4) *Ibid.*, 1600, f°s 22 et 24.
(5) *Ibid.*, 1544, f° 11.
(6) *Ibid.*, 1480, f° 14 v°.
(7) *Ibid.*, 1525, f°s 45 et 43 v°.
(8) *Ibid.*, 1544, f° 11.

était « hoste de l'Ensegnhe » (1). Son immeuble alla, en deux fractions, le 10 octobre 1617 et le 8 août 1641, se fondre dans celui de M. Mariotte (2), représenté aujourd'hui par la grande maison dite des Deux-Passages, à l'entrée de l'Aiguillerie. Il en forma l'arrière-partie, contiguë, en effet, au Vieux Consulat.

Les confronts latéraux de celui-ci me sont fournis par l'examen des compoix, dans leurs articles concernant les immeubles voisins. C'est ainsi que je vois, en 1469, la maison de « mestre » Johan del Hom, barbier, et dona Jaumeta, sa molher » confronter d'un côté Guillaume Paillasse, trompette, de l'autre le Consulat (3). Suivons cette maison del Hom : d'Alexandre, fils de Jean, elle passa à Jean Maurin (4), puis à Peyroton Celier, à Henri Rocque, enfin, en 1591, à Olivier Molinet (5). Le 14 janvier 1660, elle était vendue à Étienne Gaillard (6), et je la retrouve sur André Nougaret, marchand-épicier, en 1738 ; sa fille Marie-Rose en hérita en 1753 (7). C'est sous ce nom que le plan de 1746 la montre confrontant Caffarel, c'est-à-dire une parcelle du Consulat.

Pour ne rien négliger enfin, je dois ajouter qu'une maison des hoirs Jacques Raynaud est dite, en 1469, confronter le Consulat (8) ; mais, comme elle fut changée sur Cambais et se fondit dans un grand immeuble de celui-ci à la place des Cévenols (9), et que ce même immeuble, formé de cinq parcelles (10), se subdivisa de nouveau en cinq autres, ne correspondant pas aux premières (11), il est absolument impossible de distinguer la maison primitive de Raynaud. Néanmoins, ainsi que je le disais au commencement, je crois avoir produit surabondance de preuves en faveur de mon dire.

(1) C. Saint-Firmin, 1600, parchemin, f° 24 v° ; veau jaune, f° 30.
(2) *Ibid.*, après 1600, f° 26 ; 1738, f° 1.
(3) *Ibid.*, 1469, f° 20.
(4) *Ibid.*, 1480, f° 21.
(5) *Ibid.*, 1544, f° 137.
(6) *Ibid.*, après 1600, f°° 24 et 38.
(7) *Ibid.*, 1738, f° 9.
(8) *Ibid.*, 1469, f° 5 v°.
(9) *Ibid.*, 1525, f° 36.
(10) *Ibid.*, 1480, f° 3 v°.
(11) *Ibid.*, 1544, f° 66.

Si ardue fût-elle, cette question d'identification était non-seulement indispensable, mais encore intéressante par les renseignements qu'elle fournit sur l'étendue totale du primitif Hôtel-de-Ville, et sur la position respective de ses diverses parties. Je vais en faire la description à l'aide de ces indications et de celles des actes de 1205 et de 1361.

La façade s'étendait partie sur la place de l'Herberie, dite Grande Place ou simplement la Place, partie sur la petite Place ou place des Cévenols. Elle formait, en face même de la Poissonnerie, un angle saillant et obtus, mais peu sensible. Sa position, au cœur de la ville, était donc excellente pour la commodité générale ; cependant les odeurs qui s'exhalaient des marchés avoisinants justifient fort bien un des inconvénients signalés dans l'acte de 1361. Un autre de ceux-ci résultait des servitudes communes avec les immeubles qui l'entouraient de tous côtés. Il s'agit ici du porche où avaient également libre entrée dès 1205 trois maisons, porche menant à la ruelle dite, plus tard, de la Juiverie. Enfin, les Consuls se plaignaient de ce que l'Hôtel-de-Ville eût des édifices bas, et l'acte d'achat les énumère : *domus*, *sotulum*, *solarium*, comme nos compoix : maison servant d'estable et tinal, sotol, cros. Comment étaient-ils disposés ?

La maison se trouvait sur l'Herberie et allait jusqu'à l'angle. Elle avait une issue, dite, en 1327, seconde porte du Consulat, qui entre dans la salle du Conseil (1). Dans la partie voisine de l'angle, mais au premier étage, on avait, en 1336, construit une chapelle sous le vocable de Notre-Dame. La concession accordée à cet effet à nos Consuls par l'évêque Pictavin de Montesquiou sauvegardait les droits paroissiaux de Saint-Firmin, en stipulant qu'on y érigerait un seul autel, que le chapelain y célébrant la messe tous les jours ne pourrait pas administrer les sacrements, enfin qu'il n'y aurait point de cloche (2). Je m'explique : de cloche affectée à des sonneries ecclésiastiques, comme s'y engagèrent les Consuls, le 28 décembre suivant (3) ; car ils en possédaient une déjà, et la construction

---

(1) *Cartulaire de l'Université de Montpellier*, t. I, p. 258.
(2) Appendice n° III, 2.
(3) Arch. mun. de Montp., grand chartrier, arm. F, cass. VII, pièce n° 79.

du campanile la renfermant remontait à l'année 1310. Cette cloche servait pour le couvre-feu, et pour la convocation des assemblées générales (1) ; dans ce dernier cas, on se contentait d'agiter le battant, de manière à frapper un seul côté (2). Cependant, le 19 septembre 1339, Arnaud de Verdale accorda aux Consuls le droit d'avoir une cloche pour leur chapelle, mais à la condition que le poids n'en excèderait pas quatre livres, et qu'on la sonnerait seulement au moment de l'élévation (3).

Le rez-de-chaussée ou sotol faisait suite à la maison du côté de la Place. Derrière la maison et le rez-de chaussée, se trouvait une cour, où le peuple s'assemblait pour délibérer, en passant par le porche. Plus d'une réunion tumultueuse y fut tenue, et je pense que la « petita transcort » ou passage-terrasse servait à l'assesseur des Consuls, pour porter la parole en leur nom devant la foule. Quand les avis étaient partagés, voici comment on procédait. Le peuple était invité, selon l'opinion de chacun, à s'écouler par l'une ou l'autre porte : celle du porche ou celle de la salle du Conseil, et le notaire placé auprès inscrivait au fur et mesure le nom des membres de l'assemblée passant ici ou là. Ainsi en arriva-t-il en 1327, quand on discuta l'imposition du souquet de vin (4).

C'est tout ce qui reste de souvenirs sur le primitif Hôtel-de-Ville, occupé de 1205 à 1361.

(1) *Quod cum nos dicti consules edificari seu construi faceremus et extolli in altum infra domum dicti consulatus quamdam parietem pro ponendo ibidem quamdam squillam, quam fieri fecimus pro magnis utilitatibus, commoditatibus et necessitatibus dicte ville et universitatis hominum ejusdem, et specialiter pro pulsando squillam vulgariter appellatam de cobre fuoc*, etc. (Arch. mun. de Montp., grand chartrier, arm. B, cass. X, pièce n° 1 : acte des nones de mars 1309 (1310), portant appel de la part des Consuls de l'opposition faite par Guillaume de Vilagut, lieutenant du roi de Majorque).

(2) Arch. mun. de Montp., grand chartrier, arm. F, cass. VII, pièce n° 67, cahier de l'an 1365.

(3) Cartul. de Mag., reg. B, fol. 19 v°. Cf. A. Germain, *Arnaud de Verdale, évêque et chroniqueur*, p. 405.

(4) *Cartulaire de l'Université de Montpellier*, t. I, p. 258.

## II.

Poissonnerie. — Première Orgerie. — Première Herberie. — Boucherie de porc, de mouton et de bœuf. — Deuxième Herberie. — Quatrième Orgerie. — Premier et deuxième poids du Roi. — Postel ou table de l'impôt municipal.

Devant le Consulat se groupaient les marchés alimentaires de Montpellier. Leur réunion en ce lieu lui avait fait donner le nom de *forum seu mercatum Montispessulani* (1). Pour en reconstituer plus aisément le détail, je commence par le Marché au Poisson, vulgairement dit la Poissonnerie, situé vis-à-vis le Consulat.

Ce marché n'avait pas été le premier établissement de cette nature existant à Montpellier, car l'article xxviii de la Coutume de 1204, stipulant que les métiers et boutiques d'artisans ne sauraient être changés des lieux qu'ils occupent, ajoute : *Nisi solummodo Peissonnaria, quæ semel et non sæpius debet mutari, sine damno illorum quorum nunc sunt domus et tabulæ Peissonnariæ*. Je n'ai pu arriver à déterminer l'emplacement de cette primitive Poissonnerie; mais le texte que je viens de rapporter prouve qu'elle offrait grande analogie avec celle qui la remplaça.

La concession de cette dernière, faite par les consuls de 1212 à certains particuliers et poissonniers de Montpellier, fut une entreprise industrielle. Moyennant 52 livres melgoriennes 1/2 d'entrée et une redevance annuelle de 35 livres de même monnaie, les concessionnaires avaient le droit de construire un local muni d'étaux, où le monopole de la vente du poisson leur était assuré. En outre, ils pouvaient bâtir des maisons en ce lieu, probablement pour la demeure des personnes préposées à la vente (2). Cependant, en dépit de leur privilège, ils apprirent

---

(1) Arch. mun. de Montp., grand chartrier, arm. A, cass. XII, pièce n° 1, livre de procès de l'année 1336.

(2) Appendice n° III, 1.

que le poisson était également débité en divers lieux de la ville, et spécialement à la porte de Lattes et à celle du Peyrou. Ils invoquèrent leurs droits, l'intérêt du commerce et celui de l'hygiène publique, et obtinrent satisfaction (1).

La Poissonnerie créée en 1212 se trouvait dans l'île qui a pris ce nom, et dont elle occupait la partie centrale. Aux termes de l'acte de concession, et d'après un plan assez grossièrement fait le 10 février 1750, un peu avant sa démolition, cette Poissonnerie était constituée par une allée de 16 ou 18 mètres de longueur au minimum sur 4 de largeur. De chaque côté s'alignaient huit tables de vente avec sièges derrière (2). Ces tables avaient 2 mètres de façade et 1 mètre 75 de profondeur, y compris le siège (3). Trois portes donnaient accès au marché, et, grâce à l'extension prise par les immeubles contigus sur les rues avoisinantes, ces portes finirent par être précédées de véritables porches. La première et la plus fréquentée débouchait sur la place de l'Herberie, presque en face du Consulat ; elle est ainsi désignée au XVe siècle : « porgue que part de la Peyssonaria, » va vers lostal de sen Anthoni Guillen » (4). Cette entrée était la principale, non-seulement du fait de sa position sur la place, mais encore parce qu'elle se trouvait dans l'axe de l'allée. La seconde fut ouverte sur la Boucherie, c'est-à-dire sur la gauche de cette allée (5). La troisième devait faire vis-à-vis à la précédente, puisqu'elle débouchait en face des arcs dits plus tard de Doumenc, dans l'île Portalez. L'usage en fut abandonné de bonne heure, et cette ouverture fut définitivement supprimée en 1558. On s'assura, pour le faire, du consentement de Jean Verchant, dont la maison couvrait ce porche. Verchant ne fit aucune difficulté « scachant et considerant que la traverse qu'est
» de deux costés joignants au dessoubs de sa maison, que l'on
» soulloit passer pour aller a la Poissonnerie estre inutille tant

---

(1) Appendice n° III, 2.
(2) En 1750 il y en avait dix du côté droit.
(3) Appendice n° III, 1.
(4) Arch. mun. de Montp., série DD, chapelle du Consulat, reg. de reconnaissances, f° 10.
(5) Appendice n° III, 1 et 2.

» aux habitants que a la chose publique de ladicte ville a cause
» que personne n'y peut passer pour ce que l'on y gecte toutes les
» immondices de ladicte Poissonnerie et les passants en font leur
» retraict, en sorte que rand une grande punaysie tant a ladicte
» poyssonnerie que maisons circumvoisines de ladicte traverse et
» aussi aux habitans que passent aupres d'icelle, chose que pour-
» roit corrompre les corps et engendrer peste et aultre maladie
» contagieuse. » Qu'on ajoute à ces motifs celui de la sécurité publique, les malfaiteurs se cachant de nuit dans ce passage, d'où ils s'élançaient sur les passants pour les détrousser, et l'on comprendra que la fermeture de ce porche s'imposait (1).

Un gazillan desservait la Poissonnerie et en faisait perdre sous terre toutes les eaux. En outre, les concessionnaires furent autorisés à la surmonter de terrasses et de tous autres édifices qu'ils voudraient (2). Ils en profitèrent, et les maisons, d'abord construites en bordure au-dessus, empiétant sur les rues voisines, s'étendirent tout autour. De là des servitudes, qui, ajoutées à celles que reconnaissait l'acte de 1212, mirent les divers immeubles de l'île dans un véritable état de dépendance mutuelle. J'en donnerai comme exemple deux maisons d'Étienne Roch, drapier, l'une située à l'entrée de la Poissonnerie (côté Consulat), l'autre contiguë à la précédente et s'étendant jusqu'à un immeuble des époux Bochin. Le 17 mars 1249, Étienne Roch reçut du lieutenant du roi d'Aragon une concession très importante. Il fut d'abord autorisé à s'aligner avec Guillaume Bochin, par conséquent à construire en avant de la Poissonnerie et contre ses murs, et en outre à prendre sur la rue publique de l'Herberie un espace de cinq palmes de largeur tout le long de ses façades, afin d'y établir des étaux pour la vente du poisson et des fruits (3).

A côté des maisons d'Étienne Roch se trouvaient, ai-je dit, celles de Guillaume Bochin et Aldiarde, sa femme, qui avaient bénéficié, à défaut de concession formelle, d'une longue prescription.

(1) Grand Thalamus, f° 304, acte du 8 avril 1558.
(2) Appendice n° III, 1.
(3) Arch. mun. de Montp., grand chartrier, arm. A, cass. XII, pièce n° 11 (pour 9), un rouleau papier de l'an 1310, coté : *super plano Herbarie*.

Nous voyons, en effet, que les époux Bochin possédaient devant leurs immeubles des tables de vente, qu'en 1259 le bayle de Montpellier, Raymond de Conques, voulut faire enlever en vertu de la prohibition portée par Jacques I$^{er}$. Les Bochin invoquèrent un usage immémorial, et leurs prières, plus que leurs droits, obtinrent satisfaction. Il fut décidé qu'ils conserveraient du côté de l'Herberie, c'est-à-dire celui faisant vis-à-vis aux maisons Guiraud et Raymond de Lattes, les tables fixes et fermées d'une largeur de 4 palmes 1/4, soit ici de 2 m. 125, et que du côté de l'Orgerie Vieille, vers les maisons de Guillem del Pos, comme ils ne pouvaient, ni par actes ni par témoins, justifier d'aucun droit, ils n'auraient que des bancs mobiles de 1 palme 1/2, soit 0$^m$,75, susceptibles d'être repliés et rentrés le soir (1). Du même coup, j'établis ainsi la position de l'Orgerie et de l'Herberie primitives. Je m'arrêterai à chacune.

Que des deux îles faisant vis-à-vis à l'angle de la Poissonnerie, où se trouvaient les maisons Bochin, celle renfermant les immeubles Guillem del Pos, fût la même que le *Guide* de Flandio de la Combe appelle Portalez, cela est incontestable. Non-seulement je pourrais m'appuyer sur un acte postérieur de quatre-vingt-quatre ans, il est vrai, mais relatif aux mêmes maisons des Bochin et désignant, par les termes de cers (ouest), la position de Guillem del Pos, d'aquilon ou d'orient, celle de Raymond et Guiraud de Lattes (2) ; mais encore j'invoquerai un acte antérieur à l'époque

---

(1) *Quod dicti conjuges habeant et teneant, habere possint in perpetuum et tenere per frontem dictarum domorum suarum qui respicit domos Raimundi et Guiraudi de Latis, herbaria in medio, tabulas fixas et clavellatas latitudinis quatuor palmorum ad cannam et quarte partis unius palmi, et quia de tabulis habendis ex parte alterius frontis domorum suarum qui respicit domos Guillelmi de Putheo, ordearia veteri in medio, conjuges ipsi nullam dederunt fidem per testes vel eciam instrumenta, ordinavit.... quod ex parte proxima dicti frontis fixas non habeant nec eciam clavellatas nec eciam alias, nisi unum banchum unius palmi et dimidii qui, cum necesse fuerit, noctibus singulis in domos valeat intromitti.* (Arch. mun. de Montp., grand chartrier, arm. A, cass. XII, pièce n° 4 du 11 août 1259, cotée : *De tabulis que sunt prope Erbariam*).

(2) ..... *Domos dictorum fratrum scituatas juxta planum Herbarie Montispessulani, confrontantes ex una parte cum domo heredis Guillelmi de Conchis, quondam draperii, et ex alio latere cum domo heredum Guiraudi de Cabanis, quondam mercerii seu sederii, et a certio cum domibus domini Guillelmi de Putheo, militis, dicta platea et via publica in medio, et ab aquilone seu ex parte orientis cum domi-*

d'où je pars pour mes recherches. Il s'agit de l'ouverture d'une rue destinée à mettre en communication directe le quartier central autour de la Condamine, et le quartier seigneurial près du Château ou Palais : cette rue fut celle de la Sabaterie Neuve, plus tard de la Barralerie. Pour la percer, les Consuls acquirent de Guillem del Pos une portion de ses immeubles (1) ; le délaissé se trouvait donc en bordure sur cette rue. J'ajoute que ce ne saurait être que du côté gauche en montant, puisque la maison de Guillem del Pos est dite, en 1273, située devant la Poissonnerie (2). Donc, aucun doute sur l'emplacement de la première Orgerie créée à Montpellier : elle se trouvait entre les îles Poissonnerie et Portalez.

Qu'était-elle ? Une simple place, la deuxième n'ayant pas été autre chose, je le montrerai. Dans les îles avoisinantes pouvaient se trouver des boutiques d'orgiers ; au milieu, quelques tables. Un acte de 1139 parle d'une d'elles : *tabula in qua congregatur bladus in mercato* (3).

Cette Orgerie fut-elle complètement délaissée dès 1168, date de la création de celle du Palais ? Je ne le pense pas, car il y avait rivalité évidente, je .'ai dit à propos de la formation de Montpellier, entre le quartier populaire et le quartier seigneurial. S'il fallait même assigner approximativement une date à son abandon, je la placerais peu après le milieu du XIII° siècle. En 1259, il a été question de l'Orgerie Vieille ; en 1292, au même lieu, on parle d'une simple rue (4). En outre, l'espace retenu par Jacques de Majorque, en vertu du droit de prélation, devant les maisons de Bérenger Lambert et de Guillem del Pos, me paraît bien être

bus que fuerunt Raimundi et Guiraudi de Latis, et nunc sunt Guillelmi Boni Amici et Jacobi de Lunello, dicto plano Herbarie et via publica in medio. (Arch. mun. de Montp., grand chartrier, arm. A, cass. XII, pièce n° 3, parch. orig. du 17 décembre 1337).

(1) Arch. mun. de Montp., grand chartrier, arm. F, cass. VII, pièce n° 11, du 27 janvier 1254.

(2) Grand Thalamus, f° 63 v°, acte du 11 janvier 1273.

(3) *Liber instrum. memor.*, p. 223.

(4) Item, l'an m.cclxxxxij vendet lo sen P. de Fontaynas las desus dichias x libras au Bernat Maystre, lasquals x libras fazia En Berenguier Rog per mayos et taulas contiguas, lasquals eron avudas de Na Bochina et confrontavon se aysi quant dessus et may ab las mayos del sen Guilhem del Pos, carriera en mieg. (Arch. mun. de Montp., grand chartrier, arm. A, cass. XII, pièce n° 11 (pour 9), cotée : *super plano Herbarie*.

une partie de celui qui formait la place de l'Orgerie. Bérenger Lambert l'avait usurpé et vendu à Guillaume Flory, mercier; le roi le donna en emphytéose au légiste Bernard Catalan, et c'est ainsi que ce lieu entra dans le domaine privé (1).

Quant à la première Herberie, elle se trouve, par le fait même, le long des maisons Bochin et Étienne Roch, les unes et les autres, d'ailleurs, venues par héritage ou acquisition entre les mains de Bérenger Roch, un des fils d'Étienne (2); le long aussi du premier Consulat, que l'acte d'acquisition de 1205 nous a montré situé à l'Herberie : par conséquent, elle était comprise entre les îles Poissonnerie et Grande-Loge.

Mais la disparition de l'Orgerie entraîna un changement dans la disposition des marchés ; tandis que celui de la viande empiétait un peu vers la droite, ainsi que je le dirai, celui aux herbes s'étendait vers le haut, au delà de l'angle de la Poissonnerie. Je tire cette indication d'un long procès, mû au xive siècle entre les Consuls et Jean Bonami, drapier, puis ses fils Pierre et Jean, au sujet de tables à l'Herberie. Les Bonami étaient alors possesseurs des maisons Bochin, Na Bossoneza les ayant achetées à Bérenger Roch, et Jeanne, fille de Na Bossonoza, les ayant apportées en dot au père de Jean, Pierre Bonami, dont elle fut la première femme. Des mémoires contradictoires on en vint à la production de témoins. Tous, il est vrai, ne voulurent point parler. Un apothicaire, Jacques du Coin, le premier cité, se contenta de répondre flegmatiquement de la porte de sa boutique : « Babin » baban, je ne sais pas, que dites-vous, vous autres ? » Mais cet exemple ne fut pas suivi, heureusement pour les parties en litige, plus heureusement encore pour nous, qui à travers ces innombrables répétitions et dires de voisins ou de revendeurs, pourrons glaner de précieuses indications. J'y vois d'abord comment, en 1336, l'Herberie était délimitée, d'un côté par l'île Poissonnerie dans sa longueur vis-à-vis le Consulat, et dans sa profondeur, vis-à-vis Guillem del Pos, jusqu'à l'entrée de cette Poissonnerie qui se trouvait à l'ouest ; d'autre côté par le

---

(1) Grand Thalamus, f° 63 v°, acte du 11 janvier 1273.
(2) Arch. mun. de Montp., grand chartrier, arm. A, cass. XII, pièce n° 6, 13 août 1292.

Marché de la Viande et par le Consulat, c'est-à-dire l'île plus tard de la Grande-Loge; enfin, dans le fond, par une maison à l'angle de la place des Cévenols et de la rue Barralerie et par les maisons opposées, en face la Poissonnerie et à l'entrée de la rue Barralerie (1). Les maisons Bochin ou Bonami occupaient donc, on le voit, le plus bel emplacement à l'Herberie; et, comme leurs propriétaires avaient pris sur le sol de cette Herberie, pour y établir des bancs et des tables, un espace variant de 2 mètres 50 à 4 mètres 50 de largeur sur les deux façades, on comprend quelle source de revenus ils se créaient de ce chef. Mais on ne conçoit pas moins la gêne apportée à la circulation par un tel abus. Journellement les Consuls pouvaient le constater en se rendant à l'Hôtel-de-Ville, et ils s'en émurent. Le procès éclata, lorsque Bonami, en vertu de la sauvegarde qu'il s'était fait octroyer, le 16 mars 1327, par Charles-le-Bel, pour lui, sa personne, ses biens, fit apposer sur le terrain contesté les panonceaux royaux. Les Consuls entendaient prouver que le peuple de Montpellier avait toujours usé de cet endroit, ainsi que du reste de la place, pour y tenir les marchandises et les fruits à vendre. La partie adverse reconnut le fait, mais établit que les revendeurs n'y débitaient qu'en son nom, en lui payant redevance. Nos magistrats ajoutaient que là, comme sur les autres lieux publics de la ville, dès le matin, les laboureurs et gens de la campagne stationnaient avec leurs bêtes pour se louer. Aussitôt Bonami répondit qu'arrivés dès l'aurore, ils cédaient ensuite la place aux revendeurs. En outre, un témoin affirma avoir vu jadis, la veille de Noël, les vitriers y tenir une table pour vendre leurs vases. Tout autant de détails qui ne manquent point d'un certain intérêt local (2).

(1) *Locus predicte carrerie Herbarie totus est publicus, cujus fines sunt tales : confrontatur ex una parte cum macello Montispessulani, et ex alia parte cum domo liberorum Guiraudi de Cabanis et cum domibus liberorum Petri Boni Amici et Guillelmi de Conchis usque in introitu peyssonerie qui est a vento circii, et ex alia parte cum domibus que fuerunt Bernardi Lamberti et Guiraudi de Latis, et cum domo Consulatus, et ex alia parte cum domo Petri Martini, et ex alia parte cum domibus domini Guillelmi de Putheo, militis, et liberorum Petri Ymberti, campsoris quondam Montispessulani.*

(2) Arch. mun. de Montp., grand chartrier, arm. A, cass. XII, pièce n° 1, ivre de procès de l'année 1336.

Enfin, en décembre 1337, on en vint à une transaction. Après avoir examiné les anciens titres et principalement celui de 1259, ouï les dépositions des témoins et tenu compte des usages, Béranger du Vernet, lieutenant du roi de Majorque, Pons Bonami, drapier, et François Capdebou, blanquier, choisis pour arbitres, décidèrent que, sur la façade vers le Consulat, les Bonami garderaient les tables telles que les Bochin les y avaient eues, et qu'ils auraient en outre un espace de 3 palmes, soit ici 1$^m$,50 de large, pris sur le plan de l'Herberie dans toute la longueur de la façade. Cet espace, où d'ailleurs ils ne pourraient rien établir, serait tenu plus haut que le reste de la place, et le délaissé serait aplani et joint à celle-ci pour l'usage du public (1).

Un peu plus au sud se trouvait le Mazel ou Marché de la Viande. Primitivement, il confrontait la Poissonnerie, du côté opposé à l'Orgerie, et n'en était séparé que par quelques tables (2). Plus tard, il s'agrandit ou plutôt se dédoubla, d'où le nom de *macellum novum*, qui est donné à l'un de ces marchés en 1301 (3). Mais il ne faudrait pas croire que ce Mazel fût un local fermé et construit, comme la Poissonnerie. Il était constitué par la réunion de tables ou étaux adossés aux murs des maisons dans les rues publiques et les traverses avoisinantes. De là l'obligation imposée aux bouchers d'y tenir des chandelles de suif allumées le soir depuis le coucher du soleil, et le matin dès la première heure du jour, ce qui signifie trois heures du matin (4).

Or, jadis, les bouchers se classaient en catégories distinctes, selon la nature des viandes qu'ils débitaient : mazeliers de bœuf, mazeliers de mouton, mazeliers de porc (5). A la première était assigné le côté gauche, aux deux dernières le côté droit en montant de la porte de Lattes vers la Poissonnerie : les compoix sont formels à cet égard. C'est le long de l'île du Consulat Vieux ou de la Grande-Loge, depuis l'entrée d'une impasse dite Fonsdigou au

---

(1) Arch. mun. de Montp., grand chartrier, arm. A, cass. XII, pièce n° 3, parch. orig. du 17 décembre 1337.
(2) Appendice n° III, 2.
(3) Arch. mun. de Montp., série BB, minutes de Jean Grimaut, notaire, 1301-1302, f° 59.
(4) Arch. mun. de Montp., série BB, actes du Consulat, reg. de 1374, 7 décembre.
(5) *Ibid.*

xviiie siècle jusque près de la Grande-Loge, que se tenait le mazel du mouton et du porc, celui-ci faisant suite à l'autre vers le midi (1). Il occupait aussi cette impasse Fonsdigou, appelée traverse du Mazel (2), au fond de laquelle se trouvait la maison de Pierre Pelavena, dite la Juzetarie ou Juiverie, et dont j'ai établi la position à propos du premier Consulat (3). Chaque année, de Pâques au mercredi des Cendres, le porche de cette maison était loué par les Consuls pour y tenir le marché général à la viande (bœuf, mouton, porc), les dimanches et jours fériés (4), afin de faciliter la circulation. Précaution vraiment indispensable, eu égard au peu de largeur d'une rue, la plus fréquentée de toute la ville, qui offrait, à un endroit donné, un véritable étranglement d'à peine 3 mètres.

L'île située de l'autre côté de cette rue porta, au xviiie siècle, le nom d'île Boucherie, du marché couvert qui y fut construit en 1701. Mais elle a subi de tels changements, que je suis obligé de décrire avec soin son état primitif. Sur les premiers compoix, elle porte le nom de « l'obrador de sen Johan Colombié ». Il lui venait de ce qu'elle était en bordure sur la rue de la Draperie Rouge, où Jean Colombier avait ses *operatoria*, comme beaucoup de ses confrères. Dédoublée, elle forma des îles parallèles, allongées : l'une, dite de Bernard Roch (5), Jean Loste, Guillaume Volvet, Claude Roche, répondait à la rue de la Draperie Rouge ; l'autre, de Jean de Maisonneuve, puis Jean Perdrix, donnait sur la Place au Change ou de la Loge. La rue, assez peu large, qui les séparait, doit attirer notre attention, à double titre.

Là se trouvait la boucherie de bœuf. « En lisle del mazel del » buou appellada de Johan de Maison Nova », dit un compoix du xve siècle, à propos d'une maison des De la Croix (6). Ceci ne

---

(1) C. Saint-Firmin, 1435, fos 15 ; 1469, fo 15 vo et suivants.
(2) C. Sainte-Croix, 1480, fo 96.
(3) Voir p. 59.
(4) Arch. mun. de Montp., série BB, registres des petites notes du Consulat, *passim*. Je relève au 17 octobre 1504 : *pro reparacione facta in aptando tabularia juzatarie, ubi venduntur carnes diebus festivis, videlicet mutonum, bovium et porcorum.*
(5) C. Saint-Matthieu, 1447, fo 36 vo.
(6) C. Saint-Firmin, 1469, au commencement (cahier du compoix Sainte-Foy relié par erreur dans ce volume) au nom de Guillaume La Cros.

suffirait pas ; je précise, à l'aide d'un autre compoix. Un immeuble de Janosso Bucelli, est indiqué « en lisla de Bernat Roqua, » en Sant Fermi, confronta se am lo mazel de per detras e am » sen G. Picayre » (1). On sait déjà où se trouvait l'île Bernard Roch ; par conséquent, la position des étaux du mazel de bœuf est établie contre l'île Maisonneuve, du côté de celle de Loste.

Dans la même rue, mais à l'inverse, contre l'île Loste ou Volvet, fut transféré le Marché aux Herbes. Ce changement, qui eut évidemment pour but de dégager l'artère principale de Montpellier, dut avoir lieu vers le milieu du xv$^e$ siècle, puisque le compoix de 1469 fait mention de « la mitat d'ung hostal en l'erbaria » nova » (2).

A l'égard de cette deuxième Herberie, voici ce que j'ai pu trouver. Trois maisons sont dites la confronter du xv$^e$ au xviii$^e$ siècle, et la position de chacune est fixée par le plan de 1746. Je les énumère par ordre.

1° Maison faisant coin vers le puits du Fer et autre coin vers la Poissonnerie, passée des hoirs de Jean Loste à la famille Volvet (3). A défaut de compoix antérieurs, celui de 1525 la décrit ainsi : « maison devant lo pes del Rey fa canton, confronta l'er- » barie per darnies, et Claude Roche » (4), et celui de 1544 : « Primo, une maison devant lo pes del Rey que fa canton, con- » fronte an Claude Roche, an une table de l'herbarie de Mons$^r$ de » Montmal et l'herbarie per darries et an dos carrieres » (5). Cet immeuble, qui figure successivement sous les noms de Raymond, puis Jean Pinoy et Manuel, vint en 1703 aux mains d'Antoine Galibert, marchand (6). C'est celui du conseiller Galibert. Lorsqu'il le vendit à la Ville pour la construction d'une nouvelle Halle au Poisson, et la création d'une autre Place aux Herbes, il fut fait par des experts une relation très détaillée de l'état de la maison. On lui donne pour confronts « du devant la maison de

---

(1) C. Saint-Matthieu, 1447, f° 36 v°.
(2) C. Saint-Firmin, 1469, f° 137.
(3) Ibid., 1469, f° 135.
(4) Ibid., 1525, f° 57 v°.
(5) Ibid., 1544, f° 99.
(6) Ibid., 1600, f° 297 ; après 1600, f° 249 ; 1738, f° 259.

» Mlle. Seriez, du couchant et septentrion la rüelle apellée de
» l'Herberie, et du midy la rüe allant de l'ancien puits de Fer à
» la place de la Loge ». Quant au tablier, jadis de M. de Montmal, et passé à la Ville, qui l'avait vendu à Galibert, le 12 mai 1721,
les experts déclarèrent qu'il ne leur était pas possible « de
» raporter la grandeur et enfoncement de ce tablié ou boutique,
» attendu qu'elle est dans l'intérieur de la maison dud. s' Gali-
» bert, que ce meme tablié ou boutique a été batti avec pierre
» de taille pour soutenir le meur de la maison dud. s' Galibert,
» à l'endroit où il fait angle saillant, qui est positivement l'en-
» droit ou était situé led. tablié ». Je note enfin une troisième
indication utile. Après avoir rendu compte de l'état des murs
extérieurs, commençant par la façade, vis-à-vis le Poids du Roi,
et continuant par la rue de l'Herberie d'alors, les experts terminent ainsi leur rapport sur cet objet : « Ensuite nous avons vérifié
» le restant de cette façade, le bas duquel est une boutique occu-
» pée par une bouchère, qui appartient à la ville, lad. partie de
» façade enduite en mortier » (1). Ce détail est confirmé par une
mention du plan de 1746 : « Partie au-dessus du sieur Galibert
» et le dessous l'on vent le fruchant. »

2° Maison de Claude Roche, marchand, ainsi désignée en 1525 :
« Primo, une maison devant lo pes del Rey dont lo dessus de
» l'erbarie es de lad. maison, confronte an los heretiers de
» Gaspart Volvet, ambe el mesmes et lad. herbarie » (2). Mise
successivement sur le nom de Raymond Pinoy, Pierre Montchouris, Jean Martin, Jean, puis Guillaume Badaroux (3), elle
figure comme suit au manifeste de Pierre Guérin, qui l'acheta
à celui-ci : « Une maison devant lo poix du Roy, dessoubs le
» dernier d'icelle sont une partie des tabliers de l'herberie, con-
» fronte d'une part Jean Pinoy, d'autre Gerosme Heral, dessoubs
» l'erberie et la grand rue, estimé l'entrée de la cave qu'est
» devant la boutique commune avec Jean Pinoy vingt-sept
» livres » (4). Guérin possédait la maison depuis quelques années

(1) Arch. mun. de Montp., série DD, Halles et Marchés, relation d'experts du
3 juin 1747.
(2) C. Saint-Firmin, 1525, f° 57 v°
(3) *Ibid.*, 1544, f°* 100 v° et 102 v°; 1600, veau jaune, f° 260 v°.
(4) *Ibid.*, après 1600, f° 255.

lorsqu'il acquit de la Ville trois tabliers, qui sont dits mêlés avec d'autres lui appartenant et situés sous sa maison (1). Celle-ci passa à sa veuve, Marthe de Buffanier, puis à Marthe Auberte, veuve d'autre Pierre Guérin, son héritier, enfin en 1721 au sieur Serié, bourgeois (2), et le plan de 1746 la mentionne comme appartenant à sa fille, la Dlle. Seriès.

3° Autre maison de Claude Roche, confrontant la précédente et plus petite qu'elle. Elle passa également à Pierre Montchouris, puis à Gerosme Herault, à Jeanne Gaujague, veuve d'Antoine Rédier, à Marguerite Rédier, veuve de Pierre Raffinesque, à Jean, puis Honoré Artaud (3). Sous ce dernier nom, elle est ainsi désignée : « maison au devant du Poids du Roy, fait coin, ayant » un derrier de dix pans d'hauteur, confronte d'une part Jean » Martin, du dernier l'herberie ». En 1745, une relation d'Henri Pitot lui donne comme propriétaire le sieur Deseuzes (4), et le plan de 1746 indique Mlle. de Vieille. Sur ce plan figure aussi le petit bâtiment en saillie sur le derrière, qui paraît être une salle voûtée et ouverte, soutenue par un pilier.

Recueillir et présenter, en les classant, les indications qui précèdent, était le meilleur moyen de déterminer la position de la deuxième Herberie. J'y puise aussi les éléments d'une description.

Cette Herberie était constituée, à l'origine, à la fois par une place ou rue et par un lieu couvert. La première s'étendait le long des trois maisons Galibert, Seriès, de Vieille, sur leur derrière et jusqu'à l'île Poissonnerie. Quant à la largeur de la rue, je ne puis la déterminer, ne possédant pas de plan antérieur à la construction de la Boucherie de 1701, qui empiéta considérablement sur cette rue, la transformant à cet endroit en vraie ruelle étroite et infecte. C'est alors, sans doute, que le Marché aux Herbes s'étendit vers la traverse allant au Puits de Fer, avec d'autant plus de raisons de le faire que l'usage du lieu couvert était déjà abandonné. Ce lieu couvert était constitué par le

---

(1) Délib. du Conseil de Ville en 1640, f° 29.
(2) C. Saint-Firmin, 1600, f°* 291 et 314.
(3) Ibid., 1480, f° 150 ; 1525, f° 57 v° ; 1544, f°* 100 et 101 v° ; après 1600, f° 251 r° et v° ; 1600, f° 290 ; 1738, f° 252.
(4) Arch. mun. de Montp., série DD, Halles et Marchés.

derrière tout entier de la maison Seriès, par une petite portion de celle du conseiller Galibert et par une autre de Mlle. de Vieille. C'est pourquoi l'on voit la maison Seriès réparée, en 1640, aux frais de la Ville, dans cette partie, à la requête du sieur Guérin, son propriétaire (1), et un magasin de Galibert, loué par la Communauté à une tripière. Ce Marché aux Herbes était, comme les autres, constitué par des tables ou bancs de pierre, tels que celui qui était bâti à l'angle de la maison Galibert, ou ceux que le plan de 1746 marque adossés à l'île Poissonnerie.

Je voudrais avoir donné une idée assez nette de cet enchevêtrement de marchés insuffisants, serrés, fétides, où s'approvisionna la ville pendant bien longtemps. Alors même que la construction d'une Boucherie avait apporté un commencement de satisfaction aux justes critiques que pouvait faire naître un pareil état de choses, il demeurait vraiment intolérable. Aussi tout le monde fit-il écho, le 27 mai 1744, à la proposition formulée par M. de Massilian, maire de la Ville, de transformer ce quartier. Je lui laisse la parole pour énumérer les inconvénients qui suggéraient ce désir : 1° « Que la ruelle qui sert de Poissonnerie est si étroite
» et si reserrée, qu'elle paroitroit petite dans le plus chetif
» village; 2° Que la quantité de poisson qui est vendu est si
» considerable, que les mauvaises odeurs qui s'exhalent, dans le
» Carême et surtout dans l'été, dans le quartier de la Poisson-
» nerie, y peuvent causer des maladies, y randant toujours l'air
» malsain; 3° Que toutes les avenuës de la Boucherie et de la
» Poissonnerie sont si difficiles, et les ruelles qui y aboutissent si
» étroites, que ce quartier est un vrai labirinte, d'où un étranger
» a beaucoup de peine à sortir, et l'habitant y est exposé à toutes
» les insultes qu'on a lieu de craindre dans le lieu le plus desert;
» que les voleurs et les assassins y peuvent trouver un azile;
» qu'il ne sauroit enfin dissimuler sa surprise, que ceux qui l'ont
» précédé n'ayent pas porté leur attention sur un objet aussi
» interessant, lorsque le zele et la vigilance de ceux qui com-
» mandent dans la Place, les a obligés à placer deux sentinelles
» dans la nuit aux avenuës de la Boucherie et de la Poissonnerie,

(1) Délib. du Conseil de Ville, 29 décembre 1640, f° 11.

» pour prévenir les plus fâcheux évènements qui seroient moins
» à craindre dans un grand chemin qu'au centre de cette ville,
» sans cette sage précaution » (1).

Revenons au moyen âge. La majorité des marchés alimentaires se trouvant réunis dans ce quartier, il parut convenable d'y remettre l'Orgerie, ainsi qu'elle s'y était trouvée à l'origine. Depuis un demi siècle, les Consuls avaient affecté un édifice à cet usage, mais ils en avaient choisi l'emplacement au lieu où, dès 1168, Guillem VII avait établi le Marché aux Grains : or ce choix avait rencontré peu de faveur et suscité beaucoup de difficultés. D'autre part, on se voyait obligé, pour assurer la conservation de la Tour de l'Horloge et même de l'église Notre-Dame des Tables, de faire élever, de chaque côté, des arcs-boutants appuyés aux maisons voisines : il fallait donc acquérir celles-ci. Enfin, à ce moment, un incendie venait de détruire quelques immeubles dans l'île Jacme Carcassonne, vers la façade ouest de l'église : on pouvait profiter de leur dépréciation forcée. J'attribue à toutes ces considérations l'acquisition faite par les Consuls des maisons suivantes :

1° 18 mars 1484, maison de Jean Malpel, dite : « hostal an lo-
» qual es fondat lo premier pillier devers los cambis de las
» ancouras per Nostre Dame de Taules » (2).

2° 8 novembre 1484, maison de Catherine, veuve de Michel Rozet, et ses enfants (3).

3° 8 février 1486, maison de Cardette, veuve de Jean de Nevers (4).

4° 26 février 1487, maison d'Antoine Cauvas et de sa femme Charlotte, comme héritière de Raymond Durand, immeuble incendié en septembre 1480 (5).

5° 1er juillet 1495, immeuble de Jean Bocas, jadis le Poids du Roi, et sur lequel je vais, pour ce motif, revenir.

---

(1) Arch. mun. de Montp., série DD, Halles et Marchés.
(2) Grand Thalamus, f° 187 v°. — C. Saint-Paul, 1480, f° 15 v°.
(3) Ibid., f° 189 — Ibid., 1480, f° 15 v°.
(4) Ibid., f° 191 v°. — Ibid., 1480, f° 15 v°.
(5) Ibid., f° 193. — Ibid., 1480, f°· 15 v° et 149 v°.

6° Boutiques d'Albert Barrière, pour lesquelles il était, en 1495, en difficulté avec les Consuls (1).

Je ne parle pas d'une maison acquise à côté de la Petite-Loge, pour y faire les piliers de soutènement de l'église (2) ; elle fut revendue après la réparation (3).

Mais, des immeubles précédents, la plupart furent utilisés pour la construction de l'Orgerie. Sur la bâtisse proprement dite je n'ai pu rien trouver, quoique je glane quelques indications. L'édifice était déjà élevé en 1495, puisque, cette année-là, les Consuls commettaient Jean Pouget, orgier : *ad tenendum, regendum et gubernandum orjariam veterem* (4). Quant à la nouvelle, on lui donna le nom de Loge ou Halle neuve. Dès le 2 août 1496, l'entretien en était confié au sabatier Guillaume Reynaud, aux gages de 5 sols par mois (5).

Cette Orgerie était à l'angle formé aujourd'hui par les rues Draperie Rouge et de la Loge. Elle n'avait qu'un rez-de-chaussée, mais il semble qu'elle ait dû être surmontée d'une terrasse, puisque sept charretées de pierres, dites marches, furent employées à son escalier (6). On y accédait par un corridor ou vestibule pris sur la profondeur, et situé du côté opposé à l'angle (7). Enfin, la toiture était portée par des piliers que reliait une claire-voie de bois, formée de vingt-deux montants (8). A l'intérieur on avait construit une grande pile ou vaste bassin, pour recevoir les

---

(1) *Ad causam tam precii nonnullarum botiqiarum dicti Barrerie ante planum domus consulatus predicte ville existentium, quas seu partem ipsarum dicti domini consules pro servicio rey publice intendunt emere a dicto Alberto Barrerie, quam certarum parietum existentium inter domum ipsius Barrerie et alam per dictos consules noviter edificatam, quam eciam aquarum derivacionis et fenestrarum seu vistarum.* (Arch. mun. de Montp., série BB, reg. des petites notes du Consulat, 1495, 27 janvier 1496).

(2 et 3) C. Saint-Paul, 1480, f° 15 v°.

(4) Arch. mun. de Montp., série BB, reg. des petites notes du Consulat, 1495, 4 avril.

(5) *Ibid.*, 1496, 2 août.

(6) *Pro septem quadriguatis lapidum vocatorum marche per dominos consules seu eorum predecessores habitis pro faciendo graderia logie seu ale nove.* (Arch. mun. de Montp., série BB, reg. des petites notes du Consulat, 1498, 11 janvier 1499).

(7) Appendice n° IV.

(8) Arch. mun. de Montp., série BB, reg. des petites notes du Consulat, 1498, 7 juillet.

grains (1). A l'extérieur étaient placés des bancs ou tabliers, que la Ville affermait (2). Tout joignant, se trouvait le premier pilier et arc de soutènement de l'église, et environ quatre mètres plus loin, le second pilier portant un autre arc-boutant (3). Entre les deux piliers était un des immeubles acquis par la Ville, et que, pressée d'argent, celle-ci revendit le 28 mai 1499 (4). Pierre Foucard, drapier, qui l'acheta, le trouvant insuffisant, conçut la pensée de l'agrandir en bâtissant au dessus du vestibule ou corridor, dont la cave lui appartenait déjà. A première vue aujourd'hui, on rejetterait pareille idée. Pourtant les Consuls écoutèrent les propositions de Foucard. Mais ils voulurent, avant de les accepter, soumettre la question, au point de vue technique, à deux hommes du métier. Les maçons Nicolas Marie et Pierre Bourguignon, donnèrent un avis favorable, tout en imposant à Foucard deux conditions : les arcs par lesquels il remplacerait les piliers de la Halle Neuve, afin de supporter la nouvelle bâtisse, seraient de même hauteur que la fermeture actuelle en bois ; les fenêtres ouvertes au-dessus seraient treillissées de fer, pour éviter le jet de toutes matières sur l'édifice (5), précaution qu'on prit aussi à l'égard d'un autre voisin, Albert Barrière (6). Mais que dire d'un monument public, le premier construit à Montpellier par l'administration

(1 et 2) *Tabularium existens in ala nova inter pilam magnam et primum pilare dicte ale ad manum dextram.* (Arch. mun. de Montp., série BB, reg. des petites notes du Consulat, 1497, 10 octobre.)

(3) *Videlicet plateam existentem inter duo pilaria nova Nostre Domine de Tabulis a parte ale nove et ante portam domus sive casalis ville longitudinis duarum cannarum vel circa.* (Arch. mun. de Montp., série BB, reg. des petites notes du Consulat, 1498, 13 juillet).

(4) *Scilicet totum casale existens inter duo pilaria sive ancoras apodientes contra parietem ecclesie Nostre Domine de Tabulis cum suis cava et cisterna et aliis suis pertinentiis, confrontans a parte ante cum carreria tendente a domo Consulatus versus plateam cambiorum dicte ville, et ab uno latere cum ala nova dicte ville, et a parte retro cum nobili viro Jacobo de Sancto Lupo, et ab alio latere cum quodam casali nobilis viri Stephani de Neveis, burgensis, et heredis domini Guillelmi de Neveis, quondam in legibus licenciati, et cum Guillelmo Lecouchat, ancora in medio, et cum suis,* etc. (Arch. mun. de Montp., série BB, reg. des petites notes du Consulat, 1499, 25 mai.)

(5) Appendice n° V.

(6) Arch. mun. de Montp., série BB, reg. des petites notes du Consulat, 1495, 27 janvier 1496 ; 1503, 29 avril.

municipale, et qu'on dégradait bénévolement par de telles servitudes ?

Devant cette réunion de tous les marchés dans un même quartier, on ne saurait s'étonner que le Poids du Roi n'ait, de tout le moyen âge, quitté les environs. Nous le trouvons d'abord dans l'île Jacme Carcassonne, devenue l'île Orgerie, précisément à l'angle où cet entrepôt de grains fut construit. La maison qui le renfermait fut acquise de dona Caselhas par Jean Bocas (1). Un incendie la détruisit en septembre 1480, avec au moins un autre immeuble voisin, et c'est quelques années après que les Consuls l'achetèrent (2). Il n'est donc resté aucun souvenir sur son aspect.

Il n'en est pas ainsi du deuxième Poids du Roi, situé dans l'île dite de François des Ursières, et à laquelle il donna son nom jusqu'à l'époque où elle reçut celui de Bornier. La maison où il fut établi était contiguë à celle dont j'ai eu déjà occasion de parler pour réfuter l'opinion de M. Renouvier sur l'emplacement du premier Hôtel-de-Ville. L'identification se fait par la succession des propriétaires sur les compoix : Guillaume de la Croix, Jean, l'un de ses petits-fils, Albert Mariotte en 1535 (3), au manifeste duquel elle figure ainsi : « ung hostal ont es a » present lo pes del Rey, que fonc de sire Jehan de la Croix, » confronte an Guillem et Jean Tincturier, et Salvayre Delom, » extimat dix huict livres » (4). Le 8 mai 1631, Jacques Audibert, marchand, acquit l'immeuble (5), que le compoix de 1738 (6) met sur le nom de Daniel Plantier, autre marchand, ce qui nous

---

(1) C. Saint-Paul, 1439, f° 11.

(2) Voici comment il est désigné dans l'acte de vente : *Totam quandam suam plateam, in qua tenebatur antiquitus pondus Regis, sitam infra muros communis clausure Montispessulani, et ante ecclesiam Nostre Domine de Tabulis, confrontantem a parte ante cum carreria tendente de Consulatu versus plateam cambiorum et a parte cambiorum cum aliis plateis dictorum emptorum, et ab alia parte cum honorabili viro Alberto Barrerie, et a parte retro cum hospicio domini Guillelmi de Neveys, domini de Botoneto, quod fuit Jacobi Carcassonne, androna in medio, et cum suis*, etc. (Arch. mun. de Montp., série BB, actes du Consulat, 1495, 1er juillet)

(3) C. Sainte-Foy, 1525, f° 14 v°.

(4) C. Saint-Paul, 1544, f° 111.

(5) C. Saint-Firmin, après 1600. f° 1.

(6) C. Saint-Paul, 1738, f° 271.

mène au plan de 1746. Or les indications de celui-ci concordent parfaitement avec celles d'une enquête faite en 1643, par les Trésoriers de France, et à laquelle j'emprunte la description du lieu où se tenait le Poids du Roi. Je suis très porté à croire qu'Audibert reconstruisit ou du moins remit à neuf son immeuble, car celui-ci, avant la vente, est mentionné : « maison ou » à present estable. » Il présenta donc requête pour obtenir l'autorisation de fermer l'arcade de sa maison, contiguë à celle de Rippé, et supprimer un escalier de cave faisant avancement sur la rue. Pour l'intelligence des constatations faites par les Trésoriers de France, grands voyers, je fais remarquer que la maison Rippé ou Daniel Ripert sur le compoix, n'est autre que celle de Farel du plan de 1746(1), et que la maison Rey est celle du sieur Beccat (2); on connaît déjà la position des immeubles Manuel ou Galibert, et Guérin ou Seriès, situés dans l'île vis à vis celle du Poids du Roi.

Ceci posé, voici quel était l'état des lieux. L'arcade joignant la maison Ripert fut reconnue avoir dans œuvre 16 pans 2/3 de largeur sur le devant et 22 pans de hauteur sous la clef de voûte. A l'intérieur se trouvait l'escalier de la cave d'Audibert, faisant sur la rue un avancement de 6 pans 1/2, depuis le pilier qui supportait la voûte contre la maison Ripert ; cet escalier allait donc jusqu'à l'alignement de cette dernière. L'arcade suivante portait sur un gros pilier faisant façade aux maisons Guérin et Manuel, et avait dans œuvre 13 pans 1/2 de largeur, 22 pans de hauteur aussi. Enfin, la troisième arcade, en équerre sur la précédente, n'avait que 10 pans d'ouverture, mais était de semblable hauteur. Rien n'est plus aisé que de se figurer l'organisation donnée au poids public. Sous ces arcades ouvertes, l'accès était des plus faciles, et il suffisait, pour assurer l'entrée et la sortie sans encombrement, des deux arcades faisant retour l'une sur l'autre. La requête présentée par Audibert implique ce fait et celui de la possession par le Domaine, du sol où se trouvait le Poids du Roi. Or la voirie

---

(1) C. Saint-Paul, après 1600, f'' 683 et 690 v°; vend jaune, f° 817.
(2) Ibid., 1600, t. II, f'' 805 et 811 v°.

n'avait qu'à gagner à la demande et à l'offre qu'on lui faisait. Les Trésoriers de France promirent donc au sieur Audibert de fermer l'arcade « à la charge que la cloison et bastiment soit
» a plomb du devant de la facciade de sad. maison soubz les
» arcades vieilles, tant de costé de la Grand-Rue que au devant,
» et que led. bastiment ne pourra passer l'arc doubleau et
» mitan des piliers qui sont sous lad. voulte, et qu'il sera tenu
» de supprimer la voulte ou descente de lad. cave et les degrés
» quy sortent a present a la rue sans y pouvoir fere autre
» advance que tant seulement des tabliers servant pour la bou-
» tique qu'il veut fere, quy n'auront en salhie qu'un pan au
» plus, et a la charge aussy que les deux autres arcades res-
» tantes, une desquelles regarde les maisons desd. Guérin et
» Manuel... et l'aultre qui regarde la maison des hoirs de Rey...
» demeureront ouvertes en l'estat qu'elles sont pour la com-
» modité du Roy et du public » (1).

J'ai d'autant plus tenu à décrire minutieusement l'angle rentrant formé par les maisons Audibert et Ripert, plus tard Plantier et Farel, que là même fut construite la fameuse Trompe, une curiosité architecturale de Montpellier, rivalisant avec la Coquille de Sarret. D'Aigrefeuille, qui l'avait sous les yeux, en précise l'emplacement, au coin de la maison du sieur Plantier : il ne s'agissait que d'identifier celle-ci. Je pense avoir en même temps déterminé la date probable de sa construction.

Après le Poids du Roi, il me reste à parler de celui de la Ville. Les aides demandées par le souverain augmentant toujours, il fallut de bonne heure y pourvoir en imposant les objets de consommation. Après les ressources fournies par le *souquet* de vin, on eut recours au poids de la viande. Jusqu'alors, cette dernière paraît avoir été livrée à quartiers ; mais, par délibération du 9 septembre 1423, on décida qu'elle serait vendue au poids et avec charge. Prévoyant le refus possible des bouchers, on décida même, dans ce cas, de créer un nouveau Marché avec d'autres concessionnaires (2). Dès lors, il fallait des préposés

---

(1) Trésoriers de France, année 1643, 13 juillet, f° 164.
(2) Arch. mun. de Montp., série BB, actes du Consulat, 1423, 9 septembre.

ou vérificateurs : on les appela *mostassas* (1) ; il fallait aussi désigner un établissement pour recevoir l'impôt. Cet établissement fut des plus simples : il consista en une table placée à l'extrémité de cet avancement d'immeubles entre la rue longeant la Poissonnerie et l'impasse dite Fonsdigou ou de la Boucherie (2), position toute commandée d'ailleurs par la proximité du marché à la viande.

### III.

L'église Notre-Dame des Tables. — La Petite-Loge. — La Grande-Loge. — Le deuxième Hôtel-de-Ville.

Un peu au sud du groupe des marchés alimentaires s'en trouvait un autre, non moins intéressant, certes, par la nature des édifices qu'il renfermait.

Le centre de ce groupe-ci était constitué par l'église Notre-Dame des Tables, ainsi dénommée à cause des tables, soit de change, soit de vente, qui l'environnaient, les unes adossées à ses murs, les autres occupant les îles avoisinantes. Je ne dirai ici que peu de mots de ce sanctuaire, auquel j'ai consacré une monographie(3), et qui était si inséparablement lié à la vie politique et matérielle de la cité.

Simple oratoire dans les premiers siècles de notre histoire, il fut, à l'origine, entouré de maisons. Guillem VI et Guillem VII les démolirent, pour opérer la reconstruction de l'édifice, auquel on donnait alors le nom d'église Sainte-Marie de Montpellier. Mais de l'année 1157, où le pape Adrien IV encourageait les réparations commencées, à l'année 1304, où il est encore question de la couverture des voûtes (4), on ne dut cesser de s'en

(1) Arch. mun. de Montp., série BB, actes du Consulat, *passim*.

(2) C. Sainte-Foy, 1480, f° 61.

(3) L. Guiraud, *Histoire du Culte et des Miracles de Notre-Dame des Tables* ; Montpellier, Martel, 1885.

(4) Legs de Cécile Ceruti *ad cohoperiendum voltas ecclesie Beate Marie de Tabulis de Montepessulano*. (Arch. mun. de Montp., série BB, minutes de Jean Grimaut, notaire ; 1301-1302, f° 19).

occuper. Or, entre ces deux dates, une révolution s'opéra dans l'art par l'introduction, souvent maladroitement réalisée dans notre Midi, de l'architecture gothique. Il en résulta de véritables contre-sens de détails dans une œuvre si louable d'ailleurs comme intention. En outre, tout le cours des XIV$^e$ et XV$^e$ siècles, les réparations se succédèrent presque ininterrompues, tantôt reproduisant, tantôt modifiant, et quelquefois gâtant le primitif état de choses. De là le mélange des fenêtres à plein cintre et à ogive dans le vaisseau, l'étrange aspect d'une façade où, selon l'ordre même de leur chronologie, se superposaient les styles roman, gothique pur et gothique flamboyant de la décadence, le voisinage de deux tours, l'une à flèche hardie, comme on les jetait dans les airs au XIII$^e$ siècle, l'autre massive et soutenue, ainsi qu'en offre le XV$^e$.

Qu'importe ! on n'y regardait pas alors, et sans avoir si grand tort peut-être pour cela. Notre goût délicat ne cacherait-il point un immense orgueil ? Commencer et finir le monument auquel on attachera son nom, faire non plus grand, mieux ou plus beau, mais enfin faire autre que le voisin ou les devanciers : tel semble être le souci de plus d'un au siècle où nous vivons. Il n'en allait pas ainsi au moyen âge. A l'humilité toute chrétienne qui confondait les talents individuels dans l'œuvre collective, et qui laissait sans signature des chefs-d'œuvre encore inimités, se joignait l'esprit et comme le sens de la solidarité dans l'intention et dans le travail. Heureux temps, celui où l'on était assuré que les siècles suivants voudraient bien travailler à l'entreprise commencée, chacun la reprenant sans blâme au point interrompu et, après y avoir imprimé son cachet, en léguant l'achèvement à de plus heureux, mais non pas de plus zélés continuateurs ! Ce sentiment de nos pères apparaît principalement dans la construction des édifices religieux. Répondant aux exigences pressées de la vie matérielle, les monuments civils doivent la satisfaire au plus tôt; mais Dieu ne semblera que mieux honoré, lorsque, pour lui construire des demeures matérielles, chaque génération élève une pierre, où elle met non-seulement son savoir, son labeur ou son aumône, mais encore toute sa foi et tout son amour.

Ainsi en fut-il pour cette église Notre-Dame des Tables, où la statue miraculeuse, la *Majestat antiqua*, trônait comme la patronne et la sauvegarde de Montpellier, pour cette église qu'à l'envi Consuls et peuple faisaient leur. Du haut de son campanile élevé, le guetteur communal signale l'ennemi, sonne la grosse cloche pour convoquer les citoyens aux assemblées générales. Il y frappa aussi les heures jusqu'à la construction de l'horloge publique. Celle-ci fut encore placée à Notre-Dame et le souci constant d'épargner la tour qui la portait, au dessus de la façade, valut à cette dernière de traverser, toujours respectée, la tourmente des guerres religieuses.

Cette façade ouvrait sur la Place aux Changes, *en Cambis*, selon l'idiome local du moyen âge, ainsi appelée des tables de changeurs qui s'adossaient sur deux côtés de l'église : façade, et mur latéral vers l'Orgerie, et contre trois îles voisines (1). De là le rang privilégié des *cambiadours*, dans l'ordre des véjolades autour de la Vierge Noire, pendant l'octave solennelle de la Fête des Miracles. Quant à la tradition du denier à Dieu, dîme volontairement prélevée par les membres de cette corporation sur le produit de leur trafic, elle est fondée ; mais voici exactement dans quelle mesure. J'emprunte le détail aux statuts du métier ou charité des changeurs, en 1342. Lorsque les Consuls de l'association apprenaient la maladie d'un de leurs confrères, ils étaient tenus de le visiter et de l'exhorter à faire un legs à l'Œuvre du luminaire, entretenu dans l'église par les soins de la corporation (2). Contre le mur latéral opposé

(1) *Quoddam operatorium cum quadam tabula cambii eidem contigua, que sunt in traperetis Montispessulani*, etc. (Arch. mun. de Montp., série BB, minutes de Jean Grimaut, notaire, 1301-1302, f° 25). — *Videlicet duas tabulas nummularias contiguas, sitas in cambiis Montispessulani, confrontantur a parte posteriori cum duobus operatoriis Guillelmorum, draperiorum, et cum mensa nummularia Stephani Blanchi, campsoris, et cum carreria qua itur de Draperia rubea versus ecclesiam beate Marie de Tabulis, et cum via parva qua itur de dicta carreria versus planum columpne dictorum cambiorum.* (Arch. mun. de Montp., série BB, reg. des petites notes du Consulat, 1364, 16 novembre.) — Qu'était cette colonne sur la Place aux Changes ? Je n'ai pu le déterminer ; mais ne pourrait-on y voir un moyen officiel d'informer changeurs et clients du cours des monnaies, si variable pendant le moyen âge ?

(2) *Item ordinaverunt et ordinando statuerunt dicti campsores quod dicti consules officii supradicti, cum sciverunt aliquem campsorem seu placejatorem dicti*

à l'Orgerie, se tenaient les *candeliers de cire* ou marchands de cierges, attirés en ce lieu par la dévotion, qui se plaisait à entourer de flambeaux ardents l'autel si vénéré de la Vierge.

Sur la place même précédant l'église, se trouvaient trois monuments, portant la dénomination commune de Loge. La Lotge del Pan (1), ainsi dite par analogie avec les autres, était l'Orgerie, déjà étudiée. Vis-à-vis, c'est-à-dire à l'angle des rues de l'Aiguillerie et Collot, existait depuis 1384 la Petite-Loge ou Loge des Poivriers, primitivement appelée Loge d'une manière absolue, et qui ne reçut son nom distinctif qu'après la construction de la Grande-Loge ou Loge des Marchands, bâtie en face de l'église. Je m'arrêterai à ces deux loges, empruntant mes indications à un travail particulier que je prépare. Mais je me bornerai ici à un court historique et à leur description, la question entière demandant un cadre plus développé.

Projetée dès 1377 comme Bourse des Marchands, la Loge ne fut établie qu'en 1384 et sur une plus modeste échelle. Le 22 avril de cette année-là, le duc de Berri, lieutenant du roi en Languedoc, autorisa la corporation des *Pebriers* ou marchands de denrées importées du Levant, à acquérir et posséder un lieu où ils pourraient traiter de leur commerce. En conséquence, le 4 mai suivant, la Charité des Pebriers achetait à Jean Jaume, maître ès-arts et en médecine, pour le prix de 300 livres, une maison située à l'endroit que j'ai désigné. Cet emplacement semblait commandé par le groupement qui commençait à se faire dans la rue En Bocador des négociants en produits orientaux, et par le voisinage aussi de la rue dite de la *Petita Pebraria*, entre les îles Jean Loste et Jean de Maisonneuve.

L'immeuble acheté de Jean Jaume fut-il reconstruit? Je ne le pense pas; car un mémoire du xviiie siècle paraît le représenter comme une maison fort ordinaire. Mais il y signale un

---

*officii infirmantem, debeant et teneantur ipsum visitare et monere ipsum quod legat aliquid pro elemosina lampaderii ecclesie Beate Marie de Tabulis, quod manutenetur ibidem per dictum officium campsorum Montispessulani, in quo ardent plures lampades in honore Beate Marie et filii sui benedicti.* (Arch. mun. de Montp., série BB, actes du Consulat, 1342, f° 52.)

(1) C. Saint-Paul, *passim*.

ornement par lequel les Pebriers affirmèrent leur droit de possession. « Il y a à la fassade de lad. maison une figure qui » represente un ange ayant un escusson devant, dans lequel est » marqué au rellevé des clous de giroffle et des grains de poivre. » Cet écusson n'est autre que celui même de la corporation, figurant sur tous ses registres. Pourtant, avec une analogie lointaine, les dégradations causées par le temps, et une imagination un peu prévenue, il faut voir ce qu'en fait Borel : « Sur » cette maison on voit une figure ailée sans tète, qui, à cause de » la largeur de son col, semble avoir eu deux têtes et par ainsi » pourroit avoir représenté l'androgine des philosophes ; elle » tient des hermines à sa gauche pour marque de sa dignité. » Le rapprochement de ces deux descriptions ne manque pas de piquant, mais il me met en droit d'hésiter à me servir de Borel pour décrire la Grande-Loge. Aussi me bornerai-je aux détails que j'ai glanés dans nos documents locaux.

La Grande-Loge était précédée d'une plateforme carrée, pavée de petits cailloux aplatis, à laquelle on accédait par trois marches. L'édifice avait deux étages, chacun composé d'une salle unique de 18 mètres de long sur 9 de profondeur. Trois larges portails à plein cintre conduisaient à celle du rez-de-chaussée. Ces portails étaient curieusement ouvragés, mais je ne pense nullement qu'on ait voulu figurer par leurs emblèmes les mystérieuses opérations des alchimistes du moyen âge. Jacques Cœur n'était pas homme à chercher dans la manipulation des métaux le chimérique espoir de faire l'or de toutes pièces : un puissant esprit d'initiative, un génie commercial incontestable, une habileté infinie à tirer parti des circonstances, une élasticité singulière de conscience lui firent une de ces fortunes rapides et considérables, qui rendent la chute plus frappante. Mais, au XV$^e$ siècle, on se plaisait, en architecture comme en littérature, au sens allégorique, et ce genre paraît avoir été particulièrement en faveur auprès de l'argentier de Charles VII. Rien d'étonnant à ce que la Loge en présente quelques spécimens.

A l'angle du fond, au côté gauche, s'élevait un escalier en colimaçon, dit *vis*, renfermé dans une tour, probablement octogonale. Cet usage était fort répandu à Montpellier à cette époque. L'escalier, éclairé par une petite fenêtre à chaque étage, conduisait à la salle supérieure, puis à une terrasse surmontant l'édifice. Une tradition ajoute que, de là, Jacques Cœur contemplait au loin ses vaisseaux sur la mer. Je ne pense pas que d'Aigrefeuille, qui s'en fait l'écho, soit jamais allé vérifier la possibilité du fait. La hauteur de la salle du premier étage ne dépassait pas 15 pans, soit 3 mètres 75. Sur cette base, toutes choses étant comptées amplement, on ne saurait arriver à 12 mètres pour tout le bâtiment. Or, il faut tenir compte de ce que la Loge était placée devant la façade de l'église Notre-Dame des Tables, que cette façade était surmontée de la Tour de l'Horloge, que le coup d'œil, déjà coupé par cet immédiat voisinage, l'était encore dans la direction de la rue allant à la porte de Lattes par la haute Tour de l'Aiguille, bâtie sur le flanc de l'église. Si Jacques Cœur s'est donné la vaniteuse satisfaction qu'on lui prête, c'est d'ailleurs qu'il se l'est procurée.

Quatre grandes croisées éclairaient la salle inférieure, disposition qui se reproduisait à l'étage au-dessus. Les fenêtres étaient à talus et à pendants décorés des armes de l'argentier du Roi. Au moment de la construction, on eut le projet d'orner les deux salles de riches tentures et du mobilier convenant à l'usage qu'on voulait en faire de Bourse et Tribunal consulaire des marchands; mais la disgrâce de Jacques Cœur ruina en partie ce dessein.

A ce moment, l'édifice était à peine achevé; après contestations il demeura aux Consuls. Ceux-ci, pressés par le besoin d'argent, l'affermèrent à des particuliers, se réservant d'abord les dehors à l'usage du public, puis les aliénant pour adosser des boutiques au monument. De la salle du rez-de-chaussée, quelques entrepreneurs firent même une sorte de foire couverte, et c'est ainsi que la vit Thomas Platter en 1598. Quelques années après, le corps des marchands obtint la Loge pour y installer son tribunal; là-dessus arriva le siège de Montpellier. Les églises détruites, la Loge fut utilisée comme édifice religieux pendant une trentaine d'années. Elle subit alors une nouvelle transformation, et le rez-de-chaussée fut converti encore en boutiques, rangées de côté et d'autre dans la longueur, avec une allée au milieu pour « servir de promenade aux honnestes gens et aultres » qui viendront achaipter a lad. Loge. » Mais, comme la compagnie des « aultres » pourrait offrir quelque danger, éloignons-nous, et traversant l'église Notre-Dame, allons, par cette porte ouverte à leur usage au chevet, visiter nos Consuls dans leur second Hôtel-de-Ville.

Celui-ci, acquis en 1364, était situé à l'angle des rues actuelles de la Loge et du Consulat. Comme d'ailleurs il a été étudié (1), je n'ai pas à m'y arrêter. Mais j'ajouterai à ce qui en a été dit l'énumération des pièces que donne un inventaire de 1508 :

« La chappelle dud. Consolat. — Au tresor de ladicte chapelle » darrier l'autel.

» Au porgue et concistoire des consulhz.

» Item en la clavarie del Consolat de mar.

» En la sale del consolat.

» Al canssel pres ladicte sale.

» Item en larieyre cambre.

» Item a la cosine deld. consolat.

» Item a la cambre dessus ladicte cosine.

» Item en lareyre cambre dessotz la terrasse.

» Item a la terrasse.

» Item al cloquier deld. consolat.

» Item a la clavarie dudit consolat. — En l'escriptori de la » clavarie. — Item a l'entrée de la porte deldit escriptori. —

» Item de l'autre part vers la fenestre.

» Item a l'intrade del consolat » (2).

---

(1) Grasset-Morel, *les Consuls et l'Hôtel-de-Ville de Montpellier* dans les *Mémoires de la Société Archéologique de Montpellier*, 2e série, n° 1.

(2) Arch. mun. de Montp., inventaire des biens du Consulat en 1508.

## IV.

Division de la ville en sixains. — Les premières et les troisièmes Étuves. Rue de la Saunerie. — La Triperie. — Le four des Flammes. — Le Petit-Saint-Jean. — Rue de l'Argenterie. — La Croix d'Or. — Rue de la Draperie. — Le Pas Étroit.

La ville de Montpellier était, au moyen âge, partagée en portions territoriales appelées, de leur nombre primitif, sixains. Cette division, purement fiscale, ne répond aucunement aux principes de formation que j'ai exposés, car il arrive souvent de voir tel ou tel sixain englober plusieurs quartiers, alors qu'un même quartier se trouve partagé entre sixains limitrophes. De plus, elle a varié au moins trois fois, à ma connaissance, du XIII$^e$ au XVI$^e$ siècle (1). Je ne saurais donc la prendre pour guide dans l'exploration qu'il me reste à faire des différents quartiers soit urbains, soit suburbains, afin d'y signaler les détails restés ignorés ou insuffisamment étudiés, ainsi que pour fixer les points contestés ou incertains. Car, je le rappelle encore, mon intention n'est point de revenir sur des sujets déjà traités quand ils l'auront été avec exactitude ; elle n'est pas, non plus, de dépasser l'époque antérieure aux guerres de religion. Dans ces limites et sous ces conditions, ma tâche pourra paraître assez ingrate ; je crois qu'elle ne restera pas inutile.

En choisissant pour point de départ le second de nos Hôtels-

---

(1) 1° Le 20 juin 1285, il est déjà question de la division en sixains. Ceux-ci portent alors les noms de Saint-Firmin, Saint-Arnaud, Saint-Paul, des Bains, Sainte-Foy, Saint-Matthieu. (Arch. mun. de Montp., grand chartrier, arm. A, cass. VI, pièce n° 5). — 2° Des premiers compoix conservés (1387 et 1404), à ceux de la fin du XV$^e$ siècle (1477, 1478, 1480), la répartition des îles urbaines entre les sixains ou plutôt septains Saint-Firmin, Sainte-Croix, Saint-Matthieu, Sainte-Foy, Saint-Thomas, Saint-Paul, Sainte-Anne reste à peu près constante, sauf pour ceux de Sainte-Foy, Saint-Thomas, Saint-Paul. — 3° A partir de 1525, on maintient les sixains précédents, sauf Saint-Thomas, mais la distribution des îles change complètement, et reste définitive, telle que l'a indiquée Flandio de la Combe. Je crois être utile aux chercheurs en donnant l'entière concordance des noms des îles depuis l'origine. (Appendice n° VI).

de-Ville, il est naturel de descendre vers la porte de Lattes, jadis appelée d'Obilion, par la rue alors dite Carrière Daurade (1), aujourd'hui rue de la Loge. Le nom de Carrière Daurade équivaut à celui d'Argenterie que porte, de nos jours, une rue voisine, mais il exprime avec d'autant plus de justesse l'industrie qui le lui a donné, qu'il fait allusion aux ouvrages d'or ou de vermeil. Une des plus anciennes de la ville, cette industrie devait, de toutes manières, être localisée dans la partie centrale. Dès 1183, il est fait mention de la rue où elle s'exerçait, sous le nom de *Vermeilaria* (2); c'est à propos d'une rue y conduisant, située derrière le mur de la primitive enceinte, près l'arceau Saint-Nicolas. J'avais toujours considéré ce texte comme visant la rue En Bocador (place Jacques-Cœur, rue Embouque-d'Or, rue des Trésoriers-de-France), mais j'étais embarrassé pour prolonger cette voie jusqu'à la faire déboucher dans l'Argenterie actuelle. La mention empruntée aux compoix, aussi bien que la connaissance des anciens noms de cette rue de l'Argenterie : Soquarié et Frenarié, lèvent la difficulté, et je m'explique ainsi le débat, que nous montre un acte du 9 mai 1363, élevé entre deux corporations, voisines immédiates de l'église Notre-Dame des Tables : *mercerii plani Beate Marie de Tabulis et argenterii dicti loci* (3). Or, les merciers se trouvant à l'Aiguillerie, les changeurs le long de l'église du côté de l'Orgerie, il fallait que les orfèvres vinssent à la suite des derniers, pour être dits en ce lieu. Rien d'étonnant, par conséquent, à ce que industrie et dénomination se soient, comme le permet la Coutume montpelliéraine, article XXXVIII, étendues par contact à une rue voisine.

Je délaisse à dessein, pour y revenir plus tard, le côté gauche de la rue, et, me rendant à la porte de Lattes, je remarque à côté, dans l'île des Douze Pans, la maison dite du Poids de la Farine (4). L'expression n'est juste qu'à demi, car l'administration consulaire y entretenait un employé avec charge de peser

---

(1) « Carriere Daurade tirant de la maison consullaire au portal de Lattes ». (Fragments de compoix du XVIe siècle, t. II, f° 121).
(2) *Liber instrum. memor.*, p. 239.
(3) Arch. mun. de Montp., série BB, actes du Consulat de 1363.
(4) C. Saint-Paul, 1478, f° 192.

le blé lorsqu'on le portait aux moulins du Lez : combinaison beaucoup plus avantageuse pour le fisc municipal (1).

La rue que borde cette île Douze Pans a constamment rappelé par son nom l'idée de bains publics. Le besoin de cet établissement dut se faire sentir de bonne heure dans une ville méridionale, dont la population renfermait un élément d'origine arabe. Dès 1156, le revenu qu'il donne est assez considérable pour figurer dans le douaire constitué par Guillem VII à sa fiancée, Mathilde de Bourgogne (2), et en 1202, pour que Guillem VIII le concède à Agnès (3). Or, comme un document de 1205 montre ces Bains ou Étuves situés dans cette rue, je suis autorisé à croire qu'ils furent, dès l'abord, établis au lieu que je vais préciser.

Je m'appuierai, pour le faire, sur deux concessions des ouvriers de la Commune-Clôture. Par la première, en date du 3 mars 1299; trois cultivateurs de Montpellier reçoivent à bail emphytéotique la portion du fossé comprise entre la porte de la Saunerie et la deuxième arête d'une tour située près ou contre le puits des Bains de Montpellier (4). Par la seconde, du 7 juillet 1304, Durand Fenayrol, héraut des Ouvriers, obtient la partie du fossé qui s'étend entre la porte de Lattes et l'arête de la tour dite des Bains, regardant ladite porte de Lattes (5). Il est impossible, en rapprochant les deux documents, de se méprendre sur la position de cette tour, désignée ainsi, en outre, par celui de 1304 : *in loco vocato vulgariter a la babota del valat ;* on le voit l'identification avec la tour de la Babote ou de l'Observatoire est certaine. L'existence du puits à quelques mètres à peine en arrière de la tour, où je suis allé reconnaître son emplacement, achève la démonstration. Ce puits se trouve dans la propriété de M. Belugou, affectée aux Bains dits *Néothermes*, et sert à alimenter cet établissement. Il est fort abondant, intarissable, m'a-t-on dit. L'orifice est de forme oblongue. Le bruit qu'y fait l'eau

---

(1) Arch. mun. de Montp., série BB, actes du Consulat, 16 avril 1426.
(2) *Liber instrum. memor.*, p. 263.
(3) *Ibid.*, p. 195.
(4) Arch. mun. de Montp., fonds Joffre, t. II, f° 48, pièce n° 95.
(5) *Ibid.*, t. II, f° 51 v°, pièce n° 100.

a donné lieu de penser qu'il était traversé par quelque courant. Il n'est donc pas surprenant que ces circonstances aient déterminé le choix de nos ancêtres pour leurs Étuves.

Ces Étuves s'étendaient derrière la Tour, qui leur était, avec le mur d'enceinte, postérieure ; mais spécialement du côté vers la porte de la Saunerie. L'entrée principale se trouvait dans l'impasse Tandon. Ceci résulte de la concession faite en 1205 par le bayle de Pierre I$^{er}$ à Durand de Cocon, d'un espace contre le mur de la Commune-Clôture, depuis la porte de la Saunerie jusqu'à la propriété du Roi, lequel espace est confronté au nord par rue allant à la Fustarié, c'est-à-dire par la rue actuelle des Étuves, la Fustarié étant à la porte de Lattes, et par autre rue conduisant à la porte majeure des Bains, c'est-à-dire la rue actuelle du Petit-Paris (1).

C'est également de ce côté qu'existait le gazillan destiné à l'écoulement des eaux. Les concessionnaires du fossé, en 1299, à qui l'on interdisait d'y faire un puits, furent autorisés à recueillir ces eaux pour l'arrosage des jardins qu'ils allaient créer. On leur imposa même l'obligation de tenir les conduits en bon état, munis en haut et en bas de bonnes pierres, et il subsisterait encore, paraît-il, des traces de cette canalisation traversant le mur de ville, qu'on voit à quelques mètres du puits. Au contraire, pour arroser les jardins du côté regardant la porte de Lattes, les Ouvriers permirent, à défaut d'un semblable avantage, l'établissement d'un puits à roue.

Ces Bains, appelés communément Étuves, étaient-ils divisés en parties distinctes, selon les sexes, ou affectés exclusivement aux hommes ? Un texte de 1267 se prêterait à l'une ou à l'autre de ces hypothèses ; mais je penche plutôt pour la première. Le document se rapporte à l'inféodation consentie par les Ouvriers à Bernard de Murles, d'un espace des douze pans situé entre le mur de ville et sa maison, *que domus est prope balnea Montispessulani et confrontatur cum balneis Montispessulani hominum* (2).

Je ne saurais dire quel motif fit changer les Étuves à la Blan-

---

(1) Arch. mun. de Montp., fonds Joffre, t. II, f° 23, pièce n° 40 *bis*.
(2) *Ibid.*, t. II, f° 28 v°, pièce n° 54 *bis*.

— 93 —

querie, mais ce transfert doit être de peu d'années antérieur à 1330, où, pour la première fois, je rencontre, appliquée à la rue des Étuves, la dénomination de rue des Bains Vieux du Roi de Majorque (1). Dès 1457, elle est désignée sous le nom de rue des Bains Neufs (2); on avait donc rétabli les Étuves dans cette rue. Était-ce dans le même lieu, où l'on trouvait déjà un puits abondant et peut-être encore les restes d'un aménagement spécial? Je réponds affirmativement, en m'appuyant sur une nouvelle démonstration.

Désormais les compoix vont, par leur continuité, me servir de guide infaillible pour l'emplacement de ces troisièmes Étuves. La plus ancienne mention qu'ils en fassent est celle-ci : « Item los » bans nous que se confronton am Johan Bernat, especiayre, he » am los XII palms, fan usage al Rey quatre lieuras, estimat dos » cens » (3). Le compoix suivant y mentionne un jardin (4). J'en suis la propriété entre les mains de Jean Habot, de Baptiste Rouvière ou Rivière, de Nicolas, son fils, Marguerite Randonne, sa belle-fille, remariée avec Antoine Astruc, et qui, le 29 mai 1575, les donnait à Jacques Lautier, chirurgien (5). Au manifeste de ce dernier, l'établissement est ainsi décrit : « Une maison a la » rue des Bans, ou y a ung grand descouvert joignant, le dessus » de laquelle et sur le devant appartient a madamoiselle de » Vignes, confrontant de deux parts ladicte de Vignes, d'autre » Estienne Plantade et Anthoine Fauguière, devant la rue des » Estubes, et les douze pans, ayant sortie a la ruelle allant à la » Saunerie, et Marguerite de Lafon, estimé seize livres » (6). Qu'on le remarque : cette mention est de 1598, et il n'est point parlé d'établissement balnéaire, ce qui peut faire penser qu'il n'en existait plus. Quant à la question de topographie, j'explique qu'on entendait par rue des Bans celle des Étuves d'aujourd'hui,

---

(1) Arch. mun. de Montp., grand chartrier, arm. F, cass. VII, liasse n° 20, donation d'Ermeniarde Sabatier à sa fille Jeanne, femme de Pierre Coste.
(2) Ibid., fonds Joffre, t. II, f° 189 v°, pièce n° 347, du 4 mars 1456 (1457).
(3) C. Saint-Thomas, 1435, f° 148.
(4) C. Saint-Paul, 1478, f° 205.
(5) C. Saint-Paul, 1478, f° 205; Sainte-Foy, 1525, f° 161 v°; 1544, f°° 290 v°, 311, 318, 345 v°.
(6) C. Sainte-Foy, 1598, f° 178.

par rue des Estubes la rue Vieille des Pénitents-Bleus, alors impasse, par ruelle allant à la Saunerie l'impasse actuelle Tandon. Ceci servira beaucoup à l'intelligence des lieux. Je reprends l'historique de l'immeuble. Le 20 juillet 1643, Pierre Do en fit l'acquisition (1). Ce Do était un maître-pâtissier, qui accrut la maison du dessus sur la façade (2), ce qui ne modifiait pas d'ailleurs la superficie. Le tout passa, les 5 septembre et 6 décembre 1669, sur François Arnal ou Arnail, traiteur (3). En 1699, une très petite portion, environ le vingtième, fut détachée et vendue à un certain Blay, déjà acquéreur d'un immeuble voisin, dit « Maison, patus et tripot couvert », lequel confrontait « rue qui ne » passe point appellée des Estubes, la maison ou soulloient estre » les Estubes, appartenant à Pierre Do... et les XII palms » (4). Annette Blay, veuve Poujol, le transmit à ses filles (5), qui vendirent ce Jeu-de-Paume aux Pénitents-Bleus, pour y faire leur chapelle. Quant au restant des Étuves, il passa, le 4 avril 1719, au sieur Tandon, bourgeois (6). Par là se trouve exactement établie la position respective de ces immeubles contigus, qui figurent à la fois sur le Guide de Flandio de la Combe et sur un plan parcellaire de l'île Douze Pans au XVIII$^e$ siècle (7). Et, de plus, on voit ainsi que les troisièmes Étuves occupèrent l'emplacement des premières. Cependant elles n'en gardèrent pas toujours l'entière étendue. Le démembrement dut s'opérer entre 1478 et 1525. A la première de ces dates, Jean Habot a pour unique confront Guiraud Boisson ; à la seconde, Baptiste Rouvière garde Jean Boisson, mais on mentionne en outre Rixens Habota de deux parts, immeuble devenu le Jeu-de-Paume (8).

La rue des Bains était parallèle à la Grand' Rue actuelle. Celle-

---

(1) C. Sainte-Foy, basane, après 1600, f° 163.
(2) *Ibid.*, f° 46 v°.
(3) C. Sainte-Foy, 1600, veau, f° 52.
(4) C. Saint-Paul, 1600, veau, f° 285 ; Sainte-Foy, 1600, veau, f° 54.
(5) C. Sainte-Croix, 1600, veau, f° 312.
(6) C. Sainte-Anne, 1600, veau, f° 169.
(7) Arch. mun. de Montp., série II, plan n° 1 du sixain Sainte-Foy.
(8) Au compoix Saint-Paul de 1478, f° 205, on a ajouté au manifeste de « Jean » Habot, stubier : Item ung joc de Paume que a fach en lad. estubes, que arente a part ». (C. Sainte-Foy, 1525, f° 161 v°).

ci eut divers noms, soit par rapport à sa longueur totale, soit par la suite des temps. La partie supérieure jusqu'au débouché de l'Argenterie actuelle s'appelait Tropassen, de l'habitation qu'y avait une famille de bourgeois considérables, et vulgairement des Catalans (1), à cause de leur groupement en ce lieu. Elle était au xive siècle fort commerçante, par suite de sa position sur la voie du grand débouché entre Nimes et Béziers. Enfin elle prit le nom de Coutellerie, à cause de l'industrie qui s'y établit. Quant à la partie inférieure, elle était dite Grande Rue de la Saunerie, ce qui, par extension, a donné lieu à l'appellation moderne de Grand' Rue.

Pour le motif que j'ai donné et principalement aux extrémités, s'échelonnaient des hôtelleries ou logis (2), dont quelques-uns même se trouvaient à la rue des Bains. Si j'en cite les noms, c'est après avoir fait observer qu'ils changeaient assez souvent d'enseigne, selon le gré de leurs propriétaires, et qu'on serait ainsi exposé à en multiplier le nombre. En outre, presque toutes les îles du côté gauche, en allant vers la porte de la Saunerie, ont reçu leurs dénominations de quelqu'une de ces hôtelleries. La première, dite d'abord de la *Couronne*, devint les *Trois Rois* dès 1478. Dans cette île, les logis abondent: le *Mulet*, ensuite l'*Ecu de Bretagne*, le *Paon*, l'*Ecu de Bourbon*, *Saint-Julien*, l'*Espase*. Venait ensuite l'île du *Cygne*, hôtellerie postérieure à celle des *Deux Anges*, qui lui était contiguë. Plus anciennement encore que l'une et l'autre, je trouve à ce lieu : *Hostallaria signi de Angelo*, ce qui, tout en équivalant littéralement à : hôtellerie à l'enseigne de l'Ange, pourrait bien avoir été l'origine des deux logis précités, surtout si l'on remarque l'ancienne orthographe : *Au signe*. Le *Cheval-Blanc* est ancien, mais auparavant existaient dans cette troisième île le logis de la *Pomme* et celui de *Sainte-Catherine*, le dernier contigu au *Cheval-Blanc*. La quatrième île recevait son nom d'un puits, dit des Douzils, appellation que nous retrouverons affectée aussi à deux autres, et qui se justifie par la disposition donnée à une pile communi-

---

(1) Arch. mun. de Montp., grand chartrier, arm. C., cass. XVII, pièce n° 7.
(2) C. Saint-Thomas et Saint-Paul, *passim*.

cante. N'était-il pas naturel que le posandier chargé de tirer l'eau, le fît dans un réservoir d'où les femmes même la prenaient facilement, et qu'un compoix appelle « pilar » ? Aux faubourgs, nous trouvons « lo pos de las dos bocas ». Pour celui qui m'occupe, il fut connu primitivement sous le nom de puits des Merlets, à cause d'un détail d'architecture de la maison le renfermant : « hun hos- » tal en merletz am hun pos en la carrieyra dels bans, fa usage » al Rey » (1). Que penser de cette maison, munie de merlets, jadis faisant usage au seigneur de Montpellier et possédant un puits si profond, qu'il a donné lieu au dicton populaire et local : « Il est si habile, qu'il se tirerait du puits de Fourfouillère »? Faudrait-il y voir un établissement de bains appartenant au roi de Majorque, auquel, en 1330, ferait allusion le texte : *via publica qua itur de dicto portali vocato de Latis versus balnea vetera domini nostri Majoricarum Regis* (2), et qui aurait été réservé à l'usage personnel du prince ? Ou bien, appliquant ce texte aux Bains près la Tour de la Babote, situés dans la juridiction seigneuriale, considérer simplement l'existence de ces merlets comme la fantaisie d'un de nos bourgeois montpelliérains, qui aura voulu en orner sa demeure ? Je serais bien plus porté vers cette seconde hypothèse.

La dernière île tirait son nom d'une hôtellerie, celle du *Soleil*, devant laquelle se dressait une croix (3). A l'origine, cette enseigne du Soleil se trouvait de l'autre côté de la rue de la Saunerie (4). Quand elle eut été transférée à gauche, la *Lune* la remplaça à droite (5), et les deux astres se firent ainsi concurrence de nuit et de jour. Je terminerai mon énumération en signalant le logis de *Saint-Antoine*, dans l'île Campagnan (6), et celui du *Lion d'Or* dans l'île Tremolet (7).

---

(1) C. Saint-Thomas, 1448, f° 101 v° ; Saint-Paul, 1478, f°° 127 et 129 v° ; Sainte-Foy, 1525, f° 145 ; 1514, f°° 256 v°, 257 v°, 260 v° et 283 ; basane, après 1600, f°° 86 et 90 ; 1600, veau, f° 101 ; 1738, f° 102.
(2) Arch. mun. de Montp., grand chartrier, arm. F, cass. VII, liasse n° 20.
(3) C. Saint-Paul, 1478, f° 87.
(4) *Ibid.*, 1544, f° 77.
(5) *Ibid.*, 1600, veau, f° 9.
(6) *Ibid.*, 1544, f° 73.
(7) *Ibid.*, 1544, f° 98.

Deux voies parallèles menaient de la porte de la Saunerie à celle de Saint-Guillem ; elles portaient les noms de Petite et Grande Vacarié, devenues respectivement Triperie Vieille et Triperie Neuve (1), et, de nos jours, rues Roucher et Alexandre Cabanel. Ce quartier, éloigné du centre, était affecté à l'approvisionnement du marché à la viande. Là se trouvaient les étables où les bouchers montpelliérains, qu'on voit fréquemment revendiquer leurs droits de dépaissance dans les terroirs avoisinants, faisaient entrer leurs troupeaux (2). Là aussi furent placés certains établissements que leur destination invitait à y mettre de préférence.

Le premier était le Bojadis, situé dans l'île des Douze Pans. Je pense qu'il faut l'assimiler avec le lieu appelé *Laucizidor* dans la concession du 17 janvier 1266, faite par les Ouvriers à Jacques de Balaruc, boucher, de bâtir dans un espace de douze pans entre le mur d'enceinte et sa maison, laquelle est ainsi désignée : *Dicta domus confrontatur cum curte Petri Jauffredi et cum cellario tuo, et cum loco qui vulgariter nuncupatur laucizidor et ex alia cum carreria et est in carreria Vaccarie* (3). Quant au mot *laucizidor* ou *bojadis*, je pense qu'il faut l'entendre du lieu où l'on dépeçait les animaux de boucherie.

Aussi ne faut-il point s'étonner de la proximité d'un établissement destiné à la vente des têtes, intestins, et chairs cuites des moutons, bœufs, vaches, agneaux et chevreaux. C'est ainsi qu'est désignée la maison communément appelée de la Triperie, dans la vente que fit d'une de ses parties, le 23 décembre 1258, Guillem de Pavo, lieutenant de Jacques Ier d'Aragon à Montpellier. Le roi cherchait à faire argent de ses droits, et donna l'ordre d'aliéner la maison, dite la Catalogne, qu'il possédait dans la ville, et où se trouvaient les tables des tripiers, lesquelles en occupaient

---

(1) C. Saint-Paul, *passim*.
(2) Les bouchers de Montpellier avaient le droit de faire paître leurs bêtes : brebis, agneaux, chevreaux, porcs et bœufs « *per carrerias et vallata juxta carrerias tantum* » ; mais ils devaient les rentrer avant l'heure du couvre-feu, pour qu'elles n'aillent pas sans lumière vaguer dans les rues. J'ai cru devoir relever ce détail de mœurs assez pittoresque. (Arch. mun. de Montp., grand chartrier, arm. A, cass. I, pièce n° 11, du 21 octobre 1333).
(3) Arch. mun. de Montp., fonds Joffre, t. II, f° 25 v°, pièce n° 47 répété.

aussi une autre, déjà cédée à Thomas Arnaud. Guillem de Pavo chercha des acquéreurs parmi les corratiers, dont l'industrie était retenue dans un autre quartier par le voisinage, si utile, du Merdanson. A diverses reprises, il mit la maison en adjudication. Comme ses tentatives demeurèrent sans succès, il accepta enfin l'offre de quinze livres melgoriennes que lui firent, pour en devenir possesseurs par égales parts indivises, Bernard de Meyrueis et Grimaud, boucher. Les preneurs étaient tenus d'y laisser vendre les abatis d'animaux, et devaient payer au Roi une redevance annuelle de dix livres melgoriennes, tant que les tables de triperie y demeureraient (1).

Il me reste à prouver que la maison ainsi vendue en 1258 est bien la même que celle de la Triperie, qui a donné son nom à une île située entre les deux rues de la Petite et de la Grande Vacarié. Dès l'abord, une difficulté se présente. L'immeuble aliéné par l'ordre du roi d'Aragon était dit de la *Catalogne* ; celui qu'on appelait Triperie portait le nom de *Granada* dans l'idiome populaire ou *Grenade* (2). Croire à un changement entre ces dénominations, lorsque l'une et l'autre sont absolument étrangères à l'usage fait de la maison, répugne aux habitudes montpelliéraines; et je recourrai d'autant moins à cette supposition qu'en 1293 je trouve encore *Catalonia* (3), et dès 1387 la *Granada* (4). D'un autre côté, je suis aussi éloigné de l'idée que le marché aux tripes aura été transféré. Catalogne et Grenade se trouvant aux environs de l'église Saint-Paul, aujourd'hui Saint-Roch. En outre, une maison du Vignogoul me sert de point commun de repère pour les montrer au même lieu. Je viens de dire que cet im-

(1) Appendice n° VII.
(2) « La Granada o Triparia » (C. Saint-Matthieu, 1477, f° 15). — *Totam quandam domum suam vocatam seu nominatam la Granada, in qua trippe et carnes cocte venduntur et consuetum est ac debent vendi... sitam in carreria parve vacarie.* (Arch. dép. de l'Hérault, série G, notaires : Georges Baylin, reg. 25, f° 102).
(3) *Hospicium quod est de prope ecclesiam Sancti Pauli de Montepessulano et confrontatur ex parte una cum hospicio Jacobi Maurini, et ex alia cum hospicio Raimundi Imberti, et cum hospicio Jacobi Guillelmi, et ante cum carreria publica qua i ur a trivio vocato de Catalonia versus planum vocatum de Cavanaco, et retro cum hospicio dominarum monialium Sancti Felicis.* (Arch. mun. de Montp., série BB, minutes de Jean Grimaut, notaire, de 1293, f° 84).
(4) C. Sainte-Croix, 1387, f° 43.

meuble est indiqué comme confront de derrière à maison donnant sur la rue publique qui va du carrefour dit de la Catalogne vers le plan de Cavaignac, ce qui doit s'entendre de la rue actuelle du Plan d'Agde. Et d'autre part, je lis au compoix : « Item ung » hostal appelat la Granada o Triparia an sos cazals, confronte an » Andrieu Pluvia, et an las morgas del Vinhogol, fa usage al Rey » iiii s. vij d. » (1) L'identification du lieu ne me semble ainsi faire aucun doute, et exclut la supposition d'un transfert.

Ces deux explications écartées, voici celle que je donne avec preuves. L'acte de 1258 assigne comme confront immédiat à la Catalogne une propriété vendue à Thomas Arnaud dont la nature n'est pas déterminée, mais qui paraît avoir été une maison, puisqu'elle renferme des tables de triperie, de même que la Catalogne. Si l'on se reporte au texte du compoix relatif à la la Grenade ou Triperie que j'ai cité plus haut, on constatera que cet établissement comprenait plusieurs maisons. Un autre compoix confirme et précise ce détail : « Ung hostal et ung autre » petit hostal appellat la Triparia en la ysla de la Granada en la » Vacarié » (2). Les deux maisons distinctes, affectées à un usage commun, ne seraient autres que la Catalogne et la Grenade, et il n'est point jusqu'à cette analogie de noms empruntés à l'Espagne, qui ne constitue une preuve de plus. J'ai donné déjà celle de la position. J'en trouve encore une dans ce détail, que la plupart des maisons de l'île de la Grenade sont frappées d'un usage au Roi, et témoignent ainsi, soit qu'elles ont été, comme la Catalogne et la Grenade, directement aliénées par lui, soit que, construites dans les immeubles concédés en 1258, ainsi que le permet l'acte, elles ont eu à supporter leur quote-part de la redevance primitivement imposée. Mais cette redevance même me fournit une preuve encore plus irréfutable.

Gariel, supputant la valeur de la livre melgorienne, s'appuie sur un extrait de compte à lui fourni par M. Gallié, trésorier du Domaine, et remontant à l'année 1608. Malheureusement les dossiers de la collection des Trésoriers de France ne commencent

---

(1) C. Saint-Matthieu, 1477, f° 15.
(2) C. Sainte-Anne, xvi⁰ siècle, f° 134 v°.

qu'en 1629. Aussi dois-je m'en rapporter à ce que dit notre vieil historien, mais d'après un document officiel. « La maison appellée
» Catalogne ou Grenade assise dans les murs de la ville, laquelle
» est aujourd'huy la Triperie, où l'on vend les testes, les pieds,
» et les tripes apareillées des bœufs, des vaches et des autres
» bestes, fait de cense annuelle et d'usage la somme de quatorze
» livres melgoireses payables la moitié à la feste de Noël et
» l'autre moitié à la feste de saint Jean Baptiste par chacun
» an » (1). En rapprochant ces indications de celles que fournit l'acte de concession en 1258 on voit que, le total de la redevance pour la Triperie étant de 14 livres, et le montant de celle de la Catalogne de 10, la différence doit frapper la Grenade ou maison vendue à Thomas Arnaud. En outre, la Triperie est appelée Catalogne ou Grenade, du nom des deux immeubles où elle est établie. Enfin ces immeubles sont demeurés constamment affectés au même usage, puisque le chiffre de la redevance n'a pas été modifié, et que les Trésoriers du Domaine ont évalué celle-ci, sur le pied de 14 livres melgoriennes, à 112 livres tournois.

L'île voisine de la Grenade ou Triperie garde constamment dans les compoix le nom de Four des Flammes, appellation singulière, inexplicable même, si je ne signalais la corruption de nom qui lui a donné lieu. *Furnum de Na Flamma*, dit un document de 1247 (2), c'est-à-dire le four appartenant à la femme ou veuve d'un certain Flamma, d'origine flamande assez probablement; en 1293, *furnum vocatum de Na Flamas* (3); enfin, en 1364, *furnum dictum de Flammis* (4). On comprend que la légende soit consacrée ainsi dès les plus anciens compoix, postérieurs au dernier texte, et que celui de 1435 porte « forn de
» las Flammas ».

Bien que le logis des *Balances* à Saint-Guillem, remplacé au xviie siècle par le somptueux hôtel de Castries, existât au moyen

---

(1) Gariel, *Idée de la Ville de Montpelier*: de Montpelier en particulier, p. 93 et suivantes.
(2) Arch. mun. de Montp., fonds Joffre, t. II, f° 210, pièce n° 377 répété.
(3) *Ibid.*, série BB, minutes de Jean Grimaut, notaire, de 1293, f° 86.
(4) *Ibid.*, série BB, reg. des petites notes du Consulat, de 1364, 31 juillet.

âge, et ressortit à la rue qui en porte aujourd'hui le nom, celle-ci était dite d'En Romieu, à cause d'une famille montpelliéraine (1).

En remontant un peu vers l'église Saint-Paul, on trouvait le Petit Saint-Jean, établissement des Hospitaliers de Jérusalem. Comme ils le formèrent dès la première moitié du XII<sup>e</sup> siècle (2), il était alors situé hors l'enceinte des murs. Ce fut à l'origine, sans doute, un simple hôpital, car en 1204 seulement les Chevaliers obtinrent la concession d'une église et d'un cimetière (3). La première est aujourd'hui le seul édifice religieux, à part la Cathédrale si profondément remaniée, qui reste antérieur aux guerres de religion dans notre ville (4). L'abside est romane, de petites dimensions et de structure fort simple. Le vaisseau a été retouché. Quant au cimetière, lors de la récente construction de la maison faisant angle sur les rues du Petit Saint-Jean et Plan d'Agde, on y a trouvé, au milieu de quantité d'ossements, de petits pavés et quelques pierres sépulcrales sculptées, qu'il eût été intéressant de conserver. Ce cimetière avait une issue sur la rue du Plan d'Agde, où existe encore une porte ogivale y ouvrant. Les immeubles devaient s'étendre du côté opposé au cimetière; peut-être le puits dit du Temple en faisait-il partie. Cette dénomination est difficile à justifier et je n'en ai trouvé aucune explication plausible. Au moyen âge, il était appelé simplement puits commun, et le nom de Puits du Temple n'apparaît dans les compoix qu'en 1738 (5). Il était pourtant un peu antérieur à cette date, puisqu'une lettre adressée en 1719 à la veuve Verchand le mentionne (6). Le Petit Temple était trop éloigné de là pour lui avoir donné son nom. Je ne crois pas

---

(1) Arch. mun. de Montp., série BB, minutes de Jean Grimaut, notaire, de 1293, f° 86. — C. Saint-Paul, 1480, *passim*.

(2) L. Guiraud, *la Paroisse Saint-Denis de Montpellier*, p. 238.

(3) *Quod domus hospitalis sita in Montepessulano habeat in perpetuum liberum cimiterium. Preterea domus hospitalis habeat unicum oratorium ubicumque voluerit in villa Montispessulani et cujuscumque forme seu magnitudinis sibi placuerit*, etc. (Cartul. de Mag., reg. E, f° 30).

(4) Cette église sert aujourd'hui d'école libre de garçons, au n° 17 de la rue Petit Saint-Jean.

(5) C. Saint-Paul, 1738, f°° 291 et 300.

(6) A. Germain, *Nouvelles recherches sur la secte des Multiplians*, p. 15.

qu'il y ait d'autres hypothèses que les deux suivantes : ou bien cette dénomination aura paru après les guerres de religion, par suite d'une confusion populaire entre les chevaliers de la Milice du Temple et ceux de Saint-Jean de Jérusalem, leurs héritiers; ou bien le puits appartint au xvi° ou xvii° siècle aux réformés, comme revenu de leur Temple.

Quoi qu'il en soit, ce puits existe encore à l'angle des rues Petit Saint-Jean et des Teissiers, qui tire son nom d'une famille de bourgeois (1). Le plan d'Agde était de même appelé primitivement de Cavaignac (2). Il s'étendait devant l'église Saint-Paul, une de celles qui ont laissé le moins de souvenirs historiques. L'île voisine de Saint-Paul était dite de la Sacristie, le sacristain de Maguelone y possédant une maison et jardin, lesquels furent inféodés, le 16 janvier 1558, à noble Jean de Bouques, seigneur du Poux (3), quand cette famille eut délaissé le lieu d'où était sortie la fortune paternelle : l'officine et les boutiques de l'*especiayre* Jean Bocas à la rue Aiguillerie.

En revenant sur mes pas, je ne vois guère à signaler que la correction du nom actuel d'En Gondeau en celui d'En Gaudon, porté par les compoix (4). Quant à son analogue, En Roart, il s'était déjà adouci en En Rouan. Près de là se trouvait évidemment la célèbre maison de Tournemire, où naquit Jacques d'Aragon. Le plan Pastourel d'aujourd'hui ayant constamment ce nom d'En Tornamira au moyen âge (5), il n'est pas douteux que la maison ne le lui eût donné. Mais, parce que celle qui porte le numéro 6 de la rue Jacques d'Aragon a gardé des traces d'architecture ogivale, on ne saurait conclure pour cela en sa faveur. Près de sept siècles d'existence ont pu amener une reconstruction de l'immeuble historique, alors qu'un autre, voisin, aura mieux résisté au temps. En l'absence d'actes précis, l'abstention est commandée.

---

(1) C. Saint-Paul, *passim*, et spécialement 1480, f° 88 v°.
(2) Voir p. 98, note 3.
(3) Arch. dép. de l'Hérault, série G, fonds du Chap. cathédral de Montp., invent. de Fr. Joffre, t. II, p. 1022.
(4) C. Saint-Paul, 1439, f° 68 v° et *passim*.
(5) *Ibid.*, 1439, f° 54.

La rue de l'Argenterie s'appelait, à l'origine, de la Frenarié, ou Farnarié et de la Soquarié (1). Elle n'offre rien de particulier, car je renouvelle pour le numéro 20 (prétendue maison des rois de Majorque), ma remarque au sujet de celle de Tournemire. Mais, en outre, je ferai observer qu'il me paraît d'autant plus difficile d'admettre que les princes de Majorque y aient résidé, qu'ils avaient le Palais à leur disposition : Jacques y logeait (2), et Sanche se créa une habitation *extra muros* (3).

Des rues débouchant dans celle de la Soquarié, j'ai peu à dire. Celle que nous appelons aujourd'hui de la Croix d'Or, était dite, au moyen âge, des Passagers, la maison numéro 5 ayant toujours été une hôtellerie. D'abord placée sous l'enseigne de l'*Étoile* (4), elle devint ensuite le *Mouton d'Or* (5). Mais, comme elle fut vendue à Jean Mouton, celui-ci, à cause sans doute de la coïncidence des noms, en fit la *Croix d'Or* (6), nom qui lui resta, même lorsque le fils de l'aubergiste enrichi fut devenu « conseiller secrétaire du Roy, maison et couronne de France » et eut acquis à la Peyre cette maison de Guilleminet, illustrée par le passage des hôtes princiers (7).

Presque en prolongement avec la rue de la Croix d'Or existe une petite rue étroite, tortueuse, fétide, restée toute primitive, qui conduisait à la demeure de Jean Cauzit (île Ranchin-Fontmagne), et de Jacques Cauzit (île Gallières) : de là son nom de « carrieyra dels Cauzits » (8), changé en 1851 en celui de rue Causit (9).

(1) Arch. mun. de Montp., série BB, minutes de J. Grimaut, notaire, de 1301-1302, f° 121 ; C. Saint-Thomas. 1448, f° 97.

(2) En 1273, on y agrandit sa chambre. (Arch. mun. de Montp., fonds Joffre, t. II, f° 3 v°, pièce n° 4).

(3) Qu'il donna ensuite à l'hôpital Saint-Antoine de Vienne, au quartier de Villefranche. (L. Guiraud, *la Paroisse Saint-Denis de Montpellier*, p. 65).

(4) C. Saint-Paul, 1600, f° 618.

(5) *Ibid.*, f° 619.

(6) C. Saint-Paul, 1600, f° 619 ; 1600, veau, f° 704.

(7) *Ibid.*, 1600, veau, f° 705 ; 1738, f° 179.

(8) *Ibid.*, et autres, *passim*.

(9) « L'étymologie du mot Cauzils n'étant pas connue, la Commission propose de conserver ce nom mais avec une légère modification et d'appeler cette rue Cauzit, du nom de Pierre Cauzit qui fonda en 1328 l'hôpital de la Madelaine. » (Coll. Desmazes, t. XIV, p. 33).

Le logis de la *Vieille*, qui a donné son nom à la rue ainsi appelée de nos jours, portait jadis celui de *Saint-Martin* (1); il était relié par un arc à l'île voisine. Il est question de ses voûtes, et de fait elles sont fort belles ; mais toutes les maisons avoisinantes en offrent de plus ou moins remarquables. Dans la même île est l'immeuble que M. Renouvier avait considéré comme le Consulat primitif; là aussi était « l'hostal de la Bulla », possédé en 1480 par Guillem Bonail (2). Faut-il les identifier ? Je le pense, car la maison dite de la Bulla avait en 1480 deux confronts : Bremond de Saint-Félix et Guillaume La Croix ; et en 1544, Sauvaire de l'Om a Jean de la Croix et Aubert Pelissier (3). Mais les compoix de l'époque sont lacérés et Bremond de Saint-Félix était affranchi des tailles; aussi je n'affirme rien. Quant à la dénomination de « la Bulla », je n'entreprendrai pas non plus de l'expliquer.

Ces maisons ouvraient sur la rue Draperie, et nous y trouvons quantité d'obradors, *operatoria* de nos vieilles familles commerçantes. Ce lieu fut, en effet, le premier où se fixa une industrie si longtemps prospère à Montpellier. Dès 1194, elle y est mentionnée (4). Lorsque la Draperie Sainte-Croix lui fit sérieuse concurrence, au centre on occupara la teinture en rouge, si appréciée (5). Mais toute cette branche du commerce déclinait, lorsque intervint Louis XI. Le regain de prospérité qu'il détermina paraît avoir surtout profité à la Draperie Sainte-Croix et à la Draperie Saint-Firmin, car on ne dit plus de la primitive que Draperie Vieille (6).

La rue Draperie Rouge venait déboucher au plan de la Pelisserie (7), espace irrégulier, qui, agrandi de toutes parts, constitue aujourd'hui la place Castellane. Alors l'île de la Poissonnerie y faisait pointe, ainsi que celle dite plus tard de la

---

(1) C. Saint-Paul, 1544, f° 166 ; 1600, veau, f° 800.
(2) *Ibid.*, 1480, f° 18.
(3) *Ibid.*, 1544, f° 205.
(4) A. Germain, *Histoire du Commerce*, t. 1ᵉʳ, p. 188.
(5) Arch. mun. de Montp., série BB, reg. des petites notes du Consulat, 16 novembre 1364. — C. Saint-Firmin, 1404, f° 47 ; 1439, f° 48.
(6) Compoix, *passim*, et spécialement Saint-Firmin, 1469, f° 130.
(7) « Al plan de la Pelisaria ». (C. Saint-Paul, 1439, f° 44).

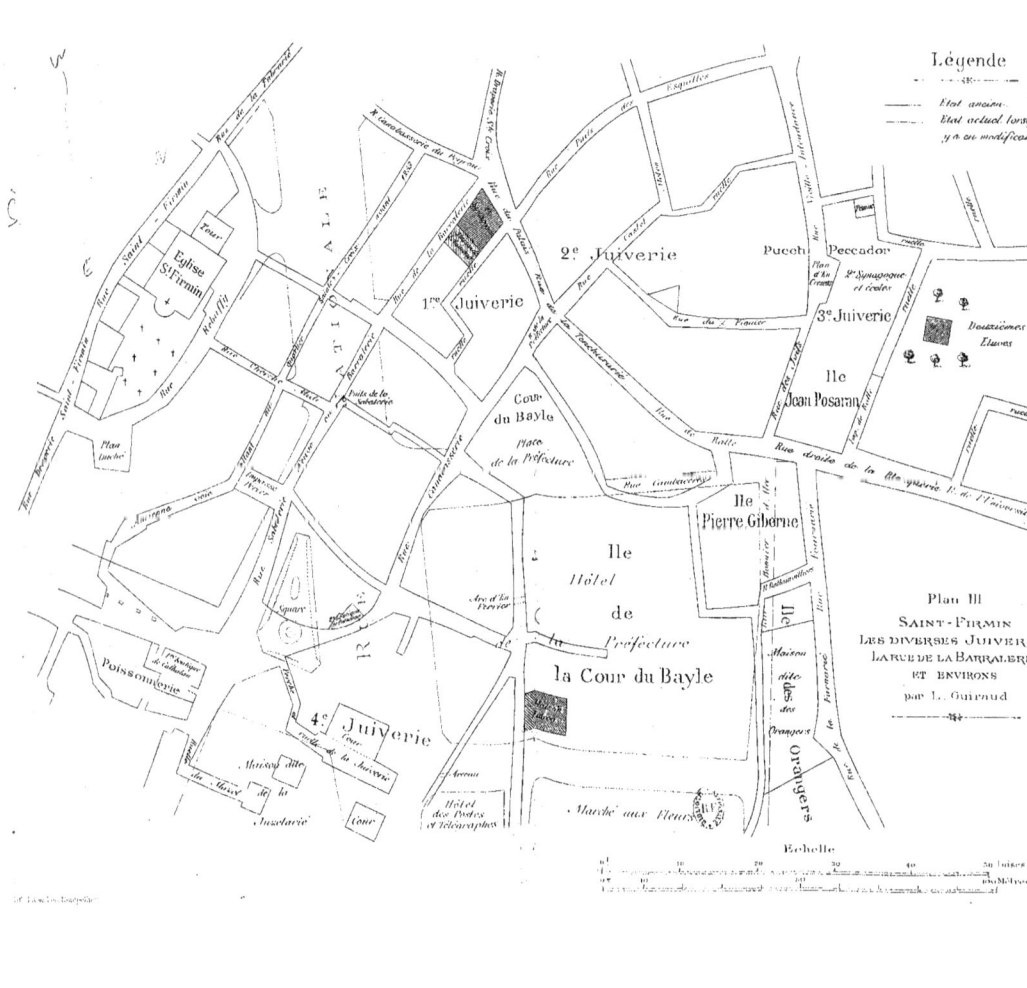

Boucherie (1). A l'extrémité opposée, on entrait dans la rue du Pas Étroit (2), pour trouver, à droite, le petit plan d'En Bedos (3), ensuite du Sauvage ; quant à la descente Bras-de-Fer, elle était dite simplement « davalade de Saint-Paul » (4), et l'arc qui la traverse, mentionné comme « una vouta » dépendante de la maison contiguë (5). Quelque resserré que fût ce quartier, il y existait diverses hôtelleries : le *Grand Credo* (6), la *Podadoyre* (7), la *Vache* (8), car c'était en somme par cette unique voie qu'on montait de la rue Saint-Guillem au quartier central, il n'y a pas quarante ans encore. De là sans doute aussi le nom de rue des Anes (9), donné à la partie de celle de l'Ancien-Courrier qui est comprise entre Saint-Guillem et la descente du Bras-de-Fer, car les paysans des environs, n'ayant point, pour quelques heures, à prendre gîte aux hôtelleries voisines, attachaient à des anneaux de fer fixés aux maisons leurs utiles et modestes montures. Enfin, sur un autre côté du plan de la Pelisserie, on remarquait le puits de Fer (10). Il se trouvait dans l'immeuble faisant angle sur la rue droite de Saint-Firmin, longeant l'église de ce nom.

## V.

L'église Saint-Firmin. — Son cimetière. — La Conservatorie. — L'église Sainte-Anne. — La font Saint-Arnaud. — La Valfère. — Le Château ou Palais. — Ses environs. — La deuxième et la troisième Orgerie.

L'emplacement de l'église Saint-Firmin est connu : elle occupait, avec son cimetière, la majeure partie de l'île qui en garda le nom et que délimitent les rues Saint-Firmin et Rebuffy. Ruinée aux premières guerres religieuses, elle ne se releva

---

(1) La maison Jean Loste était « al cap de la Pellissaria ». (C. Saint-Firmin 1469, f° 135 ).
(2) C. Saint-Matthieu, 1544, f° 391.
(3) C. Sainte-Anne, 1449, f° 130.
(4) C. Saint-Paul, 1480, f° 56.
(5) C. Saint-Firmin, 1469, f° 135.
(6) C. Saint-Matthieu, 1544, f° 391.
(7) C. Saint-Paul, 1544, f° 243.
(8) C. Sainte-Anne, 1544, f° 50 v°.
(9) C. Saint-Firmin, 1404, f° 78 v° ; Saint-Paul, 1544, f° 250.
(10) C. Saint-Paul, 1544, f°° 211, 223 et *passim*.

plus (1). Si cette église a marqué dans notre histoire locale par de nombreux souvenirs, elle en a laissé beaucoup moins au point de vue archéologique, et je ne saurais que glaner dans les compoix ou les actes postérieurs d'inféodation.

L'édifice s'étendait dans le sens de la longueur de l'île ; l'entrée principale se trouvait à l'extrémité occidentale. Cette entrée n'était qu'à moitié dégagée, car, du côté droit, une grande maison, possédée au XVI° siècle par la famille Malpel, déjà propriétaire dans le voisinage (2), formait avancement. Il existait donc, au ras de la porte d'entrée, un espace ou vacant de 3<sup>m</sup>,50 de profondeur sur 5 mètres de largeur (3) en retraite sur la rue, si étroite que l'île Église Saint-Firmin a été parfois rattachée à celle de Rignac de Flandio de La Combe. Du côté gauche, au contraire, la Tour dont je vais parler formant saillie sur l'édifice, se trouvait un autre espace libre, auquel faisait suite un troisième. L'effet de ces angles rentrants successifs ne pouvait être que déplorable à l'aspect de la façade.

Au-dessus de l'entrée, s'élevait une grande Tour carrée, que domina, en 1471, une flèche ou aiguille, analogue à celle de Notre-Dame des Tables (4). Les ressources qu'on y employa

---

(1) Malgré un projet de reconstruction, déjà prévu au XVII° siècle, et qui donna lieu, au suivant, à divers plans conservés à la Société Archéologique de Montpellier.

(2) Dans l'île Beaulac de Flandio de La Combe. (C. Saint-Firmin, 1480, f° 87 ; 1525, f° 108).

(3) Le 30 octobre 1660, inféodation par le Chapitre cathédral à Jean de Berq, dit la Violette, portier, habitant de Montpellier, de « un espace dépendant de l'esglise
» rouinée Sainct-Firmin dud. Montp<sup>er</sup> appartenant aud. Chappitre au devant la
» grand porte quy estoit a lad. esglise Sainct-Firmin regardant la maison des
» sieurs Pascal cons<sup>er</sup> et Horrit, advocat, de longueur de vingt pans et de qua-
» torse pans de largeur ou environ, laquelle longueur prendra du bout de la
» murailhe à main gauche entrant par lad. porte jusques au coin à main droicte
» pour faire bastir aud. espace et sur le fondement de la vieilhe murailhe une
» boutique et petit membre au dessus avec son toict et couvert, qui aura sa
» pente du costé de la grand'rue de la hauteur de la première voute de la Grand
» Tour quy est sur lad. porte Sainct-Firmin avec pouvoir de faire une murailhe
» au dessoubs lad. porte pour faire la separation du membre vouté de lad.
» tour avec la boutique quy sera faicte aud. espace, l'entrée de laquelle sera
» prinze par une porte quy sera faicte du costé de la rue. » (Arch. dép. de l'Hérault, série G, fonds du Chap. cathédral de Montp.; Ant. Fages, registre
de 1659 à 1668, f° 132 v°).

(4) A. Ricard et J. Renouvier, *Des maîtres de pierre*, etc., p. 151.

provenaient, en partie au moins, du legs fait par le canabassier Pierre Peinier, de sa maison dite Triperie (1). Quant aux dimensions exactes du vaisseau, il paraît impossible de les reconstituer. D'Aigrefeuille même, qui constata, au delà du ruisseau dans la rue, les vestiges des anciennes murailles (2), n'en aurait pu suivre le périmètre, à cause des diverses inféodations qui, faites aux propriétaires voisins, avaient amené le morcellement, l'agglomération ou la fusion de diverses parcelles (3). Aujourd'hui, il faut y renoncer totalement. Je ferai remarquer cependant que la mention d'un « espace dans l'esglise ruinée Sainct-Fermin de » de Montpellier, faict en rondeur, contenant huit pans carrés » qui est au coin » inféodé pour faire un escalier (4), paraît bien répondre à une tour ronde d'environ $1^m,30$ de diamètre et située à l'angle sud-est de l'édifice.

Au sujet de l'architecture, une reconstruction que termina la consécration de 1268 (5), une réfection plus ou moins partielle au xv<sup>e</sup> siècle (6), peuvent faire supposer que le roman, le gothique lourd et le flamboyant, comme à Notre-Dame des Tables, s'y mêlèrent sans grandeur ni élégance.

Le long de l'église, en bordure sur la rue, se trouvaient trois ou quatre maisons, assez petites, qu'acheta l'œuvre de Saint-Firmin. Elle n'en fit pas le presbytère (7), qui en réalité se trouvait à la Petite-Canourgue, mais la demeure du Sacristain, chanoine de Maguelone, tenu à la résidence personnelle (8), et celle de l'Infirmier (9). C'est par ces maisons, assez probable-

---

(1) Arch. dép. de l'Hérault, série G, notaires : Georges Baylin, reg. 25, f° 102.
(2) D'Aigrefeuille, *Histoire de Montpellier*, t. II, p. 249.
(3) Arch. dép. de l'Hérault, série G, fonds du Chap. cathédral de Montp.; Ant. Fages, notaire, reg. de 1659 à 1668, f° 380 v° ; reg. de 1669 à 1682, f°' 475 v° et 587 ; Gaussel, notaire, reg. de 1697 à 1699, f°' 35, 36 v° et 160. — Cf. Arch. mun. de Montp., série II, plans n°' 1 et 3.
(4) Arch. dép. de l'Hérault, série G, fonds du Chap. cathédral de Montp.; Ant. Fages, notaire, reg. de 1659 à 1668, f° 380 v°.
(5) *Petit Thalamus*, p. 337.
(6) A. Ricard et J. Renouvier, *Des Maîtres de pierre*, etc., p. 151.
(7) A Germain, *la Paroisse à Montpellier au moyen âge*, p. 4.
(8) *Ibid.*, p. 27, note 2.
(9) C. Saint-Firmin, 1525, f°' 79 et 106.

ment, qu'on avait ménagé issue sur la rue (1). Du côté opposé du vaisseau, ainsi qu'au chevet, se trouvait le cimetière, qui, englobant au XVIᵉ siècle le sol de l'église ruinée, fut remis en usage jusqu'à son inféodation en 1705 (2).

Je suis très porté à croire qu'il faut rattacher au souvenir de l'église paroissiale celui de sa juridiction, dite *Curia conservatoria privilegiorum ecclesiæ Sancti Firmini*. Cette dénomination seule me semble pouvoir expliquer celles de Court Vieille et Conservatorie, respectivement données aux îles de l'Épine et Petit-Scel de Flandio de La Combe.

Dans la dernière, qui jadis avait plus d'étendue, se trouvait, vers le plan de l'Huile, « l'hostal de l'Universitat de l'Estudi » (3), ce qui expliquera l'établissement des cours de Droit à la Conservatorie après les guerres de religion (4). Faudrait-il identifier cette maison avec celle qu'avait possédée, au même endroit, le cardinal de Canillac (5), grand protecteur de nos écoles et de notre ville ?

Enfin, je ne dois point quitter les environs de Saint-Firmin sans mentionner la rue droite de la Fabrarié, entre les îles Rignac et Beaulac (6), et la ruelle du même nom, qui, entrant dans cette dernière île par la rue actuelle du Bayle (7), la traversait en forme de Z retourné, et venait ainsi aboutir sur le côté de l'église Sainte-Anne (8).

Une difficulté archéologique véritable se présente à propos de cette église. D'après Gariel (9), elle aurait été, à l'origine, dédiée à saint Arnaud, et ne serait devenue Sainte-Anne qu'au XVᵉ siècle, lors de la fondation du Collège sacerdotal de ce nom par Pierre Aristeri. Je ne saurais admettre cette date, puisque,

(1 et 2) Arch. mun. de Mont., série II, plan n° 1.
(3) C. Sainte-Anne, 1449, f° 109 v°
(4) Grand Thalamus, f° 314 v°.
(5) C. Sainte-Croix, 1387, f° 44 v°.
(6) C. Saint-Firmin, 1480, *passim*.
(7) Ce nom de rue du Bayle ne fait aucunement allusion au magistrat investi annuellement de la connaissance des crimes et délits. Il vient d'un sieur Pierre Bayle, qui reçut, par contrat de mariage, le 28 octobre 1733. (C. Sainte-Anne, 1738, f° 384), une partie de maison donnant sur la rue dite alors de la Hache (plan de l'île du Président Philippi, appartenant à la famille Magnol).
(8) Plan cité ci-dessus.
(9) *Idée de la ville de Montpellier* : Des Églises, etc., p. 71.

dès 1293, j'ai trouvé mention de maison située *subtus ecclesiam Beate Anne in Vallefera* (1). Et d'un autre côté pourtant, parmi les sixains primitifs énumérés en 1267, celui de Saint-Arnaud figure à la place de celui de Sainte-Anne (2). En outre, il existait encore en 1416, et aussi en 1447, à l'île François Bedos, « 1 hostal en que es la font de Sant-Arnaut » (3). Or l'île François Bedos n'est autre que celle de Ranchin-Fontmagne, délimitée, avant le percement de Saint-Guillem, par les rues du Bayle, Draperie Saint-Firmin, Bras-de-Fer, Friperie, Saint-Guillem, Sainte-Anne et Ranchin. Du côté de cette dernière, elle était donc voisine de l'île Sainte-Anne. Enfin, l'église renfermait chapelle, avec chapellenie, dédiée à saint Arnaud (4). Voilà bien les deux souvenirs associés en divers détails ; et, si l'on tient compte que saint Arnaud était le patron de cet illustre évêque, restaurateur de Maguelone, on ne sera pas éloigné d'admettre que son culte a précédé celui de sainte Anne, qui l'aura remplacé à une époque déjà reculée.

Contre l'église Sainte-Anne, du côté droit, était la rue de la Sabaterie de Sainte-Anne (5). Ce fut la première en date à Montpellier (6), bien placée d'ailleurs près du quartier pauvre et laborieux de la Valtère. Par là, sans que je puisse préciser, à certain carrefour on vendait la viande en carême (7), temps

---

(1) Arch. mun. de Montp., série BB, minutes de Jean Grimaut, notaire, de 1293 f° 54 v°.

(2) Arch. mun. de Montp., grand chartrier, arm. A, cass. VI, pièce n° 5.

(3) C. Sainte-Anne, 1416, f° 146 ; 1447, f° 185 v°. — Gariel, *loc. cit.*, p. 71.

(4) Arch. dép. de l'Hérault, série G, Invent. de l'Évêché, p. 203.

(5) C. Sainte-Anne, 1447, f°* 112 v° et 113.

(6) Comme en témoignent les noms de Sabaterie-Neuve donné à la rue qui devint ensuite la Barralerie, et de Sabaterie-Vieille que prit celle de Sainte-Anne.

(7) *Quoddam hospicium situm infra muros Communis Clausure ville Montispessulani et in cadrivio prope portale Sancti Guillelmi ejusdem ville, confrontans ex una parte cum alio hospicio dicti Petri Alberyoni, et ex alia parte cum hospicio Petri Navacii, fabri, carreria in medio qua itur de carreria Sancti Guillelmi versus furnum dominorum consulum Montispessulani, et ex alia parte cum hospicio heredum Johannis Violas, quondam mercerii, carreria in medio qua itur versus sabateriam Sancte Anne, et versus cadrivium ubi venduntur carnes in cadragesima, et ante cum dicta carreria Sancti Guillelmi.* (Arch. mun. de Montp., fonds Joffre, t. II, f° 166, pièce n° 314).

pendant lequel, en effet, il ne fallait pas la produire au marché central (1).

Le nom du quartier de la Valfère est des plus connus. Découpé en îles nombreuses et régulières, où se multipliaient les maisons, il était occupé par une population de travailleurs de terre, laboureurs et jardiniers (2) : de là cette dénomination de « canton de las ortolanas » donnée à l'entrée de la rue (3). De ce quartier et d'une famille de laboureurs sortit pourtant notre professeur Jean Blazin (4). Denis Fontanon l'habita aussi (5). En vue des besoins de cette agglomération pressée, les Consuls y établirent un four banal, auquel était contigu un moulin (à huile, sans doute) dit du *Sang* (6), si, comme pour le four des Flammes, il n'y a pas à faire quelque correction dont me manquent les éléments. On y trouvait également plusieurs puits communs : celui des Douzils (7) à l'île Douze-Pans (8), celui d'En Clamenson (9), qu'on appela ensuite Puits Valfère, enfin celui de Bernard Franc, un de nos grands marchands du xiv$^e$ siècle (10), près de ses « palhiers » (11). Je signalerai aussi un peu plus haut, occupant l'île entière de Paul, un vaste et bel immeuble, acquis par Isabelle de Champeaux (12), femme du gouverneur Thierri le Comte, et sœur de ce fastueux évêque de Laon, qui fut général des finances en Languedoc.

Bien des motifs devaient retenir Isabelle de Champeaux dans

---

(1) Voir p. 71.
(2) C. Sainte-Anne, *passim*.
(3) Arch. mun. de Montp., arm. G, cass. VI, pièce n° 77 bis.
(4) C. Sainte-Anne, 1435, f° 32, et compoix suivants, *passim*.
(5) C. Sainte-Anne, 1544, f° 359.
(6) *Quedam magna domus olim furnus et molendinum Sanguinis... sitam infra communem clausuram dicte ville Montispessulani et in Vallofera, ante putheum d'En Clamenson, confrontatur cum XII palmis Vallisfere et cum honore Guillelmi de Lodano*, etc. (Arch. mun. de Montp., série BB, actes du Consulat, an 1440, f° 35). — Dans les compoix on lit : « Molin del Sanc ».
(7) Voir p. 93.
(8) C. Sainte-Anne, 1544, f° 314.
(9) Voir note 6.
(10) L. Guiraud, *les Fondations du Pape Urbain V à Montpellier : le Monastère Saint-Benoît*, pp. 17, 45 et 71.
(11) C. Sainte-Croix, 1387, f° 43 v°; Sainte-Anne, *passim*.
(12) C. Sainte-Anne, 1449, f° 47.

ces parages: heureuse jadis avec son époux dans le Château, dont elle apercevait les tours, elle avait résolu de reposer à ses côtés : « Item plus, porte son testament, je elegitz ma
» sepulture et veulx estre enterrée, si plaist a mon Createur,
» en la chappelle du Palays de Montpellier, au plus pres de
» mon bon seigneur et amy, messire Theodoric le Compte,
» chevalier, lequel est devant le grant autel de NostreDame » (1).

Il serait fort intéressant de connaître et décrire ce Château ou Palais, si souvent mentionné dans notre histoire locale ; mais cette tâche est au-dessus de mes forces. La destruction de la Tour primitive et des fortifications, accomplie dès les premières années du xiii° siècle (2), des réparations dans le courant du xiv° (3), la ruine de la chapelle par les Protestants aux premières guerres religieuses, enfin des remaniements considérables et une sorte de reconstruction au xvii° siècle (4) avaient dû rendre méconnaissable l'état des lieux. Tel qu'on l'avait fait pourtant, l'édifice pouvait encore servir de terme de comparaison entre ses parties, de matière aux investigations archéologiques de qui l'a vu ; mais la première pierre du nouveau Palais de Justice a été posée le 1er mai 1846.

Je serais donc assez mal venu de chercher noise à D'Aigrefeuille, quand il assure que la chapelle primitive était au même lieu où on la reconstruisit (5), c'est-à-dire faisant partie de l'enceinte du Palais, à gauche de l'entrée. A ceci je ferai pourtant deux objections. 1° L'île Eustache de Flandio de La Combe avait été formée par la réunion, au commencement du xvi° siècle, de deux îles : Orgerie et Notre-Dame du Château ; la chapelle ne

---

(1) Arch. dép. de l'Hérault, série G, notaires : Gaspard Galvin, reg. 21, f° 1.

(2) Voir p. 14, note 3. — Le 27 octobre 1206, l'Évêque de Maguelone intervenait pour calmer le débat élevé entre Pierre II et Marie de Montpellier d'un côté, les habitants de l'autre *pro destructione autem castri Montispessulani et vallorum emendatione*. (Cartul. de Mag , reg. D, f° 308). Voir aussi A. Germain, *Hist. de la Commune de Montpellier*, t. 1er, p. 47.

(3) Arch. mun. de Montp., grand chartrier, arm B, cass. XIV ; fonds Joffre, t. II, f°° 5 v° et 89 v°.

(4) On construisit un nouveau local pour la Cour des Comptes, Aides et Finances, et l'on répara l'ancien pour y loger le président Bon. (*Mémoires d'André Delort*, t. II, p. 7).

(5) D'Aigrefeuille, *Histoire de Montpellier*, t. II. pp. 231 et suivantes.

se trouvait-elle pas dans cette dernière ? On pourrait, il est vrai, à la rigueur, supposer qu'il s'agit ici du Collège ou résidence des chapelains (1), non de l'église elle-même. 2° Si l'on suit exactement les confronts donnés en 1254 à la place sur laquelle s'ouvrait le Palais (2), on voit que l'église du Château et les tables y contiguës occupent un côté différent de celui du Palais : *ex alia parte*, dit l'acte; et leur rang dans l'énumération, qui va de l'ouest au nord, est marqué entre le Château et la face longue qui lui fait vis à vis, coupée en deux îles par trois rues : celle de la Sabaterie au milieu venant de l'Orgerie, et celles qui débouchaient aux deux angles, l'une servant de prolongement en équerre à la rue Groularié; l'autre longeant l'île Blaud de Flandio de La Combe. Mais, je le répète, les données certaines manquent pour reconstituer l'ancien Château.

(1) C. Sainte-Croix, 1480, f° 130.

(2) En juillet 1254, Guillem de Roquefeuil, lieutenant du Roi, vendit à certains particuliers la place devant le Palais, s'engageant à ce que nul n'y construise. Voici comment on la désigne : *Platea predicta sive carrerie predicte sunt in Petrono, ante palacium domini Regis et ante tabulas ipsius domini Regis que sunt juxta ecclesiam de Castro, et confrontantur ex una parte cum portali per quod intratur ad plateam clausam que est ante palacium domini Regis, et ex alia parte cum tabulis domini Regis que sunt in Petrono et tenentur cum dicta ecclesia de Castro, sicut modo constructe sunt, que amodo ampliari non possunt neque debent, et ex alia parte cum carreria publica que venit a domibus G. Berengarii, magistri lapidum, et Berengarii Rei, et ex alia parte cum domo et tabulis que ante ipsam domum sunt dicti B. de Marssiliano, sabaterii, sicut modo dicte tabule constructe sunt et que amodo ampliari non possunt, neque debent, et ex alia parte cum carreria publica que venit de Ordearia ad palacium domini Regis, et ex alia parte cum domo dicti Petri Marques, sabaterii, et ex alia parte cum carreria que venit de domibus Peregrini de Castaneto et dicti Bernardi Boisserii, et cum domo dicti R. de Planis, et cum tabulis quatuor palmarum ad cannam, tamen quod ampliari non possunt amodo neque debent, que sunt similiter ipsius R., et que sunt per illam frontem dicte domus sue in quantum paries frontis ejusdem durat, qui frons et tabule respiciunt dictam ecclesiam de Castro, et ex duabus partibus cum platea quam acaptaverunt a B. de Castro Episcopali quondam, tunc tenente locum dicti domini Regis in Montepessulano, Arnaldus Petri, R. Castelani quondam, Guillermus Boniol et Nicholaus de Amiliano, sabaterii, et ex alia parte cum domo dictorum Guillermi Duranti et Petri de Murlis, et dictarum uxorum suarum, et cum banco ipsius domus qui est juxta dictam domum ad latus ipsius do[mus], sicut ipse bancus protenditur usque ad portale per quod intratur ad dictam plateam clausam que est ante dictum palacium domini Regis.* (Grand Thalamus, f° 56 v°).

Ses environs sont très intéressants par le groupement des industries que provoqua l'initiative des Guillems.

Le Plan du Palais ou du Puits du Palais, dont j'ai parlé, me paraît avoir été le siège de ce marché du Peyrou existant dès 1156 (1), car l'acte de 1254 y mentionne des tables qu'on ne saurait confondre avec celles de l'Orgerie, toutes distinctes ; en outre, il stipule qu'on n'y pourra construire, ni empiéter de quelque manière que ce soit sur cette place.

En face du grand portail, par lequel on pénétrait dans une cour fermée (2), une rue menait directement au Palais : c'était celle de la Sabatarié (3). On appelait Groularié la voie transversale, finalement obstruée par la réunion des îles Notre-Dame du Château et Orgerie (4) ; mais cette Groularié avait pu être primitivement la Sabatarié, car elle est dite en 1480 : « Sabatarié vieille ou Grolarié » (5). Du côté opposé et débouchant dans la rue J.-J. Rousseau d'aujourd'hui, se trouvait la Tenchurarié ; en 1387 déjà, elle est qualifiée d'ancienne (6), et en effet nous en trouverons une autre à Castel-Moton.

La rue Sabatarié reliait directement le Palais à une place longue et parallèle au Plan Puits du Palais. Deux branches du commerce se la partageaient, selon l'axe de la Sabatarié. A gauche, en venant du Palais, était le plan de la Pelharié, compris entre les îles Dardé, Catrix et Fagés de Flandio de La Combe (7), la dernière formant à l'origine deux îles. Elle était, en effet, traversée par une ruelle couverte ou passage voûté, dans le genre de la Juiverie du xvi$^e$ siècle, à la Place des Cévenols ; la ruelle en question desservait des maisons voisines. D'abord andronne, ainsi qu'il résulte d'un acte du xii$^e$ siècle (8),

---

(1) *Liber instrum. memor.*, p. 263.
(2) Voir p. 112, note 2.
(3) C. Sainte-Croix, 1387, f° 70.
(4) *Ibid.*, f° 30.
(5) *Ibid.*, 1480, f° 130.
(6) *Ibid.*, 1387, f° 12.
(7) *Ibid.*, 1387, f° 30 ; 1404, f° 98 v° ; 1435, f° 76 v°.
(8) Je n'hésite pas à voir, dans le plan de la Pelharié, cette petite place acquise par Guillem VIII et concédée aux marchands en détail de cuir pour souliers. Outre que celle-ci ne pouvait être ni le Plan du Château ou Plan Puits du

elle avait été partiellement bâtie ; au moyen âge, c'était un cul-de-sac avec ouverture non close, puisqu'on le fermait provisoirement chaque année par une grande porte, afin d'y déposer les pains destinés à la distribution du jour de l'Ascension, dont je parlerai ailleurs. Les documents lui donnent alors le nom, assez pittoresque, de *ovile panis* (1). Cette ruelle était appelée « la Pelharié pauca », petite Peillerie (2), et le Plan Pelharié « plan ont se acampa lo pan à Caritatz » (3) ; quelquefois j'ai trouvé « plan del pan », qui pourrait presque aussi convenir à celui de l'Orgerie, lui faisant suite.

Ce dernier était affecté à cet usage depuis la concession faite par Guillem VII, en avril 1168, en vertu de laquelle il n'était loisible au seigneur ni à aucun de ses successeurs d'ordonner, permettre ou tolérer la construction de nul édifice en ce lieu(4). Par malheur, les confronts que donne l'acte ne peuvent, faute d'une concordance postérieure, servir à fixer l'emplacement de cette deuxième Orgerie. Il faut recourir à d'autres indications, qui d'ailleurs ne manquent point. C'est d'abord la direction de la rue Sabatarié qui, venant de l'Orgerie, mène au Palais (5). C'est ensuite un acte du 31 mars 1477, parlant ainsi de la troisième Orgerie : *Ordearia constructa et ordinata in plano et platea vocata l'Orgerie sita prope palacium regium dicte ville Montispessulani* (6). C'est enfin la découverte, faite en l'année 1825, d'une vingtaine d'anciens silos, disposés sous le Plan du Palais actuel, en deux rangées parallèles, et sous les rues alors dénommées du Peyrou et du Palais, c'est-à-dire aux deux débouchés du Plan de l'Orgerie, et précisément devant des îles qui doivent frapper l'attention, j'ex-

Château affecté au marché, ni celui de l'Orgerie, les détails de limitation par trois rues et une andronne ainsi que de proximité de la Sabatarié conviennent très bien. (*Liber instrum. memor.*, p. 298).

(1) Le prix-fait stipule que l'entrepreneur fera : *barrerias in dogua et ovile panis in plano Pelharie*, et encore *quod teneatur claudere magnam januam que est in fundo plani in quo congregatur panis caritatis*. (Arch. mun. de Montpellier, série BB, reg. des petites notes du Consulat, 15 mai 1117).

(2) C. Sainte-Croix, 1387, f° 35.
(3) *Ibid.*, 1435, f° 76 v°.
(4) Appendice n° VIII.
(5) Voir page 112, note 2.
(6) Arch. mun. de Montp., série BB, actes du Consulat, reg. de l'année 1477.

pliquerai bientôt à quel titre. Ces silos, dit le rapport rédigé à cette occasion, se trouvaient à 3 pieds (0ᵐ,97) au dessous du pavé. Ils étaient simplement creusés dans une terre rouge; peu étaient revêtus de pierre, et c'étaient alors des pierres très ordinaires, et de travail grossier. Pour la forme, on les compare aux anciennes cruches de terre, appelées *ourjoou* dans le dialecte du pays : ovale allongé de 8 pieds (2ᵐ,60) de haut, 5 pieds (1ᵐ,62) de diamètre dans la partie la plus large, et 4 pieds (1ᵐ,30) dans la plus étroite ; l'ouverture était constituée par un col de 1 à 2 pieds (0ᵐ,32 à 0ᵐ,65) de long et par une entrée de forme variable, mais d'un diamètre fixe de 18 pouces (0ᵐ,48). Les fosses étaient recouvertes de dalles carrées, placées en général sans attention et simplement pour retenir les terres; certaines pourtant étaient terminées par des pierres de taille arrondies formant un orle de 6 pouces (0ᵐ,16) en carré, lequel orle supportait une dalle de même forme, parfaitement ajustée (1).

Ces silos devaient être tenus en location par les marchands de grain qui avaient des tables de vente, *tabulæ orgeriorum*, soit sur la place, soit contre les immeubles avoisinants; il est question des tables de Guillem VII dès 1168. Mais, à part ces étaux mobiles, il y avait des *operatoria* (2), sortes de magasins et entrepôts, dans les maisons autour de la place. L'île Eustache de Flandio de La Combe était, en 1387, pour la portion donnant sur le Plan de l'Orgerie, dite « dels graniés de Bernat Franc » (3), et celle du Plan de la Canourgue « dels graniers del Prebost.. del granier del » Capitol de Maguelone » (4).

Mais, à l'instar de beaucoup de villes importantes de la province, nos magistrats consulaires voulurent que Montpellier fût doté d'une Orgerie couverte, renfermée dans un édifice : *domus Ordearie* (5), à la fois marché et entrepôt placé sous le contrôle

---

(1) *Notice sur des fosses découvertes sous le pavé de plusieurs rues de la ville de Montpellier*, extraite du *Bulletin de la Société d'Agriculture du département de l'Hérault*, de mars 1825.
(2) Appendice n° VIII.
(3) C. Sainte-Croix, 1387.
(4) *Ibid.*, 1387 et 1404.
(5) Arch. mun. de Montp., série BB, reg. des délibérations du Conseil de Ville, 17 mars 1476 (1477).

municipal, *pro vendendo et distribuendo blada, avenas et alia blada atque grana que portantur per extraneos pro vendendo ad dictam villam Montispessulani* (1). A défaut des délibérations de l'époque (2), la date d'établissement de cette Orgerie peut être fixée à 1434. On voit, en effet, les Consuls de cette année se préoccuper, avant de remettre leurs fonctions, de régler le prix des immeubles acquis dans ce but et installer les gardes de l'Orgerie nouvelle.

C'est sur le sol occupé par six boutiques d'orgiers que s'éleva l'établissement municipal : deux de ces boutiques appartenaient à Hélyot Caylar père, trois à son fils, de même nom, auquel les avait léguées la veuve de Bérenger Guillem ; une à l'hôpital Saint-Julien de Tournefort, en vertu de donation de son fondateur Guillaume de Tournefort. Le montant de ces diverses acquisitions s'éleva à 235 moutons d'or, plus 4 sols 4 deniers, pour quatre piliers des boutiques Bérenger Guillem (3).

Quant à l'emplacement de cette Orgerie, il est fixé par le manifeste de Guillaume Bernard, fournier, portant : « maison ont » solie estre l'orgerie del Palays appartenant a la ville, laquelle » es estada vendude per faire l'aultre orjarie pres de Nostra » Dame de Taullas » (4). De Guillaume Bernard, la maison passe à Antoine Morut ou Morier, puis à Guillaume Eustache, maître-apothicaire, dont hérite Pierre Eustache, conseiller du roi et auditeur à la Cour des Comptes, Aides et Finances. Acquise le 12 août 1695 par Gabriel Bardy, receveur des tailles au diocèse d'Albi, elle fut vendue, le 19 décembre 1712, à Louis Maurin (5), dans la famille duquel elle se transmit jusqu'en 1788. Elle est rubriquée sous ce nom de Maurin dans le *Guide* de Flandio de La Combe ; c'était, dans l'île Eustache, la

---

(1) Arch. mun. de Montp., série BB, actes du Consulat, 31 mars 1477.
(2) Les délibérations manquent de 1477 à 1489.
(3) Arch. mun. de Montp., série BB, actes du Consulat, Jourdan, notaire, année 1431, f° 36 ; pièce extraite des registres de notaires de la Ville, du 1ᵉʳ janvier 1433 (1434).
(4) Fragments de compoix du xvıᵉ siècle, t. II, f° 97 ; C. Sainte-Croix, 1544, f° 15.
(5) C. Sainte-Croix, 1544, f° 19 ; fragments de compoix du xvıᵉ siècle, t. III, f° 46 ; Sainte-Croix, 1600, veau, f° 508 ; après 1600, basane verte, f°ˢ 545 et 550 ; 1600, f°ˢ 579 v°, 580 et 591 ; 1738, f° 587.

deuxième maison faisant façade sur le Plan du Palais, quand on venait de la rue Basse.

Quel était l'aménagement intérieur de cette Orgerie ? Des lettres de Louis XI, de l'année 1466, nous apprennent que, sur l'autorisation de son père, les Consuls avaient fait « ediffier et » bastir un grand hostel appelle l'Orgerie, situé et assis en la » paroisse de Saint-Fremin, pres de nostre Palais, au front et » advenue de la plus grant place qui soit en nostre dicte ville, » et en lieu tres propice et convenable pour l'arrivement et » repos de tous charroys et voytures, auquel hostel lesd. » supplians ont aussi fait construire et dressier plusieurs » mesures a blé tant de cuyvre comme de pierre, toutes mar- » ques et autres choses a ce appartenans et necessaires » (1).

Le personnel affecté à l'Orgerie se composait de trois gardes, dont les premiers furent : Pierre Frican, Hélyot Caylar et Jean Cavalier. Leurs attributions sont indiquées dans le serment qu'ils prêtaient: « Hieu home elegit per gardar et per mesurar » totz los blatz et los legums que seran portatz en la orjaria no- » vela », etc. Comme tous ceux des fonctionnaires municipaux, ce serment avait lieu dans la chapelle du Consulat (2). Les gages annuels furent, pour Frican et Caylar, de cinq livres, pour Cavalier de quatre (3).

La troisième Orgerie fonctionna ainsi jusque vers la fin du règne de Charles VII. A ce moment, l'évêque de Maguelone, Robert de Rouvres, était l'un des membres les plus influents du Conseil du Roi, et il tenait souvent par intérim les sceaux de la Chancellerie. Un document officiel, inspiré par nos Consuls, il est vrai, l'accuse de s'être servi de cette situation pour favoriser l'établissement d'une Orgerie rivale par quelques habitants de la rue du Pilar Saint-Gély, censitaires de l'Évêché (4). Quoi qu'il en soit, ce nouveau marché aux grains était beaucoup mieux placé pour l'approvisionnement. Il fit une concurrence sérieuse à l'Or-

---

(1) Grand Thalamus, f° 180.
(2) Arch. mun. de Montp., série BB, reg. de Jourdan, notaire du Consulat, an 1434, f° 37.
(3) *Ibid.*, année 1436, f° 30 v°.
(4) Grand Thalamus, f° 180.

gerie du Palais, et on le pourvut de marques et de mesures (1).
Alarmés des lenteurs et des incertitudes du procès qu'ils engagèrent à ce sujet, les Consuls recoururent à l'autorité souveraine; et, afin de presser la conclusion favorable de l'affaire, ils se servirent de l'influence d'un certain Jacques Bernard, portier du Dauphin, tout récemment devenu le roi Louis XI (2). Ils ne reçurent cependant qu'une satisfaction assez tardive, les lettres patentes étant datées de mai 1466. Elles confirmaient le monopole à l'Orgerie du Palais (3), ce qui ne mit pas un terme à la concurrence de celle du Pilar Saint-Gély. Le 31 mars 1477 seulement, le schisme cessa par une transaction (4), dont une des clauses secrètes fut peut-être le transfert de l'Orgerie près Notre-Dame des Tables.

Celle du Palais ne fut pourtant délaissée que peu à peu; car, en 1508 encore, les Consuls firent faire du mobilier un inventaire, sans aucun intérêt d'ailleurs (5).

Tout près de l'Orgerie, la rue dite aujourd'hui du Criminel portait le nom de Faufrach (6), que les actes du moyen âge rendent en latin par *carreria Fabe fracti* (7). Des « faufrachiers » et « faufrachicyras » y sont mentionnés. Il faut entendre par là les marchands de légumes secs: fèves, pois, haricots, etc., dont le voisinage avec les orgiers s'explique. Un motif analogue

---

(1) Le 17 février 1472 (1473), J. Besson exposait aux Consuls, pour être reçu orgier du Pila Saint-Gély, *quod affectat exercere officium seu ministerium ordearie, eo quod ipsum ministerium et officium est sibi multum propicium, et quod domus sua est sita in carreria Pilaris Sancti Egidii Montispessulani, in qua dictum ministerium plus exercetur quam alibi in dicta villa, et quia habet juxta dictam domum suam unum bonum sestairale in et cum quo bladum potest mensurari, et eo quod non vult plus hospites colligere, et jam diu est non colligit seu recipit in dicta domo sua.* (Arch. mun. de Montp., série BB, reg. des petites notes du Consulat de l'an 1472).

(2) *Scientes dictum Jacobum Bernardi habere bonam intratam apud dictum dominum Dalphinum.* (Arch. mun. de Montp., reg. des petites notes du Consulat, 4 août 1461).

(3) Grand Thalamus, f° 180.

(4) Arch. mun. de Montp., série BB, actes du Consulat de l'année 1477.

(5) Arch. mun. de Montp., fonds Joffre, t. I$^{er}$, pièce n° 151, au f° 40 du registre de l'Inventaire.

(6) C. Sainte-Croix, 1387, f° 47 v°.

(7) Arch. dép. de la Lozère, série G, reg. n° 1021, f° 7.

avait dû faire placer dans le même groupe l'industrie de la canabasserie ou vannerie ; mais je ne saurais en déterminer le siège avec certitude. *Canabasseria de Petrono*, disent les actes, qui la montrent en rivalité avec la Grande Canabasserie ou Canabasserie inférieure près la place des Cévenols (1) ; les corporations ne fusionnèrent qu'en 1409 (2). Je pense que la Canabasserie du Peyrou était la rue des Tondeurs, car une maison à Castel-Moton est dite, en 1301, située sur rue *que discurrit de Canabasseria Petroni versus Blancariam* (3). Il est évident que ce texte vise la rue actuelle du Palais, dans la portion contiguë à celle de Ratte, où l'on n'arrivait que par la rue du Palais ou par celle des Tondeurs. Or le nom ancien de la rue du Palais est connu : c'était la Draperie Sainte-Croix (4), dite selon ses vicissitudes de prospérité et de déclin : Draperie Rouge (5) et ensuite Draperie Vieille (6), quand celle de Saint-Firmin eut prévalu.

Je clôturerai la liste des industries établies dans le quartier seigneurial par les Guillems, en mentionnant les merciers et sediers de Castel-Moton, opposés à ceux de Saint-Nicolas et de l'Aiguillerie. On les trouvait encore très nombreux à cet endroit à la fin du XIIIe et au commencement du XIVe siècle (7), lorsqu'ils y furent remplacés par les Juifs.

---

(1) Arch. mun. de Montp., série BB, reg. des petites notes du Consulat, an 1365, 28 février.

(2) *Ibid.*, an 1408, 22 février.

(3) Arch. mun. de Montp., série BB, minutes de Jean Grimaut, notaire, de 1301 à 1302, f⁰⁸ 5 et 103.

(4) C. Sainte-Croix, 1387, f⁰ 46 et *passim*.

(5) *Ibid.*, 1469, f⁰ 5 ; 1480, f⁰ 10.

(6) *Ibid.*, 1525, f⁰⁸ 52 et suivants.

(7) Arch. mun. de Montp., série BB, minutes de Jean Grimaut, notaire, de 1293, 1301 et 1302, *passim*.

## VI.

Le quartier des Juifs aux différentes époques. — Sainte-Croix. — Les deux Canourgues. — Saint-Ruf. — La maison de Montmajour. — La maison de l'abbé d'Aniane. — L'Ort del Papa ou de Saint-Benoît.

Il est à peu près certain que les Juifs eurent de très bonne heure un quartier spécial à Montpellier, où leur nombre et leur importance, comme médecins ou marchands, leur assuraient une notabilité plus grande qu'ailleurs. Mais, alternativement repoussés par la société du moyen âge et tolérés par le pouvoir à cause de leurs richesses et des sacrifices qu'on attendait d'eux, ils durent, plus d'une fois, selon les circonstances, se plier aux exigences du moment, ou bien, à l'inverse, profiter des conjonctures favorables. De là certains changements que je m'efforcerai d'indiquer dans la situation et l'importance du quartier Juif.

Sa première station paraît indiquée par deux faits : la position de la synagogue primitive, et l'extension postérieure du quartier israélite dans le voisinage. Cette synagogue primitive est comprise aujourd'hui dans l'immeuble numéro 1 de la rue Barralerie. Ses vestiges, fort curieux, signalés par D'Aigrefeuille, ont été décrits avec soin par M. le D$^r$ Léon Coste, à l'ouvrage duquel je renvoie (1). Aucun doute n'est possible sur la destination de ces diverses salles et de la piscine, et la seule question à résoudre est celle de l'époque où synagogue et bains cessèrent d'être affectés à leur usage. Je suis, pour ma part, fortement porté à croire que ce fut seulement en l'année 1375, et sur les ordres du duc d'Anjou, lieutenant du roi en Languedoc. J'ai trouvé deux textes relatifs à cette synagogue : le premier, du 8 juillet 1277, est la rémission de lods accordée par Jacques de Majorque aux Juifs de Montpellier, pour une maison acquise par eux, tout joignant la synagogue. Les autres confronts sont la voie publique, le four de Guillaume Lambert et la maison de Durand Civate (2).

---

(1) D$^r$ Léon Coste, les *Transformations de Montpellier depuis la fin du* xvii$^e$ *siècle jusqu'à nos jours*, p. 117.

(2) Liber instrum. memor., f° 202 v°, partie non publiée.

Le deuxième acte, du 8 juillet 1301, est relatif à la vente d'un four, sis à Castel-Moton, confrontant la synagogue, les maisons de feu Jacques Lambert, et la rue allant de la Canabasserie du Peyrou vers le Cannau (1). Ces indications diverses, rapprochées, se rapportent avec évidence à la synagogue de la rue Barralerie. On appelait précisément carrefour de Castel-Moton celui que formait la rue actuelle du Palais, coupée par celle du Puits-des-Esquilles et par la ruelle faisant prolongement à cette dernière, à travers l'île Luquet de Flandio de La Combe ; la synagogue se trouvait, ainsi, justement au carrefour. En outre, le four de Guillaume Lambert, en 1277, me paraît bien être le même que confrontaient encore en 1293 des maisons venues aux Atbrand, par mariage avec une héritière des Lambert (2), d'où le nom de « four d'En Atbrand » que les premiers compoix donnent à une île située à droite de la rue Barralerie, en allant vers Castel-Moton, celle de Massilian ou celle de Luquet (3). Enfin, le voisinage de la maison de Durand Civate et la dénomination de Plan d'Encivade, donnée à une place voisine, constituent une troisième preuve. Le quartier de la Juiverie, avec sa synagogue et ses bains, se trouvait donc, à l'origine, entre les deux rues de la Barralerie et de la Préfecture, reliées par des tra-

---

(1) *Ego Petrus de Fanario, draperius Montispessulani,... vendo ... tibi Ricarde, filie Bernardi Fabri de Cajarlo, uxori magistri Guillelmi Gauberti, alias cognominati de Bicterris, magistri in medicina,... videlicet medietatem pro indiviso cujusdam furni cum lenherio et domibus et aliis quibuscumque juribus.... qui quidem furnus est mihi et Guillelme, filie mee, uxoris quondam Guiraudi de Ruthena, pro indiviso communis, qui est in Montepessulano in loco vocato Castrum Mutonis, et confrontatur cum synagoga judeorum Montispessulani, et cum hospiciis quondam Jacobi Lamberti, et cum hospicio liberorum quondam magistri B. En Garra, phisici, et cum hospicio domini Petri de Petrusia, legum doctoris, et liberorum quondam Stephani Buxi, canabasserii, carreria in medio qua itur a Canabasseria versus Campum Novum.* (Arch. mun. de Montp., série BB, minutes de Jean Grimaut, notaire, de 1301 à 1302, f° 20).

(2) Arch. mun. de Montp., série BB, minutes de Jean Grimaut, notaire, de 1293, f° 3 v°.

(3) Le renouvellement des propriétaires entre 1480 et 1525, la similitude de position des deux Iles par rapport à la rue dite Sabaterie-Neuve ou Barralerie et à la rue allant à la Cour du Bayle, m'empêchent d'affirmer avec toute certitude ; mais je crois qu'il s'agit de l'Ile de Massilian, d'ailleurs peu éloignée de la synagogue.

verses, et coupées par des ruelles où les habitations se serraient pour entasser une population mise à part.

Mais, grâce à la tolérance de la maison de Majorque, les Juifs commencèrent à s'étendre vers le nord, et précisément dans un lieu qui, relevant de la directe des seigneurs de Montpellier, était par leur faveur d'un plus facile accès pour eux. Dès avant 1277, nous avons vu Jacques de Majorque confirmer à la Communauté la possession d'une maison contiguë à la synagogue et destinée à devenir un asile charitable pour les Israélites célébrant la Pâque (1). En 1293, 1301, 1302 des achats répétés d'immeubles montrent les propriétaires juifs remplaçant successivement les merciers de Castel-Moton. Les rues actuelles de Ratte, Castel-Moton, du Figuier, Vieille-Intendance, de la Blanquerie sont visées dans ces divers actes d'achat (2). Les Juifs s'étendent ainsi même au delà du quartier de Castel-Moton, et occupent le point culminant qui, plus au nord, porte les noms de *Podium Peccatoris*, vulgairement Puech Peccador, peut-être à cause de la population qu'il reçoit alors, et de *Milgranerium*, par allusion à quelque culture ou entrepôt (3).

On voit donc qu'il n'y a pas d'exagération dans les termes de l'ordonnance de Louis, duc d'Anjou, déclarant en 1365 que les Juifs occupent, à l'intérieur de la ville et près du carrefour de Castel-Moton, une rue, une place et un quartier vastes et des plus salubres, dont ils se sont procuré la possession par leurs richesses et le pouvoir de certains d'entre eux. Pressé par les instances des Consuls, et dans le but de faire place aux habitants

---

(1) *Et specialiter ad statuendam eam in causa sive facto elemosine.* ( Liber instrum. memor., f° 202 v°, partie non publiée).

(2) Arch. mun. de Montp., série BB, minutes de Jean Grimaut, notaire, *passim*, et spécialement reg. de 1301 à 1302, f°⁵ 5, 20, 65 v°, 97 et 103.

(3) *Ego Egidius de Tholosa, mercerius Montispessulani, et ego Maria, ejus uxor, filia quondam Johannis Aymerici, mercerii,... vendimus... tibi Jusseph de Narbona, judeo... totam unam tenenciam domorum cum solo solariisque... sitam in Montepessulano, in loco vocato Podium Peccatoris, et confrontatur cum domo Mayrone d'En Salvac, judeo, et cum domo Salomonis de Lunello, alias cognominati de Montepessulano, judei, carreria publica in medio qua itur versus carreriam Abbatis Aniane, et retro cum carreria publica tendente a carreria podiate Blancarie recte versus locum vocatum Milgranerium sive Podium Peccador.* (Arch.mun. de Montp.; série BB, minutes de Jean Grimaut, notaire, de 1301 à 1302, f° 65 v°).

que chassaient des faubourgs les dangers du temps, le lieutenant du Roi en Languedoc prescrivit de reléguer la population juive dans la rue de la Vacarié, près du portail de la Saunerie, et de livrer son propre quartier aux chrétiens (1). Mais il ne paraît pas que cet ordre ait été rigoureusement suivi, car je n'ai trouvé aucune trace du séjour des Juifs à la rue de la Vacarié ou Triperie. Comme, au contraire, j'en relève plusieurs dans l'île Jean Posaran, aujourd'hui englobée dans celle de Rozel, je suis très porté à croire qu'on se contenta de les refouler à cette extrémité du quartier qu'ils avaient envahi, et où je marque ainsi leur troisième station.

Qu'il y ait eu, à ce moment, transfert de la synagogue et des écoles, c'est ce dont témoigne un document de 1387. Il s'agit de la licence donnée à cet effet par l'évêque de Maguelone, Pierre de Vernobs, après d'assez longs démêlés devant le Parlement de Paris. L'exposé apprend que les Juifs, ayant construit une nouvelle synagogue, l'avaient ornée avec soin et magnificence, et spécialement au moyen d'un grand nombre de lampes. L'Évêque y vit une atteinte au culte catholique et engagea le procès que termina la transaction du 13 mai 1387. La synagogue avait déjà été réduite à des proportions plus modestes par les ordres de Jean de Bétizac, commissaire royal ; le prélat, se tenant pour satisfait sur ce point, se contenta de 400 francs d'or comme indemnité de procédure, et promit de laisser toute liberté au culte mosaïque (2).

Où se trouvait exactement cette seconde synagogue ? Je ne pourrais le dire ; mais l'identification qu'en fait l'acte avec les écoles israélites permet de la placer dans l'île Jean Posaran, plus tard dite de l'Abbé d'Aniane, à la partie délimitée par les rues Vieille-Intendance, de la Blanquerie, impasse de Ratte et ruelle

---

(1) *Pretextu Judeorum, qui quemdam locum, carreriam et statgiam dicte ville latam, longam, et quamplurimum spaciosam et saniorem dicte ville infra dictam clausuram murorum prope quadrivium de Castel Moto ex sua ubertate pecunie et aliquorum potencia in grande prejudicium habitatorum dicte ville jam diu est occuparunt et dictam carreriam et locum detinent occupatum.* ( Arch. mun. de Montp., grand chartrier, arm. E, cass. VII, liasse 33, pièce n° 5, lettres du 18 juin 1365).

(2) Appendice n° IX.

partiellement inféodée. Le manifeste de Pierre Peinier, canabassier, le montre propriétaire de « una escola del juzieus » dans cette île (1), et cette école est placée « en la juzataria » par un autre compoix (2). D'ailleurs, cette Juiverie est mentionnée toujours dans l'île Posaran et nulle autre part. Il y a plus : elle devait se composer d'un groupe de maisons desservies par une entrée commune, une cour avec ruelles peut-être, car la maison de P. Canadolh en 1404, « es en l'intrada de la juzataria » (3), tandis que le plan d'En Crescas (4), petite place formée entre les îles Puits des Esquilles et Rozel, aujourd'hui devant l'immeuble n° 9 de la rue Vieille-Intendance, est dit « en la carrieyra que estavon los juzieus » (5). Il semble donc que l'élément israélite ait été refoulé, parqué, contenu dans cet espace étroit et triste, à la suite des réclamations adressées au duc d'Anjou et des ordres de celui-ci. En outre, les Juifs n'apparaissent plus que comme simples locataires des immeubles habités par eux.

A considérer l'avantage que peut donner une position des plus centrales, il semble que les Juifs aient dû avoir alors un moment de crédit, puisqu'ils s'établirent, au XVe siècle, au cœur même de la ville, dans la ruelle à demi couverte qui conduisait à la maison de Ranchin. On y accédait par un porche à porte ogivale, dont j'ai eu occasion de parler à propos du primitif Hôtel-de-Ville, qui y possédait issue. Entre cette ruelle et l'impasse dite Fonsdigou existait une maison de Pierre Pelavena, contiguë à l'ancien Consulat, et qui portait spécialement le nom de Juzetarie (6). Elle se fondit dans le grand immeuble

---

(1) C. Saint-Firmin, 1401, f° 48 v°.

(2) « P. Haratie ren son manifest. Primo 1 ostal en la juzataria, confronta am Jacme Salas et am l'escola dels juzieus ». (C. Sainte-Croix, 1435, f° 34 v°). — « Sen Jacme Salas. 1 ostal el dig seten, en lisla d'En Johan Posara, fa ij. al Rey es en la juvataria ». (C. Sainte-Croix, 1404, f° 17 v°).

(3) C. Sainte-Croix, 1401, f° 19 v°.

(4) Ce nom lui venait de Crescas d'En Mascip, acquéreur, en 1301, d'une maison confrontant celle de Bon Mascip de Narbonne. (Arch. mun. de Montp., série BB, minutes de Jean Grimaut, nota ire, de 1301 à 1302, f° 5).

(5) C. Sainte-Croix, 1401, f° 19 v°. — En 1506, je trouve : *domus sita in carreria recta Blanquerie... confrontatur cum dicta carreria Blanquerie et cum carreria Judayca.* (Arch. mun. de Montp., série BB, minutes de Jean Fulcrand, notaire, de l'an 1506, f° 96 v°).

(6) Voir p. 59 et 71.

de M. de Mariotte, du côté de la Grande-Loge, et en forma l'arrière-partie. Le morcellement excesssif des maisons en ce lieu, la multiplicité des impasses et cours favorisèrent le séjour d'une population, accoutumée à s'entasser pêle-mêle avec les objets de son trafic. Quant à celui-ci, il semble être resté le même qu'ailleurs et qu'en d'autres temps, car il est parlé d'une « pelharie » dans la traverse de la Juiverie, près du Vieux Consulat (1).

L'arrivée des Juifs espagnols, qui, chassés par Ferdinand le Catholique, s'établirent si nombreux dans notre ville sous le nom de *Marans*, put assez bien familiariser nos concitoyens avec un culte et des coutumes jusqu'alors abhorrés, pour que, graduellement, on ait cessé de tenir à l'écart ceux qui les pratiquaient ; et, si les Israélites de nos jours ne prennent pas volontiers droit de cité par l'acquisition de biens-fonds, c'est à leurs préférences et non plus à la rigueur des lois qu'il faut imputer ce fait assez digne de remarque.

Je reviens à Castel-Moton. Lorsque les Juifs délaissèrent la majeure partie du quartier pour se voir refouler dans l'île Jean Posaran, ils furent remplacés par une industrie qui exigeait des locaux vastes et aérés. Le compoix de 1404 ne mentionne pas moins de six ou sept teinturiers dans les îles réunies Saint-Michel et Puits des Esquilles et dans celle de Luquet de Flandio de La Combe. L'un d'eux, Firmin Trial, est dit avoir acquis sa maison de « Jean Davit en la juzetarya » (2). Cet établissement d'une seconde teinturerie en ce lieu fit appeler celle du Palais ancienne, comme je l'ai dit (3).

Le quartier Sainte-Croix recevait son nom de l'église construite par Guillem VI et dont l'emplacement est connu. Cette église s'ouvrait au midi sur la place de même nom, qui prit, à sa ruine, le nom de Plan de la Canourgue. Car, j'ai eu occasion de l'établir dans une autre partie de mon travail (4), il existait deux Canourgues près de Sainte-Croix. A l'entrée du square

---

(1) C. Saint-Firmin, 1435, f° 15.
(2) C. Sainte-Croix, 1404, f° 20 r° et v°.
(3) Voir p. 113.
(4) Voir p. 15.

actuel était une île, appartenant en majeure partie au Chapitre de Maguelone. Les immeubles qu'il y possédait, avaient servi d'abord d'entrepôts à grains, qui rapportaient sans doute d'excellents revenus. Mais, avec l'abandon de l'Orgerie du Palais, ceux-ci durent disparaître. Les locaux reçurent le nom de Grande Canourgue (1), parce qu'elle appartenait au Chapitre, par opposition avec la Petite Canourgue, propriété du prieuré Saint-Firmin (2). La Grande Canourgue était donc en face de l'église Sainte-Croix (3). Entre les deux s'étendait le plan dit de Sainte-Croix, où l'encombrement devait être pas mal grand. En effet, les sabatiers étaient autorisés, les jours de marché et veilles de fêtes, à y tenir des établis d'un mètre sur deux, espacés d'un mètre seulement, pour y vendre leurs souliers. Il est vrai que la circulation, des deux côtés de la place, qui formaient rues, devait être respectée (4). Mais les barraliers ou tonneliers ne réussissaient-ils point à accaparer, eux aussi, ce lieu pour y tenir les « botas, vaycels et cercles », qu'ils étaient autorisés à y exposer (5) ? Les abords de l'église étaient donc assez obstrués.

Ancienne résidence de Guillem VI (6), la Petite Canourgue était près du chevet de Sainte-Croix. Elle comprenait à l'origine un verger (7) et deux maisons : la Canourgue ou presbytère, et le tinal du bénéfice. La première fut inféodée, le 15 juillet 1645, à Étienne de Boulhac, conseiller auditeur en la Cour des Comptes, Aides et Finances ; la seconde, le 2 octobre 1643, à son frère de mêmes nom et prénom, archidiacre de Valence et membre du Chapitre cathédral, sous condition de réserver l'usage perpétuel de la cave, des cuves et du tinal aux fermiers du bénéfice de Montpellier. Mais leur héritier commun, Charles de Boulhac, ayant fait des deux maisons un seul et grand bâtiment, obtint le transfert du tinal dans la maison d'Isaac Coste, acquise par

---

(1) C. Sainte-Croix, 1469, f° 4.
(2) Ibid., 1525, f° 99.
(3) Ibid., 1469, f° 4.
(4) Arch. mun. de Montp., série BB, actes du Consulat de 1466, 2 juin.
(5) Ibid., 5 septembre 1427.
(6) Voir p. 15.
(7) C. Sainte-Croix, 1480, f° 56.

son gendre Georges Belleval (1). Cette maison était située à l'extrémité opposée du Plan Sainte-Croix, dans l'île Pierre Talon, qui prit le nom de Tinal du bénéfice de la Canourgue, et à l'angle de cette île (2). Quant aux immeubles inféodés aux de Boulhac, on voit déjà comment ils passèrent aux Belleval, par mariage ; agrandis ensuite de derrière par l'apport dotal d'Élisabeth de Fressieux au président Joseph-Philibert de Belleval (3), ils sont devenus la Mairie d'aujourd'hui. Les maisons possédées par Élisabeth de Fressieux formaient anciennement la Vestiarié, ainsi dite parce qu'elle appartenait au Vestiaire du Chapitre. Elle avait un puits (4) et avait fait partie, elle aussi, du manoir de Guillem VI.

On donnait enfin le nom de descente Sainte-Croix à celle qui longeait le plan et l'église du côté de l'ouest (5), et de descente Saint-Germain à celle qui côtoyait la Canourgue Saint-Firmin (6), parce qu'elle conduisait directement au monastère fondé par le pape Urbain V au XIVe siècle.

Qu'on me permette de renvoyer à la monographie détaillée que j'ai consacrée à cet établissement (7). La pensée première du Pontife avait été, en donnant à son œuvre de vastes proportions, d'en faire une *université* complète, non pas seulement au sens communément accepté du mot, c'est-à-dire une réunion de toutes les branches d'enseignement : médecine, droit, arts et théologie, mais dans sa réelle signification de centre provincial d'études (8). A cet effet, divers monastères de l'Ordre bénédictin eussent été admis à lui fournir chacun son contingent proportionnel (9). Mais, avec le temps ou plutôt avec les exigences, les intentions et les desseins du Pape se précisèrent : le

---

(1) Arch. dép. de l'Hérault, série G, fonds du Chap. cathédral de Montp., registre d'Antoine Fages de 1669 à 1682, f° 855 v°.
(2) Compoix, plans, *Guide* de Flaudio de La Combe.
(3) C. Saint-Firmin, 1738, f° 154.
(4) C. Sainte-Croix, 1104, f° 26 v° ; Saint-Matthieu, 1511, f° 369 v°.
(5 et 6) C. Sainte-Croix, *passim*.
(7) L. Guiraud, *les Fondations du Pape Urbain V à Montpellier*, t. II : *le Collège Saint-Benoît*, et t. III : *le Monastère Saint-Benoît*.
(8) *Ibid.*, t. II, p. v.
(9) *Ibid.*, t. II, pp. 14 et 183.

Collège des Douze Médecins fut créé (1), et celui de Saint-Benoît se réduisit à seize étudiants, au profit du monastère Saint-Victor de Marseille et du Gévaudan, patrie des Grimoard (2). Pourtant une curieuse lettre du Pape montre qu'augmenter le nombre des collégiés restait l'objet de ses vœux (3). Du moins fit-il participer à ses bienfaits des établissements analogues, et sur lesquels je m'arrêterai.

Un passage des Statuts du Collège Saint-Ruf, créé par le cardinal Anglic Grimoard, frère d'Urbain V, me paraît bien curieux : c'est celui où le fondateur, associant au sien le nom du Pontife dans les prières qu'il réclame des membres du Collège, en donne ainsi les motifs : *cum prefatus dominus noster papa fundamentaliter eis fecerit ipsum locum, et nos majorem partem nostre substancie exposuerimus pro eisdem* (4). La part des deux frères semble ainsi parfaitement indiquée, et la longue liste des acquisitions d'Urbain V, comprenant des immeubles jusque près le four de Coste-Frège et sous la maison de l'Abbé d'Aniane (5), dépasse, en effet, les limites qu'il donna au monastère Saint-Benoît. Évidemment autorisé par cette remarque et le texte que j'ai rapporté, on peut dire qu'Urbain V a fourni à son frère le sol de sa fondation ; peut-être même cet *hospicium Papæ*, que je plaçais jadis au moins à la place actuelle Saint Pierre, fut-il un peu plus haut, et devint-il le noyau des constructions non de Saint-Benoît, mais de Saint-Ruf. Cette hypothèse paraît appuyée par une mention du compoix Sainte-Croix de 1387 : « ysla » dels ostals novs de Sant Ruf », supposant ainsi un bâtiment primitif.

A ce motif de la proximité des deux collèges Saint-Benoît et Saint-Ruf, pouvait s'en joindre un autre. Il est acquis que l'enseignement donné dans le premier profitait aux étudiants

---

(1) L. Guiraud, *les Fondations du Pape Urbain V à Montpellier*, t. I<sup>er</sup> : le Collège des Douze Médecins.
(2) *Ibid.*, t. II, pp. 34 et 210.
(3) *Ibid.*, t. II, pp. 40 et 213.
(4) *Cartulaire de l'Université de Montpellier*, p. 500.
(5) L. Guiraud, *les Fondations du Pape Urbain V à Montpellier*, t. III, pp. 21 et suivantes.

étrangers à la maison (1), et de l'absence complète, dans les Statuts de Saint-Ruf, de règlements relatifs aux lectures ou leçons publiques, on peut inférer que ses collégiés suivirent les cours de Saint-Benoît, au moins au commencement.

Parmi les monastères de l'Ordre bénédictin que le projet primitif du Pape appelait à fournir un contingent à son Collège de Montpellier, celui de Montmajour figurait pour six étudiants (2). Lorsque Urbain V réserva cette faculté à la seule abbaye Saint-Victor de Marseille, l'abbé de Montmajour se pourvut d'un local dans les environs, véritable collège (3), où les jeunes moines trouvèrent le logement et la nourriture, avec la facilité de suivre les cours du *Studium generale*, et principalement ceux du Collège papal. Le 27 mars 1369, Pons de l'Orme, abbé de Montmajour, acquit en son nom privé et par l'organe de Savaric Chrétien, qui, moine de Montmajour, était professeur à Saint-Benoît, n'oublions pas ce point (4), une maison située à la rue des Corratiers, lieu dit la petite aire d'André de Ros. Le but de cette acquisition est ainsi indiqué : *ut monachorum suorum mentes dotibus tam eximiis (doctrinæ) exornarentur, ad eorum studia destinavit ædes;* etc. (5).

Si le texte que je viens d'employer ne fournit pas le nom du propriétaire précédent de l'immeuble, j'ai pu le trouver ailleurs : « 1 ostal gran nou que es dels morgues del abat de Montmajor, » que fonc d'En Anric Sseguin », dit le compoix de 1387, qui nomme encore « la isla del gran ostal de sen Anric Seguy » (6). L'exact emplacement de la maison de Montmajour est indiqué par l'ensemble des textes qui s'y rapportent. Elle était près du Palais, près aussi du Portail Neuf du Peyrou, dit plus tard

---

(1) L. Guiraud, *les Fondations du Pape Urbain V à Montpellier*, t. II, pp. 53 et 238.

(2) *Ibid.*, t. II, pp. 14 et 183.

(3) Les collèges, en effet, n'étaient autre chose, dans les anciennes Universités, que des maisons affectées, par une fondation pieuse, au logement et à l'entretien des écoliers pauvres.

(4) L. Guiraud, *les Fondations du Pape Urbain V à Montpellier*, t. II, pp. 32, 37 et 38.

(5) *Ibid.*, t. III, p. 256 : citation de Chantelou, Histoire manuscrite de Montmajour.

(6) C. Sainte-Croix, 1387, f$^{os}$ 126 et 72.

de Saint-Jaume, qui menait de la rue J.-J. Rousseau actuelle au faubourg Saint-Jaume (1) : or, il n'y a que l'île Blaud de Flandio de La Combe qui se trouve dans cette double condition, et c'est elle justement que désigne la concordance comme étant l'île de Montmajour. Par là se trouvent justifiées deux indications données par Chantelou : 1° lieu dit l'*airilla Andreæ de Ros*. En 1404 « sen Andrieu de Ras, monedia », possède « 1° ysla d'ostals costa lo portal Nou » (2); en 1480, « Anthoni Ros de la Val de Montferran » est dit confronter Montmajour (3); enfin, en 1544, Arnaud Ros de la Val garde encore une maison près du susdit portail (4); — 2° *ad vicum (carreriam vocant) Corresatorum*. La rue qui porte de nos jours le nom de Puits du Palais a été partiellement inféodée, et reliait évidemment à l'origine le Plan du Palais d'alors et celui de la Pelharié, concédé en 1168 aux marchands de cuir en détail (5). Mais, dans cette île même, un acte de 1455 fixe l'emplacement d'une manière plus étroite, en donnant pour confronts à Montmajour une maison en contre-bas et une dans la partie supérieure (6). Il s'agit donc de l'avant-dernier immeuble de la rue Puits du Palais, qui était au XVIII° siècle le logis de la *Souche* (7). C'est à ses salles spacieuses qu'il dut cette destination vulgaire; mais il en est une autre, plus intéressante, que je signalerai. Avec la décadence des études et l'affaiblissement de la discipline, le Collège Saint-Benoît ne pouvait plus offrir de ressources aux pensionnaires de Montmajour. Qu'ils aient alors déserté la

---

(1) ...*Quandam domum dicti conventus sic nuncupata Montmajor, situatam infra villam Montispessulani prope palatium Regis Montispessulani et portale Novum ejusdem villæ Montispessulani, confrontatur a parte ante cum carreria qua itur a dicto palatio ad dictum portale Novum, et cum hospicio et viridario domini Yzarni Bratirii, presbyteri, prioris Sancti Jacobi ab uno latere et ab alio latere, a parte superiori, cum honore sive hospicio Guillemete de Gordiis* ». (Arch. mun. de Montp., série BB, actes du Consulat, année 1455, 10 octobre).

(2) C. Sainte-Croix, 1404, f° 7 v°.
(3) *Ibid.*, 1480, f° 165 v°.
(4) *Ibid.*, 1544, f° 53.
(5) Voir p. 113, note 8.
(6) Voir note 1 ci-dessus.
(7) *Guide* de Flandio de La Combe et plan d'alignement conservé aux Archives municipales.

maison de Montpellier, c'est ce dont témoigne la location consentie le 10 octobre 1455 par l'économe, en faveur de la Ville, afin qu'elle y plaçât ses écoles de grammaire (1), l'École-Mage n'étant point encore acquise.

La même année (1369) où se créait la maison de Montmajour, l'abbé de Psalmody achetait, par l'intermédiaire de Gaucelin de Deaux, évêque de Maguelone, et préposé par Urbain V à ses fondations, un immeuble tout voisin du Collège, au lieu dit « Sestairal d'En Campmal » (2), c'est-à-dire entre le mur de ville et la rue des Carmes. Comme l'abbé de Psalmody avait auparavant une maison en ville, près la porte de Montpelliéret (3), il paraît bien, eu égard à la date et au lieu, que celle qui se trouvait près du monastère Saint-Benoît reçut les étudiants envoyés pour en suivre les cours.

A première vue, on pourrait en penser autant de la maison de l'Abbé d'Aniane, située à la descente dite de Saint-Germain, au lieu occupé naguère par la Faculté des Sciences. Il n'en est rien cependant, la maison de l'Abbé d'Aniane étant nommée dès 1302, bien avant la fondation de Saint-Benoît (4).

Je n'abandonnerai pas enfin les environs, sans mentionner un jardin qui ne laisse pas d'offrir quelque intérêt. Lorsque la sûreté de la ville eut exigé la démolition de l'église et d'une partie du couvent des Carmes, au lieu où se trouve aujourd'hui l'Hôpital-Général, ils résolurent de s'établir dans l'enceinte urbaine. L'endroit qu'ils choisirent, à cause de son peu de valeur et de son recueillement, était près de la porte du Legassieu, à l'extrémité de la rue actuelle des Carmes. Il y existait alors des maisons, des vergers et un colombier appartenant à Étienne Roger et sa femme Clémence. En 1360, Jean Trial, mercier, les acquit pour le compte des religieux, auxquels il les rétrocéda au mois de juin de l'année suivante. Les locaux furent aménagés et bénits le 2 janvier 1362 ; les Carmes paraissent s'y être installés, puis-

---

(1) Arch. mun. de Montp., série BB, actes du Consulat, année 1455, 10 octobre.
(2) Arch. dép. du Gard, série H, n° 120.
(3) Arch. mun. de Montp., série BB, minutes de Jean Grimaut, notaire, de 1293, f° 60 v°.
(4) Voir p. 122, note 3.

qu'ils y renommèrent prieur Jean Maurel. Mais ils avaient compté sans l'évêque de Maguelone, Déodat, sans le prieur de Saint-Firmin, Pons de Garde, et sans les Consuls. Le premier les accusa d'avoir méconnu son autorité, en profitant de son absence pour faire bénir, par un évêque de passage, leur chapelle et leurs bâtiments ; le second allégua l'énorme préjudice que recevrait son église ; les derniers enfin représentèrent quelles réclamations ne manqueraient pas d'élever les autres ordres religieux, maintenus intentionnellement hors des murs. Les Carmes ne pouvaient que succomber : le cardinal Jean de Saint-Marc, devant qui la cause fut portée, leur interdit d'user du nouvel enclos (1). Ils restaient donc avec leur ancien établissement ruiné, une acquisition onéreuse devenue inutile et nombre de rancunes amassées contre eux. En de si tristes conjonctures, une aide puissante leur vint du généreux Pontife. Il semblait la leur devoir d'autant plus, que lui-même se proposait de créer son monastère-collège dans l'enceinte urbaine, et précisément au quartier choisi par les Carmes ; mais il était pape, et pour Montpellier un véritable bienfaiteur. Il parla et agit en même temps. D'un côté, il exhorta vivement les Consuls à coopérer à la réédification du couvent des Carmes et ainsi à la restauration des études (2); de l'autre, il se chargea de l'enclos près de la porte du Legassieu. Il le paya 90 florins d'or (3), pour procurer à ses religieux le bienfait d'un lieu ombragé et vaste (4). C'était un grand verger ou jardin avec trois maisons aux angles (5) ; on le désignait sous le nom de « gran ort del Papa, ort de San Benezeg » (6).

Il n'était pas contigu au monastère, mais s'en trouvait rapproché : *Locus circumadjacens*, dit Urbain V lui-même (7) ; derrière le four du Legateur, ajoute un document (8) ; enfin les Carmes, à l'époque de leur achat, lui donnent pour confronts :

(1) Arch. mun. de Montp., grand chartrier, arm. F, cass. VII, pièce n° 67.
(2) *Cartulaire de l'Université de Montpellier*, p. 473.
(3) L. Guiraud, *les Fondations du Pape Urbain V à Montpellier*, t. III, p. 223.
(4) *Ibid.*, t. II, p. 214.
(5) *Ibid.*, t. III, p. 223.
(6) C. Sainte-Croix, 1387 et 1401.
(7) L. Guiraud, *les Fondations du Pape Urbain V à Montpellier*, t. II, p. 214.
(8) *Ibid.*, t. III, p. 223.

verger de Guillaume Audibert, rue le séparant de Raymond Quintin, traverse le séparant du four del Legadour, rue le séparant du Moulin d'huile (1). Or, l'île de Raymond Quintin, en 1387, est celle de Burgues, dont une impasse de ce nom fixe la place, dans l'île du Legassieu de Flandio de La Combe, où elle se fondit, à la partie avoisinant les rues des Carmes et Joachim Colbert ; le four du Legassieu, dit plus tard des Carmes, comme cet établissement sur lequel je reviendrai, se trouvait dans la partie de l'île Legassieu donnant sur la rue de la Providence ; enfin l'île Moulin d'Huile n'est autre que celle de la Visitation Sainte-Marie. Il faut donc que le jardin du Pape fût au lieu même où s'élève aujourd'hui le couvent des Dames Ursulines ; mais je ne saurais en déterminer l'étendue.

## VII.

La Boucherie et les industries similaires. — Quartier médical du Cannau. — Rue de la Verrerie. — Le Four qui passe. — Le Collège Du Vergier. — Le Pilar Saint-Gély. — Le Petit-Scel. — La Rectorie. — Le douxième Hôtel de la Monnaie et son annexe : la Vieille-Monnaie.

Lorsqu'on jette les yeux sur le plan de la ville, côté nord, il y a lieu d'être frappé de la régularité qu'il offre, soit dans le tracé du mur d'enceinte, soit dans celui des rues et des îles. Comme au quartier de la Valfère, on dirait que des enclos primitifs, méthodiquement divisés, ont commandé la multiplicité des îles et le parallélisme des rues. En outre, cette partie semble avoir gardé quelques souvenirs du temps où, n'étant point comprise dans l'enceinte, elle appartenait aux champs. Elle nous offrira, en 1267 encore, près de la porte du Legassieu, plus tard dite des Carmes, une rue du Mûrier (2); le plan de l'Om (ormeau) la domine (3); celui de l'Olivier, ou plutôt des

---

(1) Arch. mun. de Montp., grand chartrier, arm. F, cass. VII, pièce n° 67.
(2) *Ibid.*, arm. A, cass. VI, pièce n° 5.
(3) C. Saint-Firmin et Sainte-Croix, *passim*.

Oliviers (1), s'y trouve aussi. Et cependant la population n'est pas, ne saurait être agricole sur le flanc septentrional de la montagne qui a donné lieu au nom de Coste-Frège; elle est adonnée à des industries peu intéressantes d'ailleurs, quoique de première utilité.

Si l'on fait abstraction des quartiers de Saint-Benoît et du Pilar Saint-Gély, situés aux extrémités du parallélogramme, la rue de la Blanquerie le partage à peu près également. Rien n'est plus connu que l'industrie qui s'y était fixée; mais il faut la replacer dans son cadre naturel, en parlant d'abord de la Boucherie. Celle-ci était constituée au moyen âge par la rue dite aujourd'hui de la Providence et par les ruelles aboutissantes. On y mentionne des « escorgador de mazel » (2). Elle différait en ceci de la Vacarié, entre les portes de la Saunerie et Saint-Guillem, qui servait plutôt à la conservation du bétail. Pour les distinguer, d'ailleurs, on dit de celle que j'étudie : « la » bocarié davant lo chandelié » (3).

L'établissement visé sous ce dernier nom, était mieux connu sous ceux de Legassieu, Legadour, que les notaires de l'époque défigurent plus qu'ils n'expliquent par les mots *Legua cepi*, *Legatorium* ou *Lecatorium*. Évidemment les deux idées d'*eau* et de *suif* s'y cachaient. Et, de fait, c'était là qu'on fondait les graisses et suifs, et qu'on fabriquait les chandelles. La position du Legassieu est indiquée par le nom de l'île qui le renfermait, et plus étroitement par un plan du xvii° siècle, qui l'appelle : « la Gressière sive Legatieu du Roy » (4). La rue Arc des Mourgues aboutit à l'endroit où il se trouvait. Le four et la porte de ville qu'il avoisinait avaient pris son nom, mais le perdirent d'assez bonne heure (5).

Si *blanquier*, au moyen âge, était synonyme de *corroyeur*, le terme de *corratier* ou *cuiratier* désignait spécialement le mar-

---

(1) C. Saint-Matthieu, 1477, f° 109. — Le 30 mai 1343, je trouve *planus Oliveriorum*, orthographe qui donne un autre sens. (Arch. dép. de l'Hérault, série G, notaires : Périer, Lafon, Holanie, reg. 29, f° 29).
(2) C. Sainte-Croix, 1480, f° 172.
(3) *Ibid.*, 1387, f° 56 v°.
(4) Arch. dép. de l'Hérault, série H, fonds de la Visitation.
(5) Pour prendre celui des Carmes, ces religieux en étant voisins.

chand de cuir au détail. Il était tout naturel que le même quartier rassemblât des industries ainsi apparentées. La Corraterie, en effet, était transversale par rapport à la Boucherie et à la Blanquerie (1). Mais des voies diverses se trouvant dans ces conditions celle qui porte aujourd'hui le nom de rue du Four Saint-Eloi est celle qui représente l'ancienne Corraterie (2). Je dis ancienne à double titre, car dès 1480, cette rue de la Corraterie était dite Vieille-Corraterie, Corraterie de Saint-Germain (3). L'industrie avait été transportée à la rue actuelle Chapelle-Neuve (4), où deux vestiges en subsistent : un puits fort ancien, dit « lo pos de la Corratarié » (5), que renferme l'immeuble n° 28 de la rue des Ecoles Laïques, et le nom resté à une impasse voisine. Je ferai remarquer que cette industrie des cuiratiers avait eu pas mal de vicissitudes ; car nous l'avons rencontrée d'abord près du Château (6), et le compoix Saint-Matthieu mentionne aussi une rue « dels petits condrezayres » vers l'île Savy (7), enfin je signalerai une grande et une petite « Correjarié » à l'Aiguillerie. Comme l'industrie de la corraterie, le moulin d'huile qui se trouvait dans l'île actuelle de la Visitation (8), fut transféré dans celle qui renferme la Maison centrale de détention (9). Il répondait aux exigences d'une population laborieuse et peu fortunée, qui n'a guère changé dans ces quartiers.

Quelques établissements, pourtant, vinrent, avec le temps, s'y implanter ; je les signale. Je ne parlerai pas du couvent de Sainte-Catherine, transféré au xiv° siècle dans et près l'ancienne église de ce nom (10). L'École-Mage, acquise en 1462, par la Ville, pour y placer les écoles de grammaire (11), qui manquaient de

(1) C. Saint-Firmin, 1480, passim.
(2) Comme en témoigne l'inféodation faite en 1656 de l'amorce de cette rue dans l'île Saint-Charles de Flandio de La Combe (Trésoriers de France, 1656, f° 75 v°.
(3) C. Sainte-Croix, 1480, passim.
(4 et 5) C. Saint-Matthieu, 1477, passim.
(6) Voir p. 113, note 8 et p. 130.
(7) C. Saint-Matthieu, 1404, f° 57 ; 1446, f° 79 v°, 166 et 167 v°.
(8) C. Sainte-Croix, 1401, f° 90 ; 1600, veau, f° 54.
(9) C. Saint-Matthieu, passim.
(10) L. Guiraud, la Paroisse Saint-Denis de Montpellier, p. 61.
(11) Grand Thalamus, f° 165 v°.

locaux (1) et de professeurs (2), est connue aussi. Mais je m'arrêterai aux Étuves, placées au haut de la Blanquerie.

Elles étaient là depuis l'abandon de celles de la Tour de la Babote au commencement du xive siècle et n'y restèrent qu'assez peu, pour revenir au même lieu (3). Leur emplacement est fixé par la succession des propriétaires de l'immeuble. Bien qu'en 1478 il n'y eût plus qu'un jardin, elles étaient encore à l'entrepreneur des bains (4), peut-être pour empêcher toute concurrence. Pierre Bonnier, fournier, qui les eut ensuite, dut y faire construire une petite maison, mentionnée à son rôle d'impositions (5). Passé le 7 novembre 1528 au nom de Jean Trouchard, un voisin immédiat, l'immeuble fut vendu, le 9 juin 1543, à l'abbé de Franquevaux (6), Pons de Ranc, qui possédait une maison tout près, à la rue Blanquerie (7). Il vint aux mains du notaire Pierre Fesquet (8), lequel l'agrandit (9). Enfin Antoine du Robin le vendit à Daudessan, qui le joignit à sa belle maison (10), aujourd'hui n° 9 de la rue Vieille-Intendance. Ainsi s'opéra la fusion de deux îles jusqu'alors séparées par une ruelle, dont l'impasse du Ratte forme l'amorce ; mais, de nos jours, le percement de la rue d'Aigrefeuille a de nouveau détaché une portion de l'ancienne île des Bains, laquelle a, très impro-

---

(1) Arch. mun. de Montp., série BB, actes du Consulat, 29 octobre 1434.

(2) Le 9 août 1463, les Consuls donnaient pour six années la direction de l'École-Mage à un certain Matthieu Fils, *qui, ut dixerunt, scolas et artes in presenti villa intendit relevare*. Ce qu'après bien des tentatives nos magistrats avaient cru trouver était encore à chercher, car, le 7 février suivant, eux-mêmes déclarent *scolas grammaticas pro nunc magistro et rectore carere et diu est caruisse*. C'est alors que Guillaume Garnier, qui s'en occupait depuis la Noël, en fut officiellement chargé. Ses appointements étaient de 30 livres tournois ; il recevait, en outre, 20 sols tournois de chacun des grands élèves, 15 des moyens et 10 des petits. On lui imposait la condition d'accepter trente enfants indigents. (Arch. mun. de Montp., série BB, reg. des petites notes du Consulat, de l'année 1463).

(3) Voir p. 93.

(4) C. Saint-Paul, 1478, f° 205.

(5) « Primo ung petit hostal et jardin, que cron las estubes vieilhes, confronte » an Anthoni Trouchard et an Jehan Garaudela. » (C. Sainte-Croix, 1525, f° 77).

(6) *Ibid.*

(7) *Ibid.*, f° 73.

(8) C. Sainte-Croix, 1544, f° 160.

(9) *Ibid.*, f° 155.

(10) C. Sainte-Croix, 1600, f°° 370 et 371.

prement, gardé le nom d'île Rozel (1). Il devient donc assez difficile de décider si les Étuves correspondent au jardin de la maison Reynès-Garbouleau ou à l'École des Frères de Saint-Pierre. On pourrait alléguer, en faveur de la première identification, le mince filet d'eau qui s'échappe des trous d'un de ces rochers, dits de Montpellier, sous un des grands arceaux qu'on voit dans le jardin, ainsi qu'une sorte de bassin construit au devant. Mais je pense qu'il faut plutôt rapporter ces ouvrages à la nécessité de soutenir les terres, en un endroit où la déclivité du sol est si prononcée. Je suis donc porté à placer les Étuves un peu plus bas, m'appuyant sur un texte de 1478 qui les montre confrontant le puits d'En Trache, rue au milieu (2). Or, le puits d'En Trache était situé dans l'île Michel Madame (3) et cette dernière est celle d'Armand de Flandio de La Combe. Dans l'île même des Bains on mentionne le puits de Fraisse (4), et enfin il en existe un fort ancien dans le jardin Garbouleau, près de la maison. Celui-ci appartenait très probablement à la Juiverie, ainsi que la petite salle faisant piscine, qu'on voit dans l'immeuble contigu en allant vers l'ancienne Faculté des Sciences. On ne saurait s'étonner de cette abondance des eaux dans une partie de la ville où elles forment un véritable étage souterrain(5).

Du côté opposé de la Blanquerie, la rue Fournarié ou Farnarié (6) conduisait au quartier de Saint-Matthieu et du Cannau. Les médecins l'occupaient et la rue où se trouve l'église était dite, en 1369, indifféremment de Saint-Matthieu ou des Médecins (7). Dans celle du Cannau, la tradition place la maison du célèbre Arnaud de Villeneuve. Si les preuves directes manquent, ici la probabilité vaut peut-être certitude. Un des plus anciens

---

(1) La maison de Rozel était celle de l'Abbé d'Aniane, à la descente vers Saint-Pierre, ancienne Faculté des Sciences. Le même immeuble a donc donné son double nom aux deux portions de l'île, dont l'une en est fort éloignée.

(2) C. Saint-Paul, 1478, f° 205.

(3) C. Saint-Matthieu, 1477, f° 8.

(4) Qui donnait son nom à l'île (C. Sainte-Croix, *passim*).

(5) Je rappelle les anciens Bains juifs de la Barralerie, le puits voisin dit de la Sabaterie, ceux des Esquilles et de la Vestiarié.

(6) C. Saint-Matthieu, 1525, f° 37 et *passim*.

(7) Bulle de fondation du Collège des Douze Médecins. (L. Guiraud, *les Fondations du Pape Urbain V à Montpellier*, t. I$^{er}$, p. 57).

compoix connus mentionne en 1404, à l'île de « sen Johan de Pertot », c'est-à-dire à l'île Fonbon, un « sen Johan de Vielanova », possesseur de quelques terres (1). Au XIVᵉ siècle, Jean Jaume possédait et habitait la maison qui porte le n° 5 de la rue Urbain V (2), et Jean de Tournemire confinait l'église (3). Antérieurement il est question d'un médecin près du portail du Cannau (4). C'est là que se fondèrent les collèges du Pape et de Girone, car je répèterai ici, quant à la médecine, ce que j'ai établi pour le droit (5) : il faut distinguer deux époques dans l'histoire de leur enseignement, sous peine de s'en faire une idée complètement fausse. Dans la première, les écoles sont privées, libres et nombreuses ; dans la seconde, publiques, mais sous le monopole du pouvoir. Voici qui prouve l'existence des écoles particulières, près de trois siècles encore après l'acte de 1181 (6) : « Isla Sant Mathieu. Manifest de Mᵉ Johan » Nadal, bachellier en medecina. — Primo unas escolas pres de » Sant Mathieu, que a comprat de la tutrix dels heretiers de » messire Peyre Boisson, coma consta per instrument receupit » per Mᵉ Peyre Ricart de Gignac a xxiij jenoyer m. iiijᶜ » lxvj » (7). Il est vrai que ces écoles sont régies par une discipline en quelque sorte mutuelle, mais à l'instar seulement des autres corporations de l'époque, desquelles on ne les voit différer absolument que par l'application de l'activité à un objet plus élevé. Soumis cependant au double aléa de l'insuffisance des professeurs ou de l'irrégularité des cours, ce système conduisit, au XVᵉ siècle, à la décadence des études. Tandis que celles de droit étaient soutenues par la Ville (8), celles de médecine reçurent leur secours des rois de France ; c'est alors que fut créé le Collège du Roi, composé non plus d'écoliers, selon le vieux sens qu'on attachait à ce mot, mais de profes-

---

(1) C. Saint-Matthieu, 1404, fᵒ 4. — Ou ce Jean de Villeneuve, marchand, était descendant d'Arnaud, ou il a donné lieu, par confusion, à la tradition.
(2 et 3) L. Guiraud, *les Fondations du Pape Urbain V à Montpellier*, t. Iᵉʳ, p. 57.
(4) Voir p. 13, note 1.
(5) L. Guiraud, *les Fondations du Pape Urbain V à Montpellier*, t. II, introduction.
(6) *Cartulaire de l'Université de Montpellier*, p. 179.
(7) C. Saint-Matthieu, 1417, fᵒ 82.
(8) L. Guiraud, *les Fondations du Pape Urbain V à Montpellier*, t. II, p. 119.

seurs. Le lieu où ils donnèrent leur enseignement était une grande maison, formée de deux, avec jardin, qui avait appartenu à Bérenger Soulier et ensuite au médecin Jacques Turgis (1). On sait qu'elle occupait l'angle à côté de l'église Saint-Matthieu et qu'elle est englobée dans l'École de Pharmacie.

En contre-bas du Cannau et dans une rue qui, de nos jours, a gardé leur nom, s'établirent nos verriers. Cette élégante industrie remontait au xiii<sup>e</sup> siècle et déclina au xv<sup>e</sup> (2); mais au xiv<sup>e</sup> elle dut jeter assez d'éclat, au nombre des verriers connus. Il en est un pourtant qui n'a pas été cité, et qui mérite de l'être, car il fit des efforts louables pour mettre notre industrie locale en état de rivaliser avec celle de Venise. Ce verrier ou plutôt ce cristallier s'appelait Thomas Estève. Je publie l'engagement très curieux qu'il fit contracter à un ouvrier vénitien, Vivien Sarchabo, pour le fixer dans ses ateliers. La durée des services de Sarchabo devait être de quatre années, durant lesquelles il promettait de ne pas s'enfuir, de ne travailler pour aucun autre maître, et de servir Estève tant à Montpellier qu'au dehors. Son salaire était fixé à deux sols tournois par jour ouvrable, outre le logement et la nourriture (3). Et il ne s'agit pas ici d'un fait isolé, car je trouve, la même année, en relations d'affaires avec Estève, deux autres cristalliers vénitiens, Marc de Johanne et Nicolet Brun (4).

A part ces habiles ouvriers empruntés à l'étranger, Estève avait des apprentis : tel fut ce Jean Dubreuil, placé chez lui pour dix années par son père, afin d'y apprendre l'art de la verrerie. Je publie aussi son engagement comme terme de comparaison (5).

---

(1) « Manifest del College dels Meges. — Primo ung grant hostal que fut de Be-
» renguier Solier, eron dos hostals an son pos e verdier costa la gleyza de Sant
» Mathieu, carreria en miech, confronte an messire Guillaume de Boscq et an Belsu-
» guer Solyer, estimat vent e sinq lieuras. » (C. Saint-Matthieu, 1477, f<sup>os</sup> 95 et 204).

(2) J. Renouvier et A. Ricard, *Des Maîtres de pierre*, etc., pp. 63 et suivantes.

(3) Appendice n° X, 2.

(4) *Ego Marcus de Johanne, cristalherius de Venesia, confiteor me debere vobis Thome Stephani, cristalherio Montispessulani, quinquaginta et duos solidos et sex denarios monete nunc currentis in regno*, etc... *horum sunt testes... Nicholetus Boni, cristalherius de Venesia*, etc. (Arch. dép. de l'Hérault, série G, notaires: Périer, Lafon, Holanie, reg. 29, f° 24, acte du 19 mai 1343).

(5) Appendice n° X, 1.

La Verrerie débouchait au Four qui passe (1), dénomination qui s'explique d'elle-même. Au devant de l'île à laquelle il la donnait, s'étend aujourd'hui une place, formée par la disparition du jardin de la Chapelle-Neuve ou collège Du Vergier (2).

Pourquoi m'arrêterais-je aux hôtelleries du *Chapeau-Rouge*, du *Dauphin*, de la *Truoge qui salhe*, de la *Rate*, de la *Fleur de Lys* (3) ; à celles de la *Croix-Blanche*, du *Bourdon*, de *Saint-Martin* (4), que je rencontre les premières à droite, les secondes à gauche, en montant dans la rue du Pilar Saint-Gély ? J'aime mieux expliquer cette dénomination. Tout en haut de la rue, à l'île Pujol, un immeuble formé de trois, faisait pointe (5). C'est au devant qu'on avait placé, sans doute en 1263, la borne destinée à marquer la nouvelle délimitation entre les possessions de l'Évêque de Maguelone et du Roi d'Aragon (6). En 1470, il s'y trouvait une croix (7). En outre, tout près, dans cette île, l'abbaye de Saint-Gilles possédait une maison (8). La Peyrolerie ou rue de la Chaudronnerie me paraît avoir été le prolongement de la rue Aiguillerie, puisqu'un acte la dit conduisant au carrefour d'En Camburat, aujourd'hui vulgairement appelé de la Vierge, et en outre parallèle à celle qui mène à la Salle-l'Evêque (9).

La partie de l'île Tour d'En Canet la plus voisine de l'île Pujol, prenait son nom du four « de las Espinas ». Comme j'aurais peine

---

(1) « Item ung verdier en local solie esse lo forn qui passa, confronta an mestre Nicolau Cordier et an los heretiers de Bertrand dels Mases. » (C. Saint-Matthieu, 1477, f° 30).

(2) « Manifest de maistre Johan du Vergier, mudat sus le College deld. du Vergier, président. — Primo ung hostal à la Coyratarie que fonc de Jehan Bernat, en loqual es de present lod. College, etc. — Item douze soutols que de present sont unix en ung jardin devant lod. College, confronte an los heretiers de Jaume Colombier et an Bernat Borniolhe, carrieyra en miech. » (C. Saint-Matthieu, 1477, f° 114 v°.

(3) C. Saint-Matthieu, 1477 et 1525, *passim*.

(4) C. Sainte-Foy, 1480, f° 130 v° ; 1525, f°° 101 et 102 v°.

(5) *Ibid.*, 1525, f° 92 v°.

(6) Voir p. 5.

(7) C. Sainte-Foy, 1470, f° 109.

(8) La note où j'avais consigné ce détail ayant été égarée, je n'ai pu même retrouver le document qui me l'a fourni ; mais je garantis le fait.

(9) Arch. mun. de Montp., série BB, minutes de Jean Grimaut, notaire, de 1301 à 1302, f° 10.

à croire à un mode de chauffage particulier, je pense qu'il faut y voir une de ces possessions mentionnées, mais non spécifiées, que le monastère de N.-D. de l'Espinasse avait à Montpellier (1), ou bien une dépendance de cet établissement charitable dit en 1129 *hospitale Duranti Despinax* (2), et en 1191 *hospitale de Lespinax* (3), sur lequel d'ailleurs je n'ai pas trouvé d'autres données.

L'inféodation aux Jésuites d'une ruelle dont l'amorce se voit dans l'impasse du Musée, et d'une autre transversale, a modifié l'état de l'île qui prit leur nom. Jadis elle était divisée en deux : celle du Petit-Scel, contre le mur de ville, renfermant la cour du Petit-Scel, ses prisons, et la maison de la Rectorie (4), qui avaient remplacé le quartier juif de Montpelliéret (5) ; une autre, dite primitivement « del pes del Rey de la part de lay » (6) autrement dit Poids du Roi de la Part-Antique. Là se trouvait un immeuble qui finit par absorber tous ceux de l'île (7), et dut à sa beauté sans doute une suite de propriétaires marquants : Philippe de Lantilla (8), ce recteur de la Part-Antique, ami du pape Urbain V, et qui eut l'honneur de le haranguer ; Etienne Petit, fastueux receveur des finances en Languedoc, lié avec Jacques Cœur (9) ; Jean Castellan, qui par un singulier retour des choses, frère d'Otto Castellan, était comme lui acharné à la perte du puissant argentier ; Pierre, fils d'Otto et héritier de Jean (10) ; Jean de

---

(1) Grand Thalamus, f° 44 v°.
(2) *Liber instrum. memor.*, p. 260.
(3) Cartul. de Mag., reg. E, f° 136.
(4) C. Sainte-Foy, 1480, f° 120 v°.
(5) On y trouve les Juifs en 1262 (Arch. mun. de Montp., fonds Joffre, t. II, f° 24 v°, pièce n° 45 bis); en 1269 (*ibid.*, f° 30 v°, pièce n° 60); en 1270 (*ibid.*, f° 31 v°, pièce n° 61 bis); en 1271 (*ibid.*, f°s 32 r° et v°, pièces n° 62 ter et 63). — Cf. Cartul. de Mag., reg. B, f° 196.
(6) « 1 hostal en Santa-Fe en lisla del pes del Rey de la part de lay ». (C. Sainte-Croix, 1404, f° 37 v°). — « Hostal davant la Cort del Petit Sagel en la isla del pes del Rey, que se confronta an Pierre Castelan ». (C. Sainte-Foy, 1448, f° 55).
(7) « Ung grant hostal an son verdier dedins, faisant touto lad. isla que era en plusieurs partidas, confronte an la carriera de l'Agulharia Vielha, et detras an la Court del Petit Sagel, carriera en miech, et an dous traversas ». (C. Sainte-Foy, 1480, f° 148).
(8) Voir pp. 141 et 143.
(9) *Ibid.*, 1480, f° 150.
(10) *Ibid.*, 1470, f° 126.

la Loère, Michel Gaillard, Guillaume Briçonnet, (1), tous trois financiers royaux ; enfin Pierre Prunier, un général des Aides (2). La maison ouvrait sur la rue actuelle du Collège. Entre celle-ci et celle de la Monnaie, le débouché de la rue Montpelliéret portait le nom de « canton de las Lauzas » (3). Comme on appelle ainsi de larges pierres plates, j'ai peine à supposer qu'il devrait son étymologie à quelque borne intermédiaire entre le Pilar Saint-Gély et la Peyre de Sainte-Foy. On avait pu paver cet endroit, surtout depuis que le portail de Montpelliéret était fermé.

L'Hôtel de la Monnaie mérite une station. Je dirai, dans la partie *extra muros*, quel fut son premier emplacement. Les causes de son transfert dans la ville furent les ravages des routiers, et le chômage des ateliers, par suite de la crainte qu'on en ressentait. Plutôt que d'exposer leur matière d'or et d'argent, les marchands et les changeurs la transportaient hors du royaume. Jean le Bon se préoccupa de porter remède à ce préjudice, très réel pour tous les intérêts, en ordonnant, le 10 juin 1356, au Recteur et aux Consuls de Montpellier, « que des meintenant ledit hostel » soye mis, assis, et demeure dedans lesdictes ville et fortarece, » en lieu plus aisé et proffitable pour nous et ladicte monnoie, et » au moins du dommage d'autruy qu'il porra estre feit » (4).

Dans ce choix d'un emplacement sûr, commode et point trop préjudiciable au public ou aux particuliers, plus d'une difficulté allait surgir. Au ton même des lettres du roi Jean, on peut juger que le transfert traînait en longueur par suite des objections qu'élevaient nos magistrats ; n'étaient-ils point, à ce moment même, débordés par l'immigration en ville de la population faubourienne alarmée ? Quelque déférence qu'on dût apporter à des ordres très pressants, plusieurs mois s'écoulèrent, peut-être en pourparlers, peut-être dans l'inaction, car, dans l'intervalle, la défaite de Poitiers avait détourné toutes les préoccupations vers le malheur national. Enfin, le 2 novembre 1356, il y eut, à l'Hôtel de la Monnaie, conférence et débat entre le Recteur de la Part-

---

(1) C. Sainte-Foy, 1470, f° 128.
(2) *Ibid.*, 1480, f° 148 ; 1525, f° 112 v°.
(3) *Ibid.*, 1470, f° 88.
(4) Arch. mun. de Montp., grand chartrier, arm. G, cass. XVII, pièce n° 7.

Antique et les Consuls d'un côté, l'avocat du roi, Geoffroy Palmier, et le garde de la Monnaie de l'autre, en vue de régler cette question. Les gens du roi requéraient les magistrats montpelliérains de leur faire donner ou bien la demeure de Guiraud Quincaillier et les maisons basses qui l'entouraient sur la place de la Peyre, ou bien, dans la rue qu'on appelait des Catalans et vulgairement Tropassen, l'immeuble de Jean de Grabels et ceux qui l'avoisinaient. Recteur et Consuls, après en avoir délibéré à part, rejetèrent les deux emplacements désignés, le premier parce qu'il était contigu au mur de ville, et partant trop dangereux pour la sécurité publique, le second à cause des intérêts privés qu'il léserait, la rue des Catalans étant un quartier très commerçant et fort habité. Mais, à leur tour, ils offrirent quatre autres lieux pour y établir la Monnaie : l'île dite Treille du Recteur, où se trouvaient les maisons de Pierre Pèlerin et de maître Pierre de Vissac ; celle qu'on appelait Devant le four de l'Espinas, habitée par Philippe de Lantilla ; la maison de Jacques de Lunel à la Blanquerie ; enfin celle qui avait appartenu à Etienne Martel, dans la rue des Bains Vieux. Partout il s'agissait d'immeubles qui paraissent avoir eu de l'importance, et qu'il était question d'accroître pour y placer les ateliers. Les officiers du roi s'obstinant dans leur première demande, on se sépara sans rien conclure (1), et, huit jours après, le dauphin Charles, régent du royaume, commit le gouverneur de Montpellier pour procéder à une enquête sur cet objet (2). Si le résultat n'en est point parvenu jusqu'à nous, je suis en mesure de suppléer à la perte de la procédure.

Le plus ancien compoix qui soit resté du sixain Sainte-Foy, celui de 1429, montre l'Hôtel de la Monnaie situé dès cette époque dans l'île qui en a gardé le nom jusqu'à notre siècle, et sur l'emplacement de locaux occupés actuellement par l'Œuvre de la Miséricorde. Personne n'ignore ce fait ; mais il n'en est point de même de l'établissement des ateliers monétaires dans un autre lieu, d'ailleurs tout voisin. J'ai, pour la première fois, signalé ce détail en 1887, en marquant dans la partie de l'île Sainte-Foy

---

(1) Arch. mun. de Montp., grand chartrier, arm. G, cass. XVII, pièce n° 7.
(2) *Ibid.*, pièce n° 8.

plus tard dite Douze Pans Sainte-Foy, en face de l'Hôtel de la Monnaie, l'immeuble appelé au xvɪᵉ siècle Vieille Monnaie (1). Comme cette dénomination ne saurait être appliquée à l'Hôtel primitif, situé *extra muros*, il s'agit d'une dépendance ou annexe qui aura été postérieurement délaissée. Le compoix de 1480 la désigne ainsi : « La tailha de la moneda... l'obraria de » la moneda de France » (2), et un acte notarié du 4 avril 1522 : *Moneta regia vocata l'obruoir de France* (3), d'où l'on doit conclure que l'annexe renfermait l'atelier monétaire, et l'on pourrait inférer aussi peut-être, que cet atelier était spécialement réservé aux ouvriers du Serment de France. Je n'insiste pas sur cette opinion, en faveur de laquelle militeraient la mention ci-dessus, les circonstances du transfert définitif de l'atelier de Sommières en 1340, et enfin la coïncidence de la suppression du Serment de l'Empire avec l'abandon de l'annexe au milieu du xvɪᵉ siècle, alors que les ouvriers du Serment de France auraient pu s'établir à l'Hôtel même.

Quelle était l'exacte position de cette annexe? La destination qu'on lui donna par la suite va me permettre de la fixer.

Les guerres religieuses étaient finies à Montpellier. Chassés de notre ville par les violentes secousses qu'elles y causèrent, les ordres monastiques revenaient, sous l'œil bienveillant de l'évêque Pierre de Fenoillet. Les Augustins furent de ce nombre. A l'exemple des Trinitaires et des Frères Prêcheurs, ils songèrent à s'établir dans l'intérieur de la ville. Le logement qu'ils prirent dans la maison de M. Sarremejan, contiguë à l'Hôtel de la Monnaie (4), n'était, dans leur pensée, que provisoire ; mais il leur permettait d'opérer, pour ainsi dire, en vue du terrain sur lequel ils avaient jeté les yeux. Ce terrain n'était autre, en

---

(1) L. Guiraud, *la Paroisse Saint-Denis de Montpellier*, plan.
(2) C. Sainte-Foy, 1480, f° 131 et *passim*.
(3) Arch. dép. de l'Hérault, série G, notaires : Jean Benedicty, reg. 295, f° 4.
(4) *Mémoires inédits d'André Delort*, t. Iᵉʳ, p. 30. — Achetée le 30 mars 1618 par Antoine Sarremejan à Guillaume de Labadye, cette maison passa, en 1710, au conseiller Pierre Ramond et resta dans sa famille jusqu'à la Révolution. (C. Sainte-Foy, 1600, basane verte, fᵒˢ 189 et 191 ; veau jaune, fᵒˢ 205 et 233 vᵒ ; 1738, f° 217; Saint-Paul, veau, f° 697. *Guide* de Flaudio de La Combe, Ile de la Monnaie, n° 152).

effet, que l'Hôtel même de la Monnaie, où l'on avait cessé de travailler depuis le siège (1). Les Augustins y furent installés par provision (2) et « commencèrent d'y faire corps, couvent et eglize » (3), pendant que le Roi prescrivait aux Trésoriers de France de procéder à une enquête sur la convenance qu'il y aurait à leur délaisser cet Hôtel pour le transférer ailleurs (4). Les Trésoriers constatèrent que, « dans la Monnaie, tant couverts » que decouverts, il y a de plan 213 cannes carrées », et que ce local conviendrait d'autant mieux aux Augustins qu'ils y pouvaient ajouter « ung grand pattu appelé la Monoye Vielhe n'y » ayant que la rue au milieu ». Quant à transférer l'Hôtel de la Monnaie, on le pourrait, selon eux, soit dans la maison de Plantade et ses dépendances (5), soit dans celle du baron d'Aumelas au sixain Sainte-Croix (6), soit enfin de préférence dans la maison Huchier (7), dont beaucoup de parties serviraient telles quelles, tant pour la fabrication que pour le logement des officiers qui y ont droit (8). Mais la pensée du transfert de la Monnaie fut abandonnée, et, lorsqu'on reprit la fabrication en 1636 (9), ce fut dans l'Hôtel de 1357.

Quant aux Augustins, ils ne renoncèrent qu'à demi à leurs vues, car bientôt les Trésoriers de France reçurent d'eux « requeste a ce qu'il leur feust baillé a infeaudation les deux » tiers d'une place ou cazal appartenant à Sa Majesté, joignant » la maison que lesd. religieux ont acquise du sr Sallèles, scize » en la presente ville rue de la Monoye, inutile au Roy et au » publiq, pour servir à la construction de leur église. » L'enquête à laquelle procédèrent les Trésoriers, en présence de M. de la Jaille, lieutenant au gouvernement de la Citadelle, des Consuls,

---

(1) *Mémoires inédits d'André Delort*, t. I<sup>er</sup>, p. 97.
(2) Trésoriers de France, année 1625, f° 107.
(3) *Mémoires inédits d'André Delort*, t. I<sup>er</sup>, p. 30.
(4) Lettres patentes du 5 février 1625. (Trésoriers de France, année 1625, f° 107).
(5) La maison de Plantade porte aujourd'hui le n° 8 de la Grand'Rue.
(6) Près de la porte des Carmes, et occupée par le couvent actuel des Ursulines. (Trésoriers de France, année 1634, f° 257 v°).
(7) Je reviendrai sur cette maison dans l'Ile Cour du Bayle ; le sol en a formé portion de la place des Capucins.
(8) Trésoriers de France, année 1625, f° 236.
(9) *Mémoires inédits d'André Delort*, t. I<sup>er</sup>, p. 97.

des officiers de la Monnaie et du sieur de Rignac, plus proche voisin, permit de constater que « lad. place contient unze canes » deux pans de longeur, et neuf canes de largeur, confrontant » du levant les doutze pans d'entre lad. ville et les murailles » d'icelle du costé de l'Esplanade de la Citadelle, du couchant » la rue de la Monoye, du vent droict la maison acquise par » lesd. religieux dud. s<sup>r</sup> Sallèles, et du midy le sieur de Rignac, » et qu'il est necessaire pour la commodité de lad. Citadelle » qu'il soit laissé dans lad. place une rue pour aller de celle de » la Monoye a l'Esplanade, de largeur que deux canons ou cha- » riots ensemble y puissent passer. » En conséquence, le 7 avril 1634, l'inféodation de cet espace fut faite aux Augustins, ainsi que celle des douze pans, sol des murailles et partie des fossés correspondants à l'espace précité et à la maison acquise d'Henry de Sallèles (1). Or, qu'il faille entendre par le « casal » inféodé, l'ancien tailloir de la Monnaie ou Vieille Monnaie, c'est ce dont les preuves ne manquent point. Au témoignage d'un contemporain, André Delort (2), je joins l'assertion tout officielle des Trésoriers de France, déclarant eux-mêmes, six ans plus tard, avoir inféodé aux Augustins, le 7 avril 1634, « les » deux tiers d'une place ou casal ayant appartenu à Sa Majesté, » appellée la Vieille Monoye », pour lequel les mêmes confronts sont donnés (3).

La question d'identification résolue, reste celle de l'exacte délimitation de la Vieille Monnaie. Rien ne prouverait, en effet, qu'au milieu des entraves et retards mis à l'établissement des Augustins dans ce lieu (4), l'étendue l'église enfin construite par eux, aujourd'hui oratoire de Saint-Augustin, desservi par les PP. Carmes, représente l'espace inféodé en 1634. Aussi les compoix me fixeront-ils beaucoup plus sûrement sur ce point. Au sixain et à l'île Sainte-Foy, deux immeubles sont dits confronter la Monnaie : celui d'Aubert Ricard et celui de Guillaume Pavez. Le premier, passé aux mains d'Antoine de Ricard,

---

(1) Trésoriers de France, année 1634, f° 62 v°.
(2) *Mémoires inédits d'André Delort*, t. I<sup>er</sup>, p. 30.
(3) Trésoriers de France, année 1640, f° 33.
(4) *Ibid.* — *Mémoires inédits d'André Delort*, t. I<sup>er</sup>, p. 30.

sieur de Saint-Laurens, est ainsi désigné par le dernier compoix précédant l'inféodation : « Maison à la rue de la Monnede, con-
» fronte d'une part la rue de la Monnede Vieilhe, d'autre Mᵉ Pierre
» Pourtal, devant la rue, du dernier les douze pans » (1). Cette maison se divisa : la partie vers le portail de Montpelliéret fut vendue au conseiller de Clair, l'autre fut apportée en dot par Charlotte de Ricard à Henry de Sallèles, qui, le 18 décembre 1632, la céda aux Augustins (2). Ces religieux y ayant joint l'immeuble de Clair, le 5 novembre 1643, et, le 27 avril 1650, une portion de l'ancienne maison Portal, dont s'était rendu acquéreur François de Rignac (3), il est impossible de limiter la Monnaie de ce côté-là. Mais, à l'extrémité opposée, la maison Pavez, passée l'an 1553 des mains de leur dernière héritière, Jeanne, à celles de Pierre de Panisses, premier président en la Cour des généraux, de Panisses à M. de Châtillon, enfin en 1607 à Raulin de Rignac (4), lèvera toute difficulté. Voici comment elle est désignée : « Hostal pres la Monede que fonc de Jehane
» Paveze, se confronte an ladicte Monede et Marguerite de Neve,
» et a present avec ladicte rue de la Monède, par devant avec
» la rue du Saulvage vers l'esglise Saincte-Foy, et d'ung costé
» avec la maison et estable de feu Mᵉ Estienne de Combes,
» general en ladicte court, de l'aultre coste avec la maison de la
» Monnoye, et par derriere avec les douze palms de la ville ».

Grâce à un acte de monstrueuse barbarie, la maison de Rignac est marquée dans notre histoire locale avec une irrécusable exactitude. Il faut lire dans Delort (5) le meurtre commis en

---

(1) C. Sainte-Foy, 1544, fᵒ 332 vᵒ ; 1598, fᵒ 188.
(2) Ibid., fᵒˢ 196 vᵒ et 198 ; après 1600, fᵒ 177 vᵒ.
(3) Ibid., après 1600, fᵒˢ 171 vᵒ et 179 vᵒ.
(4) Ibid., 1544, fᵒˢ 331 vᵒ et 339 ; 1598, fᵒ 187 ; 1600, veau jaune, fᵒ 182.
(5) *Mémoires inédits d'André Delort*, t. Iᵉʳ, p. 261. — Je donne ici un autre récit du crime, emprunté à un manuscrit inédit de la même époque, appartenant à M. des Hours, et fort intéressant en ce qu'il peut servir de contrôle ou de supplément à Delort « *Crime exécrable de Rignac.* — Le 11, on trouva dans un cabinet de
» la maison de feu Mʳ de Rignac, procureur general en la Cour, le corps d'un jeune
» enfant, que le père appelé La Croix avoit fait cercher par la ville et crier à son de
» trompe depuis quatre ou cinq jours, qu'on dict avoir esté egorgé par le sʳ de
» Rignac fils, led. corps tout puant, rongé des vers à demy, la mère dud. enfant
» ayant recognu par la mauvaise senteur que son fils estoit dans ce cabinet, l'ayant

1672 par son propriétaire sur un enfant de quatre ans, filleul de ce misérable, et la sentence du Parlement de Toulouse ordonnant de raser l'immeuble, théâtre de ce forfait. L'arrêt, d'ailleurs, ne fut point exécuté sous cette forme contre la maison depuis lors appelée du *Sacrifice*. A bon droit, l'on jugea que la purification, l'expiation par la prière et les vertus des Bernardines du Vignogoul seraient préférables à une inconsciente destruction (1). Réparée par les religieuses en 1682, puis par la famille Valesque, dans notre siècle, considérablement modifiée enfin par son propriétaire actuel, M. Louis Roussel, avocat, cette maison forme l'angle des rues Fabre et des Augustins. Elle trace donc du côté du midi la limite exacte de la Vieille-Monnaie, et il ne reste plus, pour connaître l'étendue de celle-ci, qu'à mesurer sur l'alignement de la rue Fabre un espace de $22^m,50$ de long et 18 de profondeur. On voit ainsi que, défalcation faite de la rue des Augustins, ouverte en 1634 avec une largeur de 6 mètres, ainsi que de la place ménagée devant l'église, le sol fourni à cette dernière par la Vieille Monnaie comprend toute la largeur de l'édifice et moins de la moitié quant à sa longueur.

Je reviens maintenant à l'Hôtel de la Monnaie proprement dit, dont j'ai peu à dire d'ailleurs, le sujet étant connu, et presque tous les aménagements dont il était pourvu à l'époque de sa suppression étant postérieurs à la seconde moitié du xvi<sup>e</sup> siècle, limite de mes études. Mais je désire appeler l'attention sur un point particulier. Cet Hôtel de la Monnaie eut-il, dès son installation en ce lieu vers 1357, l'étendue qu'on lui connaît au xviii<sup>e</sup> siècle ? J'aurais peine à le croire. L'atelier monétaire ou tout au moins une partie de cet atelier, et la plus considérable alors, n'y fut pas compris, on vient de le voir,

---

» enfoncé à coups de hache. N<sup>a</sup> que led. Lacroix et sa femme avoient esté valet et
» frouteurs dans la maison, et led. Rignac vivoit alors à Milhau et estoit venu en
» ville pour arrenter sa maison à M. le Juge-Mage, se faisoit nourrir par le père et
» la mère dud. enfant, auquel il tesmoignoit une grandissime amitié. La cause a
» esté scandale incognu, [disans] les uns parce qu'on estoit dans les jours canicu-
» liers, les autres pour avoir jouy dud. jeune enfant et l'avoir tué, les autres pour
» avoir voulou sacrifier au démon un jeune enfant dans la croyance que par ce
» moyen il pourroit faire reusir un mariage de sa sœur avec un certain homme qui
» l'avoit rendue enceinte ».

(1) *Mémoires inédits d'André Delort*, t. II, p. 124.

jusqu'à la fin du xvie siècle. Il est non moins certain que les maîtres et gardes de la Monnaie, durant cette période, n'y faisaient pas leur habitation. Ils acquéraient, comme Albert Ricard ou Jacques Pavez, des immeubles tout voisins pour s'y loger plus commodément, ou bien ils résidaient, comme Jehan Plouvier, Pierre Morgue, Octo Foucart, Jehan de Genebrières, Guillaume Calvet (1), en différents quartiers de la ville (2). Enfin, en 1636, Pierre Lefebvre demanda, comme un précédent à créer, l'autorisation de construire un logement pour lui et ses successeurs dans les parties inoccupées de l'édifice (3). Puisque, malgré la suppression de l'annexe de l'île Sainte-Foy, il y avait encore de la place dans l'Hôtel, n'est-on pas amené à penser que celui-ci avait été agrandi postérieurement de quelques immeubles contigus?

En tous cas, s'il y eut extension à un moment donné, ce fut vers la rue Montpelliéret, car la porte située vis à vis la rue des Augustins datait déjà du xve siècle, au témoignage de D'Aigrefeuille. Cette porte constituait l'entrée principale, sinon unique de l'Hôtel, dont la façade envisageait l'annexe étudiée sous le nom de Vieille Monnaie. Ceci est prouvé par un acte du 13 janvier 1458, mentionnant une maison sise rue de la Flocarié, île de la Monnaie, qui confrontait la rue tirant de l'église Sainte-Foy vers la maison du trésorier Etienne Petit et passant derrière la Monnaie (4). Faut-il attribuer l'ornementation de cette porte à Jacques Cœur, ainsi qu'est disposé D'Aigrefeuille à le faire? Je ne le pense nullement. Quoi qu'en ait dit notre vieil historien, le fameux argentier du roi Charles VII ne porta aucun titre qui le rattache à l'Hôtel de Montpellier; s'il y laissa même quelque souvenir, ce fut celui d'un faux monnayeur.

L'abandon de l'annexe dans l'île Sainte-Foy dut engager à

---

(1) F. de Saulcy, *Éléments de l'histoire des ateliers monétaires du royaume de France depuis Philippe-Auguste jusqu'à François Ier inclusivement*, pp. 42, 86, 133 et suivantes.

(2) Compoix, *passim*.

(3) Trésoriers de France, année 1636, fo 87.

(4) *Carreria qua itur ab ecclesia Sancte Fidis versus domum magistri Stephani Petiti, tesaurarii generalis regii, transeundo retro Monetam regiam*. (Arch. dép. de l'Hérault, série G, notaires : Pierre Vitalis, reg. 166, fo 168 vo).

placer l'entrée principale de l'Hôtel du côté de la rue actuelle de la Monnaie. Un compoix indique ce détail en distinguant entre « la rue de la Vieille Monoye et la rue haulte de la » Monede » (1), et, par sa date de 1598, il marque approximativement celle de ce changement.

## VIII.

L'Hôtellerie du *Sauvage*. — La Peyre. — La rue En Bocador. — Étymologie de ce nom : les Bocados et les Bocas. — Les immeubles de la famille Roch.

L'île Douze Pans Sainte-Foy, dans laquelle j'ai déjà signalé l'annexe de la Vieille Monnaie et la maison du *Sacrifice*, doit encore me retenir. On y trouvait une hôtellerie célèbre au moyen âge, celle du *Sauvage*, qui, possédée au xv<sup>e</sup> siècle par les Pavez, fut apportée par mariage dans la famille de Bucelli (2). Vendue par celle-ci à Philibert de Nèves (3), elle fut, le 31 mars 1502, acquise par Pierre Deleuze (4), dont les hoirs la cédèrent, le 4 mars 1541, à Étienne de Combes, général des Aides (5) ; elle fut démembrée après Jean de Lauzelergues, seigneur de Candillargues : le 28 mai 1608, Jean Yllaire, conseiller correcteur à la Chambre des Comptes, en acquit la portion vers Sainte-Foy (6) ; c'est là que Rabelais logea (7). Quant au restant, il était tenu par dame Honorade de la Croix, puis son fils Henry, sieur de Sueilles et Figaret (8). La première fraction, passée de Guillaume Paulet à Balalud, vint en 1788 à un nommé Caron (9), qu'indique le *Guide* de Flandio de La Combe, et a

---

(1) C. Sainte-Foy, 1598, f<sup>os</sup> 188 et 200 v°.
(2) C. Saint-Matthieu, 1469, f° 160 ; 1477, f° 9.
(3) *Ibid.*, 1469, f° 160 ; Sainte-Foy, 1480, f° 53 v°.
(4) Arch. dép. de l'Hérault, série G, notaires : Michel et Philippe Chamus, reg. 31, f° 1.
(5) C. Sainte-Foy, 1544, f<sup>os</sup> 331 et 364.
(6) C. Saint-Matthieu, 1600, veau, f° 37.
(7) Dubouchet, *F. Rabelais à Montpellier*, p. 117 et suivantes.
(8) C. Saint-Matthieu, 1600, veau, f° 37.
(9) C. Sainte-Foy, 1600, veau, f° 189 ; 1738, f° 186.

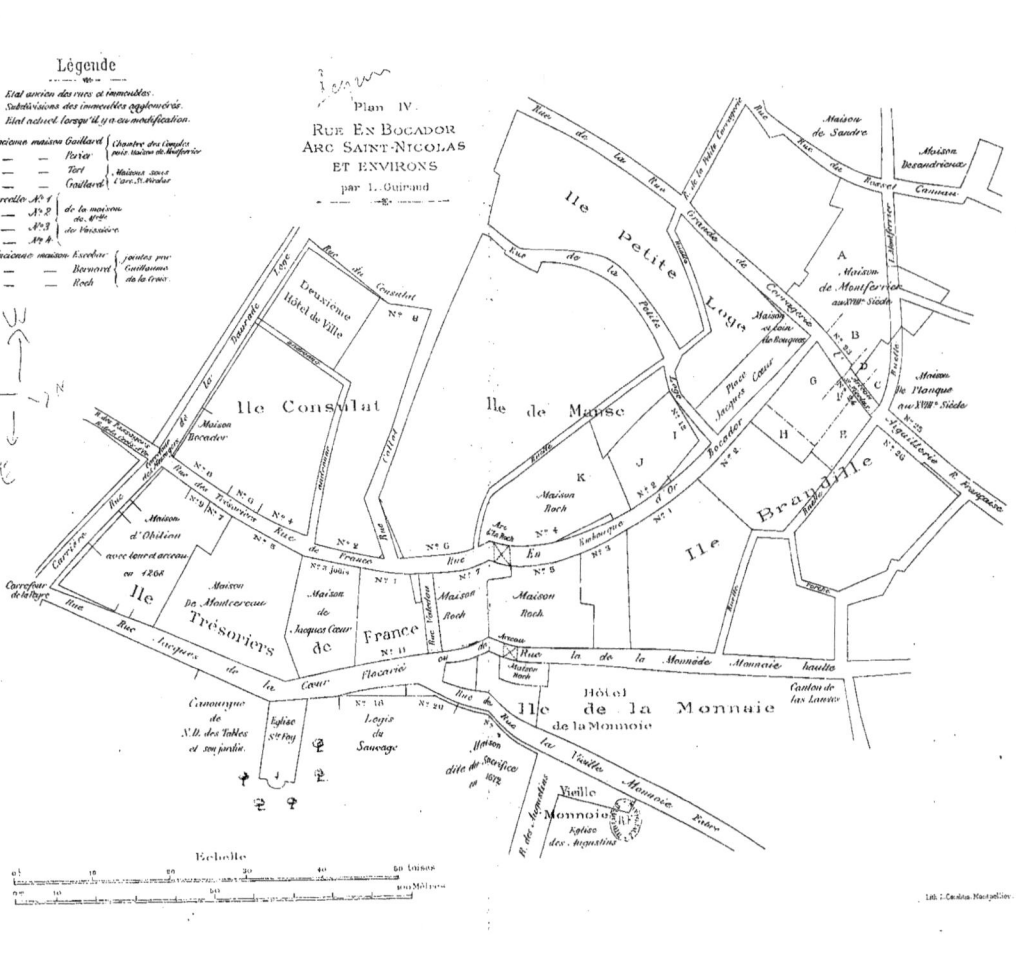

été absorbée dans l'hôtel de Forton; la deuxième, mise en 1764 sur le nom de Dalaret des Pradels (1), était représentée par le sieur Riban, en 1788 aussi ; elle porte le numéro 18 de la rue Jacques Cœur. L'immeuble intermédiaire, qui la sépare aujourd'hui du numéro 4 de la rue Fabre, était une étable réservée par Marguerite de Nèves (2).

A la suite du *Sauvage* venait le jardin dit de Sainte-Foy ou de la Canourgue de Notre-Dame des Tables (3), parce que, au chevet de l'église, il allait joindre cette résidence du prieur de Notre-Dame. Mentionnée dès 1323 (4), elle fut inféodée en 1581 à Milan Gavaudan (5). L'hôtel Alicot-Bruyas la représente aujourd'hui.

Destinées plus tard à recevoir des hôtes royaux, les deux principales des maisons qui se trouvaient au carrefour de la Peyre n'offraient, au moyen âge, rien de remarquable. Ce carrefour dut son nom à la borne y marquant les limites primitives des deux juridictions : *Petra Sancte Fidis*, portent nombre d'actes. Un peu plus haut se trouvait un second carrefour, formé par l'intersection de la rue actuelle de la Loge avec celles de la Croix d'Or et Embouque d'Or : on l'appelait carrefour des Messagers (6), à cause du stationnement qu'amenait la proximité de la porte de Lattes et de la voie qui, par la ville, reliait celles de Saint-Gilles, chemin de Nimes, et de la Saunerie, chemin de Béziers.

La rue dite jadis En Bocador, représentée de nos jours par la place Jacques Cœur, la rue Embouque d'Or et celle des Trésoriers de France, est une des plus intéressantes de la ville, soit par son ancienneté, soit par l'intérêt qui s'attache à presque

---

(1) C. Sainte-Foy, 1738, f° 187.
(2) *Ibid.*, 1480, f° 53 v° ; 1544, f° 319.
(3) « Item ung hostal appelat lostalarie del Salvaige en lisla de Sancta Fe, confronte an lo jardin de l'eglise de Sancta Fe ou de la Canorga de Nostra Dona de Taulas et an mossen Guillaumes Pavez et an los douze pans. » (C. Sainte-Foy, 1480, f° 53.)
(4) Arch. mun. de Montp., grand chartrier, arm. C, cass. IV, pièce n° 7.
(5) Arch. dép. de l'Hérault, série G, Invent. des actes du Chap. cathédral de Montpellier, par Fr. Joffre, t. Ier, p. 399.
(6) Arch. dép. de l'Hérault, série H, fonds Saint-Ruf, reg. *Ave Maria*, f° 55 v°, acte du 28 août 1438.

toutes les maisons qui la bordent. Je dirai plus : elle me paraît, grâce à la succession des habitants qui s'y fixèrent, refléter la physionomie même de notre ville. Une des plus anciennement tracées, car elle est mentionnée en 1183 (1) et suivait le mur primitif d'enceinte, elle est naturellement une des plus irrégulières, des plus étroites, et pourtant on peut la considérer comme ayant été la plus recherchée par la haute bourgeoisie, par le grand commerce et par la magistrature, qui s'y succédèrent.

Au nombre des bourgeois qui, les premiers, y construisirent leurs maisons, il faut mettre cette famille Bocados, laquelle, de l'aveu général, aurait laissé son nom à la rue par une permutation très fréquente de l's en r. Non-seulement j'accepte cette opinion, mais j'apporterai à l'appui le plus ancien texte qui ait été produit et qui donne la forme primitive : en 1342, *carreria dicta Bocados* (2). Je suis forcé pourtant de contredire à l'opinion de deux érudits locaux, dont le second surtout a cru pouvoir, assimilant les noms de Bocados, Boccii, Bocas et Bouques, en faire quatre formes successives, afférentes à la même famille (3). Pour Bocas et Bouques, l'assertion est exacte ; les Bochi étaient des marchands de Lucques (4) ; les Bocados, des bourgeois, qui figurent avec honneur dans nos annales aux XII°, XIII° et XIV° siècles, mais s'éteignirent au commencement du XV°. Le compoix de 1429 porte en effet : « Los heretiers de sen Bernat de Bocador » rendon lur manifest coma sen sec : 1° hun hostal on demoraba » en la isla del cosselh nou, estimat cent sinquanta lieuras » (5). Or, Jean Bocas, tige de la famille de ce nom, apparaît pour la première fois en 1435 (6). Il était, de plus, originaire de Béziers, où, le 12 mars 1453, il acheta de Guillaume Duchayne la moitié de l'hôtellerie des *Deux Lions*, sise devant le cimetière des Domi-

---

(1) *Liber instrum. memor.*, p. 239.

(2) Arch. mun. de Montp., série BB, minutes de Laurens, notaire, année 1342, f° 41.

(3) A. Germain, *Etudes archéologiques*, p. 242, et *Histoire de la Commune de Montpellier*, t. III, p. 373. — Grasset-Morel, *Un ancien quartier de Montpellier*, p. 7.

(4) Arch. dép. de l'Hérault, série G, notaires : Barthélemy Vitalis, reg. 194, f°° 215 et 222.

(5) C. Sainte-Foy, 1429, f° 11.

(6) C. Saint-Firmin, 1435, f° 15.

nicains. Cette acquisition était faite dans le but de devenir seul propriétaire d'un immeuble indivis entre le vendeur et Sévère, veuve de maître Sicard Bocas, notaire de Béziers (1).

S'il faut donc se garder de confondre les Bocador et les Bocas, comme famille, leurs immeubles doivent être bien distingués aussi. J'ai déjà dit que la maison des Bocador était située dans l'île du second Consulat. Il est vrai que le manque de confronts rend plus difficile l'identification de l'immeuble, mais un acte de 1332-1398 me fournissant le nom des propriétaires qui bordent les deux andronnes de l'île : celle du Consulat et celle qui débouche dans la rue des Trésoriers de France (2), c'est-à-dire toutes les maisons de l'île, sauf celle qui fait angle sur les rues des Trésoriers de France et de la Loge, il ne peut s'agir que de celle-ci.

C'est à l'extrémité opposée de l'ancienne rue En Bocador, à l'angle sur l'Aiguillerie, à gauche, qu'existaient les maisons de Jean Bocas. Petit apothicaire à ses débuts, « loqual a jurat » l'an m iiij$^e$ xxxv a xxx de genoyer que son moble non val » sinon mill livres » (3), et simple propriétaire alors de deux carterées et demie de vignes à Montaubéron, il acquit d'abord de Louis Perdiguier une maison dans l'île du Vieux Consulat (4). Ensuite, il en acheta une de Pierre de Calmon dans l'île Petite Loge (5), et bientôt un agrandissement en ce lieu lui permit d'aller jusqu'à l'angle des rues Aiguillerie et En Bocador (6), qui prit le nom de coin de Bouques. Car il n'avait pas fallu un siècle à sa famille pour que son représentant se fît appeler noble Jean de Bouques, seigneur du Poux, et fût général des Aides. Alors, s'éloignant d'un quartier qui avait peut-être le tort de leur rappeler des origines bien modestes, les de Bouques allèrent s'établir près Saint-Paul, à l'ancienne Sacristie de Maguelone (7).

(1) Arch. dép. de l'Hérault, série G, notaires: Barthélemy Vitalis, reg. 176, f° 304 v°.
(2) C. Sainte-Foy, 1429, île du Consulat Neuf. — Arch. mun. de Montp., grand chartrier, arm. D, cass. II, pièce n° 1.
(3 et 4) C. Saint-Firmin, 1435, f° 15.
(5) *Ibid.*, f° 22.
(6) *Ibid.*, et Sainte-Foy, 1480.
(7) Voir p. 102.

Ils vendirent donc les immeubles à l'Aiguillerie : la maison d'habitation, le 8 avril 1578, à Pierre Hermet, apothicaire ; celle du coin à Pons Hermet (1). Je ne saurais négliger ces détails, parce qu'à première vue, ils pourraient induire en erreur par la similitude des noms. L'immeuble acquis par Pons Hermet passa, le 20 mai 1595, à Pierre Hermet (2), celui-ci ayant vendu le sien propre, le 2 mars 1590, à Jacques Thérond (3). Cette maison Thérond appartenait au professeur Chirac, lors de la création de la place Brandille. Quant à celle du coin, elle était venue, le 1er février 1640, à l'apothicaire Abraham Beuves, à la suite de vente à lui faite par demoiselle Marguerite de Chaumes, veuve d'Estienne d'Aymeric, héritier de sa mère, Gervaise Hermet (4). La Ville l'acheta aux hoirs de Beuves, pour la démolir en vue de la création de la place (5).

De toutes manières, me voici loin des Bocador et des Bocas. Les voisins immédiats des premiers étaient les Bannières, également nommés de bonne heure parmi nos bourgeois (6). Leur maison, aujourd'hui n° 6 de la rue des Trésoriers de France, rappelle un assez curieux détail de mœurs. Les charges municipales ne constituaient pas alors un titre d'honneur qui va sans péril aucun pour la fortune, et à certains moments la for-

---

(1) C. Sainte-Foy, 1544, f° 41 ; fragments du xvie siècle, reg. 605.

(2) *Ibid.*, 1544, f° 53.

(3) *Ibid.*, 1544, f° 41.

(4) *Ibid.*, 1600, veau, f° 284 ; après 1600, basane, f° 279.

(5) Grasset-Morel, *Un ancien Quartier de Montpellier*, p. 16. — Je crois intéressant de signaler le projet de création de cette place, plus d'un demi-siècle avant son exécution. Le 23 avril 1657, le comte du Roure, préoccupé des embellissements à faire dans la ville, déclarait «qu'il n'y auroit point de lieu plus propre que l'en-
» droit de la maison du sieur Capon quy se treuve au cœur et millieu de la ville, et
» qu'en desmolissant la maison des hoirs du sieur Beuves et quelque autre voizine
» ilz pourroient en cest endroict, par ce moyen, faire une place comode, et la rue quy
» s'en va du costé de la porte de Lattes quy est grandement estroiote et quy ressem-
» ble a une ruelle et a laquelle on jette quantité d'immondices et autres salettées
» agrandie. » On offrit donc 1600 livres à la veuve Beuves, c'est-à-dire 5 ou 6000 de plus que ses maisons n'avaient coûté. Elle s'obstinait à refuser ; on résolut alors, le 11 juin 1657, de la forcer devant le conseil de Sa Majesté d'accepter un prix fixé par expertise amiable, les voisins devant payer le montant des immeubles, sans aucun coût pour la Ville. (Arch. mun. de Montp., série BB, délib. du Conseil de Ville, année 1657, f°s 15 et 31).

(6) *Liber instrum. memor.*, pp. 230, 391, 423, 440 et 453.

mule *sub obligatione bonorum nostrum et dicti Consulatus*, ne restait pas pour les Consuls vaine et sans portée. C'est ce qu'éprouva, en 1456, Bernard Bannières. La Communauté était lourdement obérée, et ne pouvait parfaire les sommes imposées par l'administration royale. Aussi Roger Boileau ou Boylève, receveur, fit-il saisir et vendre la maison que possédait ce consul à la rue En Bocador. J'ajoute, pour être vrai, que Jean de la Guerre, sergent de Montpellier, qui en fut déclaré adjudicataire pour le prix de 160 livres tournois (1), paraîtrait bien n'avoir été qu'un prête-nom, car je retrouve, ajoutée après 1480, au nom de Jean Bannières, bachelier, la maison « que fonc de sire Bernard Bannières » (2). Mais enfin il avait fallu passer par l'expropriation et le rachat.

Venait ensuite une branche des De Conques. En 1332, Aude, veuve de Guillem de Conques, damoiseau, et tutrice de leur fils Raymond, *alias* Guillem, eut des difficultés avec ses voisins au sujet des deux andronnes dont j'ai parlé, difficultés qui se renouvelleront en 1398. Les détails fournis à cette occasion sur l'immeuble, démontrent que la disposition n'en a pas changé. Le porche est décrit avec boutique au fond, à gauche, avec le pilier près de cette boutique, avec le ciel-ouvert. La direction du gazillan est parfaitement indiquée, et en effet il n'existe pas de caves dans les parties qu'il traverse (3). Cette maison, qui porte le n° 4 de la rue des Trésoriers de France, est donc une des plus anciennes de Montpellier, mais elle a été restaurée au xv° siècle. Lorsque Pierre Dufour en était propriétaire en 1469, les impôts furent abaissés de 130 livres à 75, parce que, disent les répartiteurs, « avem regart al luoc ont es situat et la ruyna » en que es » (4). De la réparation, qui, s'imposant ainsi, ne dut tarder, date la tourelle hexagonale d'angle, seule subsistante à Montpellier de cette espèce. Elle renferme encore en partie l'escalier qui desservait le deuxième étage et une terrasse indiquée sur la vue de Belleforest. Au premier existe une salle voûtée avec figure très bien fouillée à une retombée.

(1) Arch. mun. de Montp., fonds Joffre, t. I<sup>er</sup>, f° 267 v°, pièce n° 336.
(2) C. Sainte-Foy, 1480, f° 7 v°.
(3) Arch. mun. de Montp., grand chartrier, arm. D, cass. II, pièce n° 1.
(4) C. Sainte-Foy, relié par erreur avec celui de Saint-Firmin, 1469, f° 7.

Mon intention n'est pourtant pas de m'arrêter à tous les bourgeois qui habitaient la rue, et je ne ferai que citer d'autres De Conques vis-à-vis, au n° 5 (1) les d'Obilion à l'angle de la rue de la Loge (2) ; les Geves ou Gauzit ou Causit au n° 2 (3). Mais la station chez les Roch est, à double titre, instructive : à part le souvenir d'une famille qui fut très probablement celle de saint Roch, l'archéologie s'est déjà intéressée à une maison qui gardait encore, il y a soixante ans, son aspect du xiii° siècle. La difficulté que soulèvent les immeubles des Roch n'est pas d'ailleurs petite, car au moment où s'ouvrent les compoix Sainte-Foy, en 1429, leur représentant Jean Roch étant mort, ses possessions étaient en voie d'être aliénées. Mais, pour être clair, il me faut remonter plus haut.

J'ai déjà eu l'occasion de mentionner un Étienne Roch, drapier de Montpellier, et possesseur, en 1249, de deux maisons à l'île Poissonnerie (4). Il fut la tige d'une famille qui se divisa en deux branches : 1° l'aînée, fondée par Bérenger, reçut les immeubles de l'île Poissonnerie, qu'elle accrut (5), et s'éteignit au xv° siècle dans la personne de Bernard Roch (6) ; 2° la cadette vint se fixer dans le quartier que j'étudie, et c'est celle qui doit m'occuper.

Bernard Roch, son fondateur, le propre fils d'Étienne, épousa, avant 1267, Béatrix de Conques, fille et héritière de Raymond. Ce mariage lui valut les possessions que la famille De Conques tenait de l'évêque de Maguelone au lieu dit l'Ile, c'est-à-dire dans l'île actuelle de la Miséricorde (7). Ces possessions confinant au portail de Montpelliéret, Raymond de Conques avait obtenu des Ouvriers de la Commune-Clôture inféodation d'une demi-tour contiguë au portail et qu'il leur reconnut en 1251 (8).

---

(1) Arch. mun. de Montp., grand chartrier, arm. D, cass. II, pièce n° 1.
(2) Voir p. 8.
(3) Arch. mun. de Montp., grand chartrier, arm. D, cass. II, pièce n° 1. — C. Saint-Firmin, 1404, f° 27 ; Sainte-Foy, 1429, f° 5 v° ; voir p. 168.
(4) Voir p. 65.
(5) Voir p. 68.
(6) Voir p. 71.
(7) Voir p. 11.
(8) Appendice n° XI. 1.

La reconnaissance fut renouvelée par Bernard Roch, en 1267 et 1268 (1). Il est donc bien avéré qu'une branche des Roch était établie dans cette île vingt-huit ans avant l'époque où l'on place la naissance du Saint. Et, j'ajoute, cette branche était celle qui, au commencement du XVᵉ siècle, possédait encore dans la rue En Bocador un groupe considérable d'immeubles. Malheureusement, je le répète, leur morcellement est en voie de s'accomplir à l'époque où les compoix Sainte-Foy commencent d'être conservés. Je recueille donc les moindres indications, sans affirmer qu'elles soient absolument complètes.

Jean Roch était mort entre 1419, année où on le nomme, et 1429, date de la confection du compoix, où il n'est question que de ses hoirs. Son fils Domergue avait épousé une certaine Marina qui lui survécut. Il apparaît en 1448 comme ayant été détenteur d'une des maisons, la demeure familiale, à laquelle est resté le nom même des Roch (2). Marina, cependant, pour qui Jean Roch est dit « son suogre » (3), s'était remariée avec Guillem dels Fancs, un apothicaire (4). Elle avait eu, de Domergue Roch, une fille qui épousa Arnaud Pelagal et mourut. Marina vécut avec son gendre et ses petits-enfants (5), dont elle devint, après la mort de Pelagal, la tutrice (6). De là un enchevêtrement de droits et reprises, au milieu duquel il n'est pas fort aisé de reconnaître les propriétés de Jean Roch. Je suis arrivé, néanmoins, à distinguer nettement quatre immeubles formant groupe, quoique dans trois îles différentes, grâce à la communication établie au moyen de deux arcs jetés sur les rues actuelles de la Monnaie et Embouque d'Or. Que la branche cadette des Roch ait obtenu cette faveur, ceci ne saurait étonner, après la concession si précieuse de portion de voie publique accordée à leur aïeul Étienne en 1249 (7). Leurs immeubles consistaient donc en :

1° Une grande maison, dite l'arc d'En Roqua, sise dans l'île

---

(1) Appendice n° XI, 2 et 3.
(2) C. Sainte-Foy, 1448, f° 3.
(3) C. Saint-Firmin, 1435, f° 14 v°.
(4 et 5) *Ibid.*, 1401, f° 7 v°.
(6) C. Saint-Firmin, 1435, f° 14 v°.
(7) Voir p. 65.

Tour d'Obilion. Elle figure au nom des hoirs de sen Johan Roqua, en 1429 (1) et en 1439 (2), et passe sur celui de Domergue Roca avec la même désignation, et pour la même contribution de 175 livres (3). De propriétaire en propriétaire, avec des confronts constants, je la suis depuis l'aliénation qu'en firent, avant 1470, les héritiers de Domergue Roca, entre les mains de Bérenger de Bozéna, puis Jean ; de Jean Duplès, d'André Ricardi, d'Antoine Duplès, sieur de Lèques, de Jean de Mirman (4), de la dame Brun épouse de La Devèze, de Mesdemoiselles de La Devèze, de Jacques Sicard, de ses hoirs, enfin de la Ville, qui l'acheta, afin de la démolir en 1835 pour l'ouverture de la rue Valedau (5). Le délaissé a formé l'immeuble n° 7 de la rue Embouque d'Or. Or, cette maison, acquise des héritiers Sicard, a été signalée par un de nos plus compétents érudits, comme fort ancienne et très curieuse. Elle offrait à son entrée un arc en plein cintre, coupé par un linteau monolithe, large, qui portait sur des impostes et des piédroits (6). Très original aussi était l'arc qui s'y appuyait et dont subsiste encore un pilier. Une lithographie, prise par Boilly avant sa démolition, montre cet arceau ogival, supportant trois étages, avec son escalier dans une tourelle d'angle. Il est mentionné dans plusieurs documents (7) et connu au xviiie siècle sous le nom d'arc de Brun (8) et parfois de Ramond, parce que ce conseiller avait acquis les maisons contiguës, dont je vais parler.

2° Une autre maison, un peu plus petite, confrontant la précédente du côté vers l'Aiguillerie. Elle figure en 1435 sous le nom de Marina dels Fancs en ces termes : « Item plus hun hostal » que es en lo seten de Santa Fe, en la ysla de la torre d'En

(1) C. Sainte-Foy, 1429, f° 8 v°.
(2) C. Saint-Paul, 1439, f° 3.
(3) C. Sainte-Foy, 1448, f° 3.
(4) Ibid., 1470, f° 47 ; 1480, f° 59 ; 1525, f° 53 ; 1544, f°° 76 et 77 v° ; 1598, f° 220 v° ; après 1600, basane, f° 207 ; 1738, f° 229.
(5) Arch. mun. de Montp., collection Desmazes, t. III, 2° partie, p. 1195.
(6) J. Renouvier, Des vieilles maisons de Montpellier, dans les Mémoires de la Société Archéologique de Montpellier, t. I*r*, p. 39.
(7) Cérémonial consulaire du xv° siècle, f° 34 v°. — Compoix et notaires, passim.
(8) D'Aigrefeuille, Histoire de Montpellier, t. I*r*, p. 556.

» Bilhon, que fonc de sen Johan Roca, son suogre, estimat sent e
» quinze licuras » (1). Elle paraît ensuite sur celui de Philibert
de Nèves, acquéreur avant 1448, comme grande maison, toujours
désignée par cette particularité de son voisinage avec l'arc d'En
Roqua (2). Ici encore je suis l'immeuble entre les mains de
Philibert, d'Étienne, de Marguerite de Nèves; de Jacques Fortiat,
de Pierre de Mandronnet, de Marie, sa fille, épouse de Samuel
Verchant, de Pierre Ramond (3). Il porte aujourd'hui les
numéros 3 et 5 de la rue Embouque d'Or. Deux particularités
s'y rattachent : l'immeuble avait été formé par Philibert de Nèves
de deux maisons contiguës, dont celle qui avoisinait l'arc avait
été des Roch, l'autre lui étant venue de Jacques Carcassonne
par sa femme Beleta (4); il était relié au moyen d'un arc de
communication à l'île de la Monnaie. Cet arc, connu au XVIIIe siècle
sous le nom d'arc de Mandronnet (5), était de pierre, comme
celui de Brun dans la rue Embouque d'Or.

3° Une maison, dans l'île De Manse de Flandio de La Combe,
communiquant avec celle de l'arc d'En Roqua par cet arceau,
ainsi qu'il appert du manifeste de Guillaume Lacros, changeur, en
1469 : « Item ung hostal en la carrieyra d'En Bocador, auquel a
« esté adjoinct ung autre hostal que a comprat de messire
« Pierre Bernart, confronte an los heretiers de Phelip de Cra-
« ponna, et an l'arc de lostel de messire Berenguier de
« Bozena » (6). Bérenger de Bozèna, on s'en souvient, avait
la maison de l'arc d'En Roqua. Si, maintenant, je suis l'immeuble de Guillaume de La Croix, je le vois s'accroître d'une
troisième parcelle, acquise des hoirs de Jean Escobar, docteur (7). L'ensemble passe à Louis de La Croix, puis aux trois
frères (8) : Jean, Pierre et Michel (9). Ce dernier paraît s'être

(1) C. Saint-Firmin, 1435, f° 14.
(2) C. Sainte-Foy, 1429, f° 49 ; 1448, f° 6.
(3) *Ibid.*, 1429, f° 49 ; 1448, f° 6 ; 1470, f° 49 ; 1480, f° 91 ; 1525, f° 48 v° ; 1544, f° 75 ; 1600, f° 213 ; après 1600, f° 208 ; 1738, f° 217.
(4) *Ibid.*, 1480, f° 63.
(5) D'Aigrefeuille, *Histoire de Montpellier*, t. 1er, p. 556.
(6) C. Sainte-Foy, relié par erreur avec celui de Saint-Firmin, 1469, f° 19.
(7) *Ibid.*, f° 47 v°.
(8) C. Sainte-Foy, 1480, f° 15 ; 1525, f° 14 v° et suivants.
(9) Fragments de compoix du XVIe siècle, reg. 605.

fixé ailleurs, car ses deux frères se divisèrent les possessions à la rue En Bocador. La portion de Jean de La Croix passa successivement à Jean de Cézelli, président de la Chambre des Comptes, à Françoise de Cézelli, femme de Guillaume de Saint-Ravy, à Alix de Favier, femme de Jacques de Gautier, à Jeanne de Gautier, leur fille, à messire Jacques de Manse, fils de cette dernière (1). Elle porte aujourd'hui le n° 4 de la rue Embouque d'Or, et appartient à M. de Saint-André. C'est sur elle que s'appuyait l'arc d'En Roqua ; sa position l'indique, aussi bien que le texte cité plus haut. Quant à la portion de Pierre de La Croix, seigneur de Teyran, elle figure sous les noms de Jean, son fils, et de noble Daniel de Grefeuille, depuis 1670 (2). L'emplacement en est connu : c'est actuellement l'immeuble n° 12 de la rue Petite Loge. Avec la maison intermédiaire, elle représentait les deux parcelles Escobar et Bernard, jointes par Guillaume de La Croix à son immeuble primitif. Ceci ne saurait faire doute, car la maison Escobar avait été de Guillem del Pos (3), et ce dernier était au coin des rues Petite Loge et Embouque d'Or (4) ; en outre, celle de Pierre Bernard, qui la confrontait de l'autre côté, était contiguë à la grande maison de Guillaume de La Croix (5).

Je reviens sur cette dernière, pour prouver qu'elle avait appartenu aux Roch, et à ce titre m'intéresse. Non-seulement elle constitue une de leurs propriétés, mais son mode de transmission à la famille De La Croix éclaircirait un point en contestation : celui de la parenté des deux familles. Je lis dans le testament d'un changeur montpelliérain, Jean de Pertout, en date du 31 avril 1419, qu'il lègue à sa nièce Marquette, femme d'Albert Denis, sedier, la maison qu'il a rue En Bocador, confrontant d'un côté avec Jean Roch, damoiseau, d'autre avec Deo Ambrosi, bourgeois, traverse au milieu, et enfin avec Louis

---

(1) C. Sainte-Foix, 1525, f° 11 v°; Sainte-Anne, 1541, f° 76 ; ibid., 1600, veau, f° 369 ; fragments de compoix du xvi° siècle, reg. 604 ; Sainte-Foy, 1600, f° 260 ; après 1600, basane, f° 259 ; 1738, f° 259.
(2) C. Sainte-Foy, 1525, f° 18 v° ; 1544, f° 22 ; 1598, f° 157 ; 1600, veau, f° 256 ; après 1600, basane, f° 255 ; 1738, f° 264.
(3) C. Sainte-Foy, 1480, f° 15.
(4) Ibid., 1448, f° 12.
(5) Ibid., 1480, f° 15.

Perdiguier (1). De quel immeuble des Roch est-il question ? C'est dans les îles bordant la rue En Bocador qu'il faut chercher. Elles étaient au nombre de quatre : une à droite, trois à gauche, lorsqu'on se dirige de la rue de la Loge vers celle de l'Aiguillerie; mais la seule où je trouve à la fois comme propriétaires : Deo Ambrosi (2), Louis Perdiguier (3) et Albert Denis (4), est celle qui porta successivement les noms d'île Guizant del Pos, Guillem del Pous, Guillaume la Croix (5); c'est l'île De Manse de Flandio de La Combe, aujourd'hui délimitée par les rues Embouque d'Or, des Trésoriers de France, Collot et Petite Loge. En outre, la maison de Jean Roch se trouve dans cette partie de l'île qui est la plus rapprochée de la place Jacques Cœur, car jadis une traverse ou ruelle coupait l'île en ressortant de la rue Petite Loge à celle d'Embouque d'Or, et Deo Ambrosi, d'après tous les compoix, était du côté de l'église Notre-Dame (6).

Malheureusement le manifeste des héritiers de Jean Roch se contente de mentionner ainsi l'immeuble: « Lo gran hostal ont » mosenhor de Laon, los cossis, lo enfans de Arnaut Pelagual » lo tenon en gagiera he devon paguar totz los cargz » (7). S'il ne fournit pas les confronts exacts, il contient du moins deux précieuses indications : c'est que l'évêque de Laon, ce Guillaume de Champeaux, général des finances en Languedoc, qui se fit révoquer pour ses prévarications (8), habite la maison ; que, de plus, la situation financière des Roch est embarrassée. Aussi après les Pelagual le soin de payer les impôts échoit-il à l'évêque de Laon, à titre de tenancier (9). La maison est imposée pour 400 livres, par conséquent des plus importantes de toute l'île, car Guizant del Pos n'en paye que 400 pour deux immeubles (10), et Deo Ambrosi 400 aussi, pour une fort grande

---

(1) Arch. dép. de l'Hérault, série G, notaires : Arnaud Vitalis, reg. 129, f° 11 v°.
(2) C. Sainte-Foy, 1429, f° 24.
(3) Ibid., f° 7.
(4) Ibid., f° 20.
(5 et 6) C. Sainte-Foy, passim.
(7) C. Saint-Paul, 1439, f° 3.
(8) Spont, La taille en Languedoc, dans les Annales du Midi, n° 12, p. 439.
(9) C. Sainte-Foy, 1429, f° 21 v°.
(10) Ibid., 1429, f° 17.

maison (1). Il s'agit donc bien d'un « gran hostal », comme est dit celui de Guillaume de La Croix. En outre, la maison de l'évêque de Laon, qui avoisine Deo Ambrosi (2), vers la rue de la Loge, en a une toute petite, à côté sans doute, et servant d'écurie, qui confronte Guizant del Pos, c'est-à-dire l'angle vers l'Aiguillerie : elle occupe donc l'exacte position de la maison primitive de La Croix. A ce faisceau de probabilités, qui peut suppléer pour l'esprit le plus prévenu à une preuve encore non trouvée, j'en ajouterai deux autres. La première est celle qu'on tire de la raison d'être de l'arc entre les deux maisons des Roch : l'une, connue déjà, dans l'île Tour d'Obilion ; l'autre, située dans la partie de l'île De Manse qui lui fait vis-à-vis et, semble-t-il, nécessairement mise en communication avec la précédente. La seconde probabilité découle de la tradition qui fait les De la Croix alliés aux Roch, et a pu trouver son origine dans la possession de l'immeuble des uns par les autres. Je n'affirme et je ne nie pas davantage cette parenté, car la constatation du point de contact par la propriété successive d'un commun immeuble, peut aussi bien expliquer la légende que s'accorder avec l'histoire.

4° Les Roch possédaient encore au xv° siècle, à part les trois immeubles que je viens d'étudier, une maison dans l'île de la Monnaie (3). Cette maison, petite d'ailleurs, est portée au rôle des hoirs de Jean Roch sous cette mention : « hostal que se ten » am sen Peyre Morgue, Felibert de Nev l'a comprat » (4). En effet, l'on voit que Philibert de Nèves a pour confront Jean Morgue, à l'égard d'une petite maison située dans l'île de la Monnaie (5). Il en fit des étables (6), que je trouve successivement en la possession de Jacques Fortiat, puis de Pierre Mandronnet, de Samuel Verchant, époux de Marie de Mandronnet, enfin de Pierre Ramond (7), autrement dit de tous les propriétaires

(1 et 2) C. Sainte-Foy, f° 24.
(3) Ibid., f° 8 v°.
(4) C. Saint-Paul, 1439, f° 3 ; Sainte-Foy, 1429, f° 8 v°.
(5) C. Sainte-Foy, 1448, f° 7.
(6) Ibid., 1470, f° 49.
(7) Ibid., 1544, f°° 75 et 91 ; après 1600, basane, f° 208 ; 1600, veau, f°° 212 v° et 213.

de l'immeuble que j'ai étudié le deuxième (1), et qui communiquait avec celui-ci à travers la rue actuelle de la Monnaie. Mais la maison dont il s'agit n'est qu'un débris des possessions venues des De Conques aux Roch, car j'ai parlé de celles qui touchaient au portail de Montpelliéret et l'établissement de l'Hôtel de la Monnaie a pu en amener le démembrement.

Il me paraît indispensable de formuler quelques conclusions après une digression aussi longue. Tout d'abord, la tradition qui place la maison de saint Roch à l'angle des rues de la Loge et des Trésoriers de France est absolument fausse : là existait celle, non moins ancienne au surplus, d'Obilion avec sa tour et son arceau (2). Mais pour cette concession refusée à une ancienne erreur, on doit considérer comme acquis à la vérité historique l'établissement d'une branche des Roch dans l'île de la Monnaie dès avant 1267, et son existence encore au commencement du xv° siècle dans celles de la Tour d'Obilion, De Manse et de la Monnaie, où elle possédait des immeubles considérés comme les plus anciens de la ville, antérieurs de construction à 1259, date de la prohibition par Jacques d'Aragon des arcs de pierre jetés à travers rue (3).

## IX.

La rue En Bocador (*suite*). — Marchands étrangers qui l'habitent. — La maison de Jacques Cœur. — Historique de l'hôtel actuel de Lunaret : demeure d'Urbain Grimoard, le neveu du pape Urbain V, séjour de la Cour des Généraux ou des Aides, de la Chambre des Comptes, du Bureau des Trésoriers de France.

Habitée à l'origine surtout par nos bourgeois, la rue En Bocador devint, au xv° siècle, comme le rendez-vous des plus riches marchands. L'invitation adressée en 1432 aux étrangers par nos Consuls avait porté ses fruits : ils étaient accourus en nombre,

(1) Voir p. 158.
(2) Voir p. 7 et suivantes.
(3) D'Aigrefeuille, *Histoire de Montpellier*, t. Ier, p. 556.

et la période d'exemption des tailles étant alors expirée pour eux, le compoix de 1448, refait dix ans après, nous a transmis leurs noms (1). Rien de plus curieux que l'immigration italienne dont ils témoignent. C'étaient, à l'île du Consulat Neuf : les De Botegavy(2), les Dandréa (3), les De Monaldo (4), en attendant les De Manny (5) et les Bucelli (6) ; à celle De Manse, les De Manny (7); à celle de la Tour d'Obilion, les Falcon de Falcons (8) de Florence (9), les De Procida (10), de Bozéna (11), De Nèves (12), les Nicolaï (13), les Bossavin (14), les De Craponne (15), famille nombreuse, dispersée à Pise, Palerme et Montpellier (16), les De Capons (17) de Milan (18), les Griffi (19) de Pise (20).

Mais de tous ces marchands, le plus célèbre, sans contredit, fut cet argentier de Charles VII, qui, en choisissant Montpellier

---

(1) Comme tous ces noms peuvent être facilement retrouvés et suivis sur la série des compoix Sainte-Foy, je me contente d'y renvoyer en gros, et je me borne à désigner l'immeuble sous son numéro actuel.
(2) N° 8 de la rue des Trésoriers de France.
(3) N° 6 de la rue des Trésoriers de France.
(4 et 5) N° 4 de la rue des Trésoriers de France.
(6) N° 2 de la rue des Trésoriers de France.
(7) N° 6 de la rue Embouque d'Or.
(8) N° 7 de la rue des Trésoriers de France.
(9) Arch. dép. de l'Hérault, série G, notaires : Barthélemy Vitalis, reg. 180, f° 203.
(10) N° 1 de la rue des Trésoriers de France.
(11) N° 7 de la rue Embouque d'Or.
(12) N°˙ 3 et 5 de la rue Embouque d'Or.
(13) N° 2 de la place Jacques Cœur.
(14) Je suis obligé de relever ici la confusion faite au sujet de cette maison, où logea, en 1503, l'archiduc Philippe le Beau. Il ne s'agit point de celle du lieutenant-colonel De Grefeuille, aujourd'hui n° 12 de la rue Petite Loge (Grasset-Morel, *Un ancien quartier de Montpellier*, p. 7, note 1) ; mais de celle que, le 20 février 1665, acquit le président De Grefeuille, aujourd'hui n° 1 de la rue Embouque d'Or. (Fragments de compoix du XVIᵉ siècle, reg. 607, vers la fin ; C. Sainte-Foy, 1525, f° 46 v° ; 1544, f° 74 ; fragments du XVIᵉ siècle, t. III, f° 65 v° ; 1600, veau, f° 215 ; après 1600, basane, f° 210 ; 1738, f° 227).
(15) Fondue dans le n° 2 de la place Jacques Cœur et le n° 24 de la rue Aiguillerie.
(16) Arch. dép. de l'Hérault, série G, notaires : Barthélemy Vitalis, reg. 180, f°˙ 16, 26 v°, 49 v°.
(17) N° 24 de la rue Aiguillerie.
(18) Grand Thalamus, f° 224.
(19) N° 26 de la rue Aiguillerie.
(20) Arch. dép. de l'Hérault, série G, notaires : Barthélemy Vitalis, reg. 194, f° 236.

pour centre de ses opérations commerciales, lui donna un regain de prospérité. Une tradition constante, rapportée par D'Aigrefeuille (1), désigne comme lui ayant appartenu la maison dite plus tard des Trésoriers de France, aujourd'hui n° 5 de la rue de ce nom. Mais on sait déjà, par le présent travail, que, si les traditions de ce genre valent à titre d'indice, elles ne servent guère en fait de preuves. Il faut donc encore ici se dépouiller de toute idée préconçue et entamer l'étude de la question comme nouvelle.

Jacques Cœur a-t-il été propriétaire à Montpellier? Son absence comme contribuable sur les rôles d'impositions foncières au xv° siècle a autorisé l'un de nos plus consciencieux auteurs locaux à penser que « il ne paraît pourtant pas qu'il y ait jamais » possédé d'immeubles, car son nom ne figure sur aucun de nos » compoix » (2). L'objection est écartée par une laconique, mais décisive mention à la date du 10 mars 1447. On s'occupait, à ce moment, de la confection de nouveaux compoix. Les Consuls, considérant les services que leur avait rendus, cette année-là, maître Étienne Petit, secrétaire du Roi et trésorier général en Languedoc, l'exemptèrent des tailles pour tout ce qu'il possédait dans la ville. Le document ajoute : « *Similis quictancia facta fuit domino argenterio Jacobo Cuer* » (3), résolvant ainsi, dans le sens de l'affirmative, la question que nous posions tout à l'heure.

Au reste, si Jacques Cœur ne figure pas comme imposé sur les compoix, il ne serait pas cependant absolument exact de dire qu'il n'y est point du tout mentionné, car on l'y voit nommé d'abord à titre de confront en 1448, puis d'ancien propriétaire en 1458 (4). Voici, en effet, ce que je lis au

---

(1) *Histoire de Montpellier*, t. I<sup>er</sup>, p. 623.

(2) D<sup>r</sup> Léon Coste, *Les anciennes Fontaines de Montpellier*, p. 24.

(3) Arch. mun. de Montp., série BB, reg. des petites notes du Consulat de l'année 1446. — Combien je préfère voir nos Consuls invoquer pareil motif ! En le rayant des rôles la même année, les magistrats de Lyon en donnent pour raison « qu'il » pourroit plus nuire à la ville que qui que ce soit. » (Péricaud, *Notes sur la ville de Lyon*, p. 56).

(4) Au moment où eut lieu la réfection du compoix de 1448. (Arch. mun. de Montp., série BB, délib. du Conseil de Ville de 1458).

registre du sixain Sainte-Foy : « Manifest de Jacques Proxidas.
» Primo 1 grant hostal en que demora, que fonc de sen Johan
» de Cazals, confronta am sen Domergue Roqua, et am lo
» estable de mossen l'argentie. » Et encore : « Manifest de sen
» Felibert de Neve.... Plus 1 hostal que fo de Jacques Cuer,
» argentier, se confronta an sen Jacques Prossida, que est
» passatge, estimat setanta livres, rebatut lo quart, monta.....
» lij $^1$ x $^s$ » (1). Ces mentions, des plus formelles on le voit,
seraient pourtant, à elles seules, insuffisantes pour fixer l'emplacement des immeubles de Jacques Cœur. C'est à une telle
recherche qu'il me faut maintenant attacher.

Ainsi comprise sans nouvelle désignation de lieu au manifeste
d'un propriétaire qui a sa demeure dans la rue En Bocador, la
maison se trouvait située dans cette même rue ; ce point est acquis
par l'usage constant des rédacteurs des compoix. A n'écouter
alors que la tradition, la difficulté n'existerait plus. Mais la
tradition s'est trompée de porte, je l'affirme, en plaçant la
maison du célèbre argentier au n° 11 de la rue actuelle Jacques
Cœur, immeuble contigu d'ailleurs à l'ancien Bureau des Trésoriers de France.

Mon affirmation est appuyée sur : 1° la succession des propriétaires établie depuis Jacques Cœur ; 2° les confronts donnés
à la maison de l'argentier ; 3° les particularités qui en sont
connues.

Voici d'abord la liste des propriétaires, avec les dates et le
montant des tailles, tirée des compoix :

|  |  |  |
|---|---|---|
|  | 1448 Jacques Cœur................ | Affranchie. |
|  | 1458 Philibert de Nèves............ | 70 l. réduites à 52 l. 10 s. |
|  | 1470 Hoirs du précédent.......... | 60 l. |
| Après | 1470 Leuzerin Dandrea ........... | » |
|  | 1480 Hoirs du précédent (P. Dandrea) | » |
| 1525-1544 | »       » | 30 l. |
|  | 1600 Dlle. Charlotte des Ursières... | 23 l. |
| 21 mai 1618 | François Clauzel............. | » |
|  | 1738 Guillaume de Clauzel (2)...... | » |

(1) C. Sainte-Foy, 1448, f$^{os}$ 5 et 7 r° et v°.
(2) *Ibid.*, 1448, f° 7 v° ; 1470, f° 49 ; 1480, f° 10 v° ; 1525, f° 57 v° ; 1544, f° 80 v° ; 1600, f° 230 ; après 1600, basane, f° 205 ; 1738, f° 215.

Et deuxièmement, quels étaient les confronts assignés à la maison de Jacques Cœur ? Si, restant dans la même île, je considère les confronts latéraux, les compoix me fournissent les noms de Jacques Procida et de Jean Forestier, seigneur de Vauvert, dont les immeubles correspondent aux n°s 1 et 5 de la rue des Trésoriers de France. A l'appui, je donne simultanément la liste des propriétaires.

### N° 1

1429 Jean de Cazals Blancs.
1448 Jacques Procida.
1470 Hoirs du précédent.
1480 Louis Nicolau.
1525) Jacques des Guillems,
1544) s$^r$ de Figaret.
31 oct. 1556 François Fetz ou Fos.
1600 Jacques Fos.
25 juil. 1605 Louis Sapporta.
9 juil. 1664 Louis de Valette, s$^r$ de Cardet et Lezan.
19 juin 1685 Guillaume de Clauzel.
1738      »
1788 Et. Gabriel de Geoffroy
24 oct. 1791 Antoine Dupin, puis son fils.
21 juin 1804 Pierre Bousquet.
28 janv. 1882 Charles Bresson.
1891 Hoirs Bresson(1).

### N° 5

1429 Urbaine, V$^e$ d'Urbain.
1448 Jean Forestier, s$^r$ de Vauvert.
1470) M$^{me}$ de Montcercau,
1480) ou de Montsoreau,
.1525) ou de Montseren.
1544)
Après 1544 De Fizes, s$^r$ de Sauve.
1600 Jean des Ursières, s$^r$ de Castelnau.
1$^{er}$ avril 1610 Yolande des Ursières, femme de Pierre Dampmartin.
19 août 1632 Bureau des Trésoriers de France(2).

Mais l'immeuble de Jacques Cœur faisant passage entre les rues actuelles des Trésoriers de France et Jacques Cœur, il importait de rechercher ses confronts au delà de ces deux voies publiques. Je suis parvenu à les trouver. Il est dit au compoix de 1470, que Jacques Procida confronte « an lostal del passage qui va davant » lostellerie del Sauvaige » (3). Que la maison dite du passage fût celle même de Jacques Cœur, ceci ne saurait faire doute, d'abord à cause du détail rapporté plus haut d'après le compoix

---

(1) C. Sainte-Foy, 1429, f° 51 ; 1470, f° 46 ; 1480, f° 58 ; 1525, f° 58 v° ; 1598, f° 126 ; 1600, veau, f° 217 ; après 1600, basane, f° 204.

(2) Ibid., 1429, f° 50 ; 1448, f° 4 v° ; 1470, f° 46 v° ; 1480, f° 58 v° ; 1525, f° 56 ; 1600, veau, f° 225 ; après 1600, basane, f° 206 ; 1738, f° 215.

(3) Ibid., 1470, f° 46 v°.

de 1458, et répété dans celui de 1544 (1), ensuite parce que l'autre confront de Procida, Bérenger de Bozéna, désigne l'immeuble du côté opposé, qui a été très malheureusement, je l'ai dit, pour l'archéologie et l'histoire locales, sacrifié au percement de la rue Valedau (2). Quant à l'hôtellerie du *Sauvage*, son emplacement a été déterminé (3).

Je passe au quatrième confront, dans la rue opposée, celle des Trésoriers de France. La position de l'immeuble de Jacques Cœur y sera déterminée relativement par celle de deux maisons contiguës, ainsi désignées en 1452 : *Scilicet duo hospicia sua ipsius Ludovici de Monaldo simul contigua et se tenencia, que fuerunt Ludovici Causiti, burgensis dicte ville Montispessulani, quorum hospiciorum domina Margarita de Fara dicitur esse ususfructuaria, cum omnibus jam dictorum duorum hospiciorum, solo, fundamentis, parietibus, clausuris, tectis, stillicidiis, totoque suo alio universali edifficio, juribus, introytibus, exitibus et pertinentiis universis, situata infra muros communis clausure dicte ville Montispessulani in carreria vocata Bocador, confrontata ex una parte cum dicta ecclesia Beate Marie de Tabulis, quadam carreria qua itur a domo seu plano Consulatus Montispessulani versus carreriam d'En Bocador in medio ; ab alia parte cum honore domini Johannis de Dino, in legibus licenciati Montispessulani, filii et heredis Michaelis de Dino, quondam fundiguerii ipsius ville ; et ab alia parte cum honore honorabilis viri Jacobi Cordis, argentarii dicti domini nostri Regis, dicta carriera d'En Bocador in medio ; et ab alia parte cum honore honeste mulieris Martrete, relicte Johannis Basterii, quondam drapperii dicte ville Montispessulani* (4).

Grâce aux compoix et à divers actes de notaires, je peux fixer exactement la situation des maisons de Louis de Monaldo, déjà possédées en 1361 par la famille Geves, *alias* Causit, bourgeois de Montpellier (5). L'un deux, Léonard, en avait laissé l'usufruit

---

(1) C. Sainte-Foy, 1544, f° 78 v°.
(2) Voir p. 158.
(3) Voir p. 150.
(4) Arch. dép. de l'Hérault, série G, notaires : Antoine Malaripe, reg. 117, f° 63.
(5) Arch. mun. de Montp., grand chartrier, arm. F, cass. VII, pièce n° 35.

à sa femme Marguerite de Fara (1) ; mais leur fils Louis les vendit, on vient de le voir, le 17 mars 1445, à Louis de Monaldo, qui, le 24 septembre 1452, les donna à sa sœur Danizette, femme d'Étienne Sarron, changeur. Le mobile de cette donation, attribuée dans le contrat à la reconnaissance, était tout autre, mais elle était justifiée, aux yeux de tous, par les raisons les plus acceptables. Les Sarron avaient trois filles à doter : en épousant Dodon Noguier, mercier, Isabelle reçut, le 12 janvier 1487, la moitié de celui des deux immeubles qui regardait Notre-Dame des Tables (2). Catherine, surnommée Danizette, se mariant avec un autre mercier, Bertrand Alran ou Aurant, eut, le 6 février 1488, l'autre partie du même immeuble (3), ayant sortie sur la rue Collot actuelle ; enfin, le prix de la maison rue En Bocador forma la dot d'Agnès, quand elle devint la femme de Hugues de Monteysimo, notaire (4), possesseur d'un immeuble faisant coin sur les rues de la Loge et Jacques Cœur (5). Je n'ai plus à m'occuper de la maison vers Notre-Dame des Tables (6) ; mais il me faut suivre les transformations de l'autre, sur la rue En Bocador, faisant vis à vis à Jacques Cœur. Avant 1525, elle avait été acquise par Antoine Bucelli, pour qui il y avait convenance à la joindre à celle qu'il tenait déjà, tout à côté, de sa mère Jacquette Pavez, la propriétaire du *Sauvage*. Jacquette l'avait recueillie dans la succession de Thierri Poilhant, le gendre de Louis Perdiguier, qui en était propriétaire dès 1429 (7). La réunion de ces deux maisons Sarron et Perdiguier (celle-ci formant coin) a constitué l'immeuble qui, longtemps resté dans la famille des Bucelli, et passé ensuite à celle de Dammartin (8), porte aujourd'hui le

(1) C. Sainte-Foy, 1429, f° 5 v°. — Voir p. 168.
(2) *Ibid.*, 1480, f° 6 v°.
(3) *Ibid.*, 1480, f° 5 ; 1470, relié par erreur dans celui de Saint-Firmin, 1469, f°s 3 v° et 5.
(4) Arch. dép. de l'Hérault, série G, notaires : Barthélemy Vitalis, reg. 180, f° 203.
(5) C. Sainte-Foy, 1480, f° 80.
(6) Aujourd'hui n° 8 de la rue du Consulat, qui, passant à Bucelli, vint par mariage aux Dortoman, et fut léguée par l'un d'eux pour servir de logement au curé de Notre-Dame des Tables ; les propriétaires actuels y ont trouvé des pierres sacrées, qu'on avait cachées à la Révolution.
(7) C. Sainte-Foy, 1429, f° 6 v° ; Saint-Matthieu, 1469, f° 160 ; Sainte-Foy, 1525, f°s 9 v° et 11.
(8) C. Sainte-Foy, *passim*. — Trésoriers de France, année 1728, f° 50 v°.

n° 2 de la rue des Trésoriers de France et appartient aux héritiers de M. le marquis de Roquefeuil. Or, cet immeuble, surtout dans la partie correspondante à l'ancienne maison Sarron, se trouve exactement vis à vis celui de Jacques Cœur.

J'ai hâte de sortir de ces fastidieuses énumérations, qui constituent le deuxième genre de preuves, pour aborder celles que me fourniront les détails connus sur la maison du fameux argentier. Ils sont au nombre de trois : la maison faisait passage pour aller au *Sauvage;* elle avait une écurie ; elle possédait une tour, d'où, selon la tradition, l'on pouvait découvrir la mer : toutes conditions réalisées par la maison n° 11 de la rue Jacques Cœur, appartenant à Mme. Pargoire.

Et d'abord, existe-t-il trace du passage entre les rues des Trésoriers de France et Jacques Cœur ? Je réponds de la manière la plus affirmative. En face du porche d'entrée qui porte dans la seconde de ces rues le n° 11, on trouve, lui faisant suite au delà de la cour, un couloir de 1$^m$,50 de largeur qui a sortie à la rue des Trésoriers de France. La voûte de ce dernier couloir, à cintre très légèrement ogivé, doit être semblable à celle que laisse deviner le plafond actuel du porche opposé, rue Jacques Cœur. Jadis les deux couloirs communiquaient par une salle voûtée et par la cour, et formaient passage public. Les propriétaires actuels firent, il y a environ vingt ans, murer dans le fond le porche de la rue des Trésoriers de France, et le louèrent à M. Robert, marchand de bois et charbons, qui m'a fourni ces détails. La persistance de l'usage de ce passage jusqu'à une période si rapprochée de nous est d'autant plus significative que, tout à côté, fut établie, au xviiie siècle, une porte d'entrée, assez récemment abandonnée, et figurant le numéro 3 de la rue des Trésoriers de France.

En second lieu, Jacques Cœur possédait une « estable », donnée comme confront à la maison De Procida, en 1448. Or, l'on voit cette dernière confronter directement Leuzerin Dandrea, deuxième propriétaire après Jacques Cœur. Il paraîtrait donc que « l'estable » de celui-ci a passé entre les mains de son voisin. Le possesseur actuel de la maison De Procida m'a, en outre, affirmé que son immeuble n'avait pas de caves dans la partie attenante à la maison Pargoire, et qu'il n'existait jadis en cet endroit que rez-de-chaussée et premier. Enfin, un contrat de 1791 mentionne par derrière une cour commune aux deux maisons, qui, à diverses reprises, restèrent dans les mêmes mains.

Mais la preuve la plus curieuse est celle que fournit, à l'appui de la tradition, l'existence d'une tour élevée, placée dans un angle de la cour. Octogonale comme on les faisait au xv⁰ siècle, elle renferme, ainsi que tant d'autres à Montpellier, un escalier qui, après avoir desservi tous les étages, aboutit aujourd'hui à une pièce couverte, percée de deux fenêtres : l'une au nord, l'autre au midi, murée depuis ma visite. De cette dernière j'ai pu constater qu'on apercevait parfaitement la mer jusqu'au large, et l'on conçoit très bien, qu'avant la construction ou l'exhaussement des maisons longeant l'Esplanade, Jacques Cœur ait été à même, comme d'aucuns l'ont prétendu, de suivre au loin du regard ses vaisseaux.

L'emplacement de la maison une fois établi, il me reste à indiquer quelle en était l'étendue et ce qu'on peut raisonnablement, dans ses restes, attribuer au xv⁰ siècle. La façade de la rue Jacques Cœur n'a pas dû varier de longueur, car de ce côté je n'ai trouvé aucune mention d'acquisition ou vente; mais elle s'est régularisée en ligne droite, lorsque Guillaume de Clauzel la reconstruisit en 1738 (1). La façade opposée avait, en 1448, une plus grande étendue et voici comment. Les écuries du fameux argentier confrontant la maison De Procida, à laquelle elles furent jointes plus tard, prolongeaient l'immeuble de ce côté. A l'extrémité opposée, on peut constater encore aujourd'hui un fait curieux : sur une longueur de $1^m,28$ et une profondeur de $4^m,80$ dans œuvre, la maison Pargoire possède un rez-de-chaussée sur lequel s'élèvent les deux étages de la maison De Lunaret. Je ne saurais justifier par aucun document écrit une telle bizarrerie, et ne me l'explique que par la possession simultanée des deux immeubles dans la famille Des Ursières, et par les nécessités de la symétrie pour la façade de l'hôtel de M. de Castelnau.

Quoi qu'il en soit, cette minime portion de muraille ancienne

(1) Trésoriers de France, année 1738, f⁰ 34.

est certainement le reste le plus authentique et le plus intact de la maison de Jacques Cœur. On y voit une petite fenêtre carrée, inégalement divisée dans sa largeur par un meneau de pierre, et munie d'une grille de l'époque. L'ouverture au-dessus est loin de présenter le même cachet d'ancienneté. Il me faut signaler aussi, au premier étage, parmi les fenêtres du xviii° siècle, si communes aux maisons de nos Conseillers, une fenêtre beaucoup plus étroite, qui répond exactement dans la cour à une autre semblable. Toutes deux sont placées au dessus du couloir-passage dont il a été question. Elles auraient été ogivales, à en juger par la hauteur, dissimulée au moyen d'un blocage après la disparition de l'arc en tiers point. Au deuxième étage et précisément encore au-dessus du passage, on voit les traces d'une autre fenêtre avec un ornement en forme de palmette, ou peut-être de coquille. Les deux tronçons du passage doivent aussi avoir existé au xv° siècle, ainsi qu'une salle voûtée entre l'escalier actuel de la maison et la cour, et une autre, rue des Trésoriers de France. Enfin, près de la tour et dans sa partie supérieure, je mentionnerai une amorce qui va au dessus du deuxième étage.

C'est tout, le reste ayant subi l'effet des transformations réalisées au xviii° siècle, après avoir bien certainement auparavant souffert les ravages du temps. Il n'en est pas moins fort regrettable que la tradition se soit, jusqu'à mes recherches, égarée constamment sur un point des plus curieux de notre archéologie locale : la maison de Jacques Cœur eût été peut-être mieux respectée, ou tout au moins elle eût été décrite par D'Aigrefeuille, qui put la voir dans son état primitif. Mais le nom, le faste connu du célèbre argentier semblaient donner une autre idée de ses propriétés, et grâce au voisinage, la plus importante maison de la rue En Bocador lui a été attribuée. Si je lui ôte ce souvenir historique (1), je suis, d'ailleurs, en me-

(1) La maison que je viens d'étudier ne fut pas la seule propriété de Jacques Cœur à Montpellier; mais je l'ai mentionnée de préférence, parce qu'elle lui servit d'habitation. En outre, je dois faire observer qu'on ne peut donner de preuve absolument négative au sujet du n° 5, puisqu'il ne figure pas sur le compoix de 1418, et qu'en ces matières, il ne faut affirmer que sur preuves ; y a-t-il cependant probabilité que deux maisons contiguës lui aient appartenu, quand il n'est jamais question que d'une seule, et que la proximité a dû entraîner confusion ?

sure de lui en restituer quelques-uns, restés bien parfaitement inconnus.

Le plus ancien en date est celui du petit-neveu d'Urbain V : Urbain Grimoard de Senhoret. Fils de Pierre de Senhoret et d'Amphélise de Grimoard, il fut destiné d'abord à l'état ecclésiastique dans l'église de Mende, son pays d'origine; mais il rentra dans le monde, se maria, devint docteur ès lois à l'Université de Montpellier, juge de la Part-Antique et conseiller de nos Consuls. En 1429, il était déjà mort; mais sa veuve « Madona Hurbana, molher que fonc de mossen Hurba rent son » manifest. — Primo hun hostal en que demora en lo seten de » Santa Fe en la isla de la tore d'En Bilhon. — Item hun petit » hostal de tras lo dich hostal gran, loqual es derohit davant » Santa Fe » (1). L'identification de la maison ne fait pas doute, grâce à ce détail de position. Quant à celle du propriétaire, elle me paraît certaine. Ce simple prénom d'Urbain employé absolument ne peut convenir qu'à un personnage très connu, tel que l'était à Montpellier le petit-neveu du Pape Urbain V. En outre, la charge qu'il avait l'engageait à se loger près de l'ancien Montpelliéret, et ici il se trouvait à la limite même des deux juridictions. Enfin sa veuve faisait élever leurs enfants au quartier scolaire du faubourg Saint-Jaume, son manifeste portant : « Item hun hostal foras lo portal nou en que demoron sos enfans » per escola » (2). Et l'on sait, d'autre part, qu'en effet les fils d'Urbain Grimoard furent élevés à Montpellier.

Le compoix mentionne ensuite, comme propriétaire de l'immeuble, Jean Forestier, seigneur de Vauvert (3). Lorsque le Parlement fut transféré momentanément à Montpellier, les Consuls demandèrent la maison pour y loger l'évêque du Puy, ses gens et ses équipages, et en compensation du loyer, déchargèrent Forestier des arrérages de tailles (4). Cet évêque du Puy était Jean de Bourbon, lieutenant du gouverneur en Languedoc, et commis à l'exécution des lettres patentes qui mettaient le Par-

---

(1 et 2) C. Sainte-Foy, 1429, f° 51.
(3) C. Sainte-Foy, 1470, f° 16.
(4) Arch. mun. de Montp., série BB, reg. des petites notes du Consulat, 3 octobre 1477.

lement à Montpellier (1). C'est au même moment qu'y fut fixée la Cour des généraux sur le fait de la justice des Aides, restée déambulatoire depuis sa création en 1437, et à peu près annihilée depuis 1444 par celle des Conservateurs de l'équivalent. Son premier séjour fut à la maison de Montcereau, dit D'Aigrefeuille (2), qui s'appuie avec raison sur un passage de Philippi en 1563. D'accord avec lui pour ce détail, je rejette son identification de la maison Desfours avec celle De Montcereau, complètement erronée. Cette maison de La Roche, passée le 16 octobre 1704 au président Desfours (3), est celle qui porte aujourd'hui le n° 13 de la rue de la Croix d'Or. Ancienne, curieuse, habitée, il peut très bien être, par Briçonnet, lequel en tout cas eut un immeuble ailleurs (4), et par Montmorency, ayant reçu même la Cour des Aides à quelque moment, car on ne peut produire de preuve absolument négative : j'accorde tous ces points, mais je place la maison De Montcereau rue des Trésoriers de France, n° 5. Ce nom paraît pour la première fois sur le compoix de 1470, « Madame de Monsauren », avec la mention de Jean Forestier, comme précédent propriétaire, et des confronts qui, aussi bien que la succession des propriétaires, désignent avec évidence l'immeuble en question (5). En 1480, le manifeste porte : « Madame de Montsoreau. Primo ung grant
» hostal que fonc del noble Jehan lo Forestier, senhor de Val-
» vert, situat en la carriera d'En Bocados, confronte an los
» heretiers de sen Philibert de Neve et an m° Jehan Trippet,
» estimat cinq cens lieuras ». — Et en marge, postérieurement :
« franc tant que la cort dels generals y sera » (6). En 1525, on dit encore : « la ont se ten la court dels generals » (7), mention identiquement répétée en 1544 (8) et qui figure sur la vue de Belleforest à la même époque.

(1) D'Aigrefeuille, *Histoire de Montpellier*, t. I<sup>er</sup>, p. 594.
(2) Ibid., t. I<sup>er</sup>, p. 609.
(3) C. Saint-Paul, veau, f<sup>os</sup> 700 et 714 ; 1738, f° 177.
(4) Voir p. 142.
(5) Ces confronts sont les hoirs de Philibert de Nèves (maison de Jacques Cœur) et dona Pons d'Apchier, aujourd'hui n° 7 de la rue des Trésoriers de France.
(6) C. Sainte-Foy, 1480, f° 58.
(7) Ibid., 1525, f° 58 v°.
(8) Ibid., 1544, f° 81 v°.

— 175 —

Je crois pourtant qu'elle n'était plus exacte, du moins quant au séjour de la Cour des Aides, car d'une enquête opérée en 1606 par les soins des Trésoriers de France, au sujet de la Chambre des Comptes, il résulte que cette dernière juridiction siégea dans le principe à la maison De Montcereau, où elle demeura jusqu'à la vente de l'immeuble à M. de Sauve, secrétaire d'État (1). C'est donc en 1523 que la Chambre des Comptes remplaça la Cour des Aides en ce lieu. Celle-ci avait-elle été aussitôt transférée au Palais, où, en 1606, Henri IV déclare formellement que « les » gens de nostre Cour des Aydes à Montpellier rendent et admi- » nistrent la justice » (2)? Quant à la date où la Chambre des Comptes abandonna, à son tour, la maison De Montcereau, je n'ai pu la fixer. Ce dut être vers le milieu du xvi$^e$ siècle, car en 1560, Simon de Fizes, baron de Sauve, étant déjà gouverneur de la Ville, n'aurait pas eu à se préoccuper de son logement. Pour des motifs que j'indiquerai bientôt, les officiers de la Chambre des Comptes songèrent en 1606 à se remettre dans la maison des hoirs De Sauve, dont l'achat et les réparations étaient estimés 30.000 livres (3). Ce dessein ne se réalisa point, et ce fut messire Jean des Ursières, seigneur de Castelnau, qui devint possesseur de la maison « jadis appelée les Généraulx » (4). On l'appela désormais le « Chastel de Castelnau » (5). Sa fille Violande le porta en dot, en 1610, à Pierre de Dammartin, gouverneur de Montpellier (6). M. de Valençay, lui aussi gouverneur, devait y loger après le siège ; mais dès 1614 je trouve la maison louée au Bureau des Trésoriers de France (7), résidant alors, soit alternativement, soit concurremment, à Béziers et Montpellier (8). Tout le monde sait que ces magistrats en devinrent acquéreurs au mois d'août de l'année 1632. Ils y firent les réparations que nécessitait la vétusté de l'immeuble, car il fallait « rendre ladicte

(1) Trésoriers de France, année 1606, f° 92.
(2) Ibid., année 1615, f° 151 v° à 153.
(3) Ibid., année 1606, f° 92.
(4) C. Sainte-Foy, 1600, veau, f° 217.
(5) Trésoriers de France, année 1634, f° 88.
(6) C. Sainte-Foy, 1600, veau, f° 217.
(7) Trésoriers de France, année 1615, f° 65.
(8) Ibid., année 1620, passim.

» maison en estat d'y pouvoir tenir nostre bureau, et esviter
». qui ne thumbast en ruyne, comme elle menassoit ». On y
employa 9.000 livres (1).

Le séjour successif de nos principales juridictions dans la maison dite De Montcereau groupa dans son voisinage la plupart des officiers royaux qui les exerçaient, et renouvela, encore une fois, l'aspect de la rue En Bocador. Non-seulement de hauts fonctionnaires vinrent s'y fixer, comme Jean Trippet, archidiacre d'Albi, au n° 7 de la rue Trésoriers de France (2); Jean Sarrat, au n° 8 (3); l'évêque de Laon, Guillaume de Champeaux, au n° 5 de la rue Embouque d'Or (4), et à côté de lui Jean Gonset (5); mais encore, gagnés par l'exemple, les fils de marchands enrichis acquirent charges et titres. Je citerai seulement les généraux De Bouques, seigneurs du Poux (6); De Bossavin, seigneurs de Pignan (7), et ce Griffy, qui devint marquis et maître à la Chambre des Comptes (8).

## X.

Séjour de la Chambre des Comptes à l'Aiguillerie, près de l'arc Saint-Nicolas. — Historique et description des maisons contiguës à cet arc. — L'église Saint-Nicolas. — Les merciers de Saint-Nicolas et ceux de l'Aiguillerie. — La grande et la petite *Correjarié* ou Corragerie. — La maison des Orangers. — Les maisons habitées par Félix Platter. — La Cour du Bayle. — La rue de la Sabaterie-Neuve ou de la Barralerie.

Cette Chambre des Comptes, en quittant la maison acquise par M. de Sauve, avait été transférée dans un quartier tout voisin, qui appelle l'attention à plus d'un titre. Je veux parler des environs de l'arc Saint-Nicolas à l'Aiguillerie. Mais, pour

---

(1) Trésoriers de France, année 1634, f° 88.
(2) C. Sainte-Foy, 1470, f° 52.
(3) *Ibid.*, 1470, f° 7.
(4) Voir p. 161.
(5) C. Sainte-Foy, 1429, f° 22 v°.
(6) Voir p. 153.
(7) C. Sainte-Foy, 1525, f° 46 v°.
(8) *Ibid.*, 1598, f° 233; 1600, venu, f° 217; après 1600, basane, f° 218; 1738, f° 208.

aborder l'étude des questions que soulève ce nom, je me crois tenu à une sorte d'inventaire des lieux.

On appelait arc Saint-Nicolas un large arceau jeté sur la rue de l'Aiguillerie, dans la partie comprise entre le débouché de la rue En Bocador et d'une ancienne ruelle, encore visible, et qui lui est parallèle. Il s'appuyait, de chaque côté, à différents immeubles, et comme, au dessous de l'arc, on en avait bâti de plus petits, incorporés, par la suite, aux précédents, il importe de les distinguer tous avec beaucoup de soin.

Lorsqu'on abordait l'arceau par le côté venant du Pilar Saint-Gély, on trouvait à droite quatre immeubles, dont deux près l'arc :

1° Une maison possédée au xv° siècle et d'une manière indivise par Janeta des Guillems et Jean Jaume, ainsi désignée : « Prymo 1 ostal quesse confronta am l'arc de la gleya de Sant » Nicolau et am sen P. Peryer, canabassier, en alo faus stimat » dos sens », etc. (1). La moitié appartenant à Jeanne des Guillems fut vendue à Jean Gaillard, lequel acquit, par la suite, celle de Jean Jaume (2). L'entier immeuble est ainsi mentionné au nom de Gaillard : « Primo hun hostal hon demora a laghu- » glerya, confronta Guillaume Periere et a la traverse de laghu- » glerya que va a lostal de Jacque Bucelli en fals alod estimat » cent sinquanta lieuras » (3). D'Estorc ou Astorg Gaillard, hoir de Jean, il fut mis sur sire Guillaume Bosc, puis, le 5 août 1539, sur Antoine Périer, voisin immédiat (4). Le 25 décembre 1564, Jacques Bénézech, fournier, l'achetait (5) ; je reproduis son manifeste, très instructif : « Maison qu'a esté d'Anthoine » Perier, assize à la Gulherie, confronte avec l'autre maison » dud. Perier, l'arc Saint-Nicolas, Loys Capon et la traverse » dud. Sainct Nicolas, extimat vingt livres. — Le xxvij aoust » mil v° lxvij mudat sus le manifest de messieurs de la Chambre » des Comptes pour le Roy à Montpellier, du consentement dud.

---

(1) C. Saint-Matthieu, 1447, f° 47.
(2) *Ibid.*, f°* 2 v° et 65.
(3) *Ibid.*, 1477, f° 1 v°.
(4) C. Saint-Firmin, 1525, f° 11.
(5) Fragments de compoix du xvi° siècle, t. II, f° 71.

» Benezech, et suyvant l'ordonnance de lad. Chambre exhibee
» en datte de ce jourd'huy par requeste signée de Farges » (1).

2° Une autre maison, confrontant la précédente, du côté vers la Grande Loge. C'était la demeure paternelle des Périer (2). On la désigne ainsi : « Primo une maison a la Gulharie, con-
» fronte par devant ambe Astorc Gaillard et Annette Ostarda,
» per darries en la carriere del Camp Nou, Guillaume Bucelli,
» et les heretiers de M⁰ Jehan Garsini, estimat xxxv l. » (3). Lorsque la Chambre des Comptes quitta la maison De Montcereau, vendue à M. de Sauve, c'est chez le sieur Périer qu'elle se logea, moyennant 150 livres par an. Mais Antoine Périer, receveur des exploits et amendes de la Cour des Aides, ayant eu, à la clôture de ses états, un certain déficit, son immeuble fut saisi le 5 février 1564 (4).

Bien que je n'aie pas retrouvé la preuve directe de l'acquisition qu'en fit la Chambre des Comptes, celle-ci est aussi certaine que l'achat de l'immeuble Bénézech. Il est vrai que le compoix de 1544, sixain Saint-Firmin, île Saint-Nicolas, laissé en blanc, ne peut servir à me renseigner ; mais le suivant porte la mention ci-après : « La Chambre des Comp-
» tes. Maison qui auparavant estoient deux, repond a deux
» rues » (5), ce qui indique la réunion des deux immeubles. En outre, la comparaison des confronts partiels et des confronts généraux conduit à la même certitude. Ces confronts partiels étaient, pour la maison primitive des Périer : la rue de l'Aiguillerie, Annette Ostarda, la rue du Cannau, Guillaume Bucelli, les hoirs Garsin (6) ; pour celle du coin, acquise de Gaillard : l'arc Saint-Nicolas, la traverse allant au Cannau et Louis Capon (7). Il ne s'agit que de les identifier un à un, pour les voir tous reproduits dans le manifeste de la Chambre des Comptes. La maison d'Annette Ostarda, par Jacques Bordet, Tristan Bolegue,

---

(1) Fragments de compoix du xvi⁰ siècle, t. II, f⁰ 35.
(2) C. Saint-Matthieu, 1477, f⁰ 2 v⁰.
(3) C. Saint-Firmin, 1525, f⁰ 11 v⁰.
(4) Trésoriers de France, année 1606, f⁰ 92.
(5) C. Saint-Firmin, 1600, veau, f⁰ 46 v⁰.
(6) Ibid., 1525, f⁰ 11 v⁰.
(7) Fragments de compoix du xvi⁰ siècle, t. II, f⁰ 35.

Jehan de la Volhe, Isabelle, sa fille, vint à noble Guillaume Hébrard (1). Les hoirs Garsin vendirent leur étable à François de Sandre, sieur de Saint-Just (2). De Guillaume Bucelli, la maison du Cannau vint à François de Bandinel (3). La rue de l'Aiguillerie, celle du Cannau et la ruelle figurent également en 1600. Enfin Louis Capon avait été remplacé par Raymond de Levezon, comme je vais le prouver. Nul doute, par conséquent, que la Chambre des Comptes n'ait réuni les deux immeubles contigus. Mais elle fut contrainte de les délaisser en 1606 pour un double motif : l'arrêt du Parlement de Toulouse, rendu le 1ᵉʳ septembre 1605 au profit de Tannequin des Vaulx, ayant-droit de Périer, et le danger de ruine de la maison (4), danger qui pouvait provenir de la démolition de l'arc Saint-Nicolas. On songeait à retourner à la maison des hoirs De Sauve, mais la Chambre des Comptes fut transférée au Château (5). Ceci explique la vente faite, dès le 8 décembre 1606, à l'auditeur Jean Capon, par Tannequin des Vaux comme cessionnaire de la Chambre (6).

Cependant Jean Capon, qui devait transmettre l'immeuble

---

(1) C. Saint-Firmin, 1525, fᵒˢ 13 et 25 ; 1544, fᵒ 34 ; Saint-Matthieu, 1544, fᵒ 137 vᵒ ; Saint-Paul, 1544, fᵒ 198.

(2) C. Saint-Firmin, 1544, fᵒ 44 vᵒ ; 1600, veau, fᵒ 79 vᵒ.

(3) C. Saint-Firmin, 1544, fᵒ 38.

(4) Trésoriers de France, année 1606, fᵒ 92.

(5) Je ne saurais dire exactement de quel côté, mais je suppose que ce fut vers la Place du Château. Voici pourquoi. Le bâtiment destiné « à la séance de la Chambre des » Comptes de Montpellier, Trésoriers de France et Trésoriers du Domaine audit lieu » (Trésoriers de France, année 1614, fᵒ 57), était commencé déjà, lorsque, pour le continuer, le 18 septembre 1610, on acquit une maison et jardin de Daniel Mallecare, moyennant le prix de 1300 livres (Ibid., fᵒ 144). Or, le compoix porte au nom de Daniel Mallecare, procureur à la Cour des Aides : « Item ung jardin près » du Palais, confronte d'une part led. Palais, d'autre les prisons ruynées et deux » rues, estimé trois livres ». Il mentionne également le changement qui eut lieu sur la Chambre des Comptes (C. Sainte-Croix, 1600, veau, fᵒˢ 523 et 530).

Commencée au moins dès le 1ᵉʳ avril 1608, époque d'où Sébastien Perdiguier datait son compte de dépenses, la construction n'était pas terminée à la fin de l'année 1613, car le Roi ordonnait, le 29 octobre, aux Trésoriers de France « de » visiter le bastiment pour voir ce qui y manque pour rendre lad. maison à sa » perfection. Et pour empescher que ce qui est déjà basti et élevé en hauteur et » pas couvert ne dépérisse », on devra s'occuper d'abord de la charpente. (Trésoriers de France, année 1614, fᵒ 57). Pierre Gallière fut alors chargé de surveiller l'ouvrage. (Ibid., fᵒˢ 144 et 147 vᵒ).

(6) C. Saint-Firmin, 1600, veau, fᵒˢ 46 vᵒ et 58.

aux Duvidal de Montferrier, l'accrut non-seulement d'une petite maison (1) encore distincte aujourd'hui du côté vers la Loge, mais aussi d'une parcelle empruntée aux maisons sous l'arc, qu'il me faut, à leur tour, étudier.

Ces maisons étaient au nombre de deux aussi (2) :

1° L'une était située à l'angle de la ruelle, devant l'immeuble de Gaillard. Le manifeste de Jean Tort, son propriétaire en 1469, la désigne ainsi : « Primo hun hostal situat desot l'arc » Sant Nicolau, confronta an la gleyza de Sant Nicolau et an » sen Johan Galhart » (3), et le compoix suivant s'exprime en termes analogues (4). Achetée par Jean-Jacques de Capons (5), elle parvint à ses frères et héritiers Jean-Louis et Jean-Marie, après lesquels on la trouve possédée par le prieur de Saint-Nicolas (6). Usurpée ou vendue pendant les guerres de religion, elle fut acquise, le 17 avril 1591, de Claude Bataille par Guillaume Fesquet (7). Le manifeste de celui-ci, en 1600, la décrit comme suit : « Une maison soubz l'arc Saint Nicolas, » faict coing, confronte d'une part Raimond de Lavezon, d'autre » la ruelle allant a la Carbonarye, la Chambre des Comptes, » et la rue de l'Aiguillerie » (8). Le 8 novembre 1614, messire Jean de Beauxhostes en devint acquéreur (9) et, à son tour, le 10 février 1620, la vendit à Barthélemy de Planque (10).

2° L'autre faisait suite à la précédente et, comme elle, se trouvait devant la maison Gaillard, dont j'ai parlé ci-dessus.

(1) C. Saint-Firmin, 1738, f° 63.
(2) La plus ancienne mention que j'en ai trouvée est du 5 octobre 1301 : *De vendicione facta Johanni de Prupinio (?), mercerio, et Agasse, uxori sue, ad octo annos per Guillelmum Petri de Mari, domicellum, de fructibus et redditibus duorum hospiciorum sitorum in Montepessulano, subtus archum ecclesie Sancti Nicolai, que confrontantur cum ecclesia Sancti Nicolai et cum hospicio Guillelmi Bidocii et Petri de Cabanis, sociorum.* (Arch. mun. de Montp., série BB, minutes de Jean Grimaut, notaire, de 1301 à 1302, f° 38).
(3) C. Saint-Matthieu, 1469, f° 1.
(4) Ibid., 1477, f° 1.
(5) C. Sainte-Foy, 1480, f° 92 v°.
(6) C. Saint-Firmin, 1525, f° 11.
(7) Fragments de compoix du XVI° siècle, t. II, f° 71.
(8) C. Saint-Firmin, 1600, veau, f° 47 ; après 1600, basane, f° 44.
(9) Ibid., après 1600, basane, f° 44 ; Sainte-Foy, après 1600, basane, f° 161.
(10) C. Sainte-Foy, après 1600, basane, f° 161 v°.

Jean Gaillard en était, d'ailleurs, propriétaire; c'est pourquoi son manifeste la désigne ainsi: « Item hun altre pityt hostallo » chosto lo susdit hostal desot larcho, confronte a 1 torreto o » a la gleza de Sanicholau » (1). De même que la petite maison contiguë, celle qui m'occupe passa par les mains de Jean-Jacques de Capons, de ses frères et du prieur de Saint-Nicolas (2). Le 10 avril 1591, Robert Bataille la vendit à Raymond de Levezon, mercier (3), dont le manifeste la décrit : « Une maison a la rue » de laguillerie, confronte d'une part Guillaumes Fesquet, » d'aultre la Chambre des Comptes, de deux parts la rue » (4). Acquise le 22 mai 1618 par Jacques d'Hauteville, elle fut cédée le 27 novembre 1644 à Mᵉ Jean Capon, auditeur à la Chambre des Comptes (5), revenant ainsi dans une famille qui l'avait jadis possédée. Mais bientôt, le 26 mars 1650, une parcelle passa à Barthélemy de Planque (6), c'est-à-dire dans les mêmes mains que l'immeuble précédent.

La possession des deux petites maisons jadis sous l'arc, soit par Jean Capon, soit par Barthélemy de Planque, avait sa raison d'être dans le voisinage de leurs immeubles respectifs: celui De Capon, plus tard De Montferrier, qui forme le n° 23 de la rue Aiguillerie; celui De Planque qui porte le n° 25. Ce dernier avait été constitué par l'agglomération de : 1° la maison primitive De Planque, située au delà de la traverse allant à la Carbonnerie, et précisément à l'angle que faisait cette traverse avec l'Aiguillerie (7); 2° la maison jadis de Jean Tort, sous l'arc; 3° une partie de celle de Gaillard, également sous l'arc ; 4° le sol de la traverse englobé dans l'immeuble. On comprend que celui-ci ait eu ainsi plus de développement en façade qu'en profondeur. En outre, l'assertion de D'Aigrefeuille, à savoir que l'arc Saint-Nicolas s'appuyait sur la maison De Planque, se trouve exacte,

---

(1) C. Saint-Matthieu, 1477, f° 1 v°.
(2) C. Sainte-Foy, 1480, f° 92 v° ; Saint-Firmin, 1525, f° 11 ; fragments du xviᵉ siècle, t. II, f° 71.
(3) Fragments de compoix du xviᵉ siècle, t. II, f° 71.
(4) C. Saint-Firmin, 1600, veau, f° 48.
(5) Ibid., après 1600, basane, fᵒˢ 45 et 217.
(6) Ibid., f° 54 v°.
(7) Ibid., 1600, veau, f° 70.

mais à la réserve que l'arceau dépassait cette maison du restant de l'immeuble demeuré à Jean Capon. Comme il est impossible de distinguer aujourd'hui celui-ci, englobé dans l'hôtel De Montferrier, la longueur de l'arceau doit être mesurée du côté opposé de la rue Aiguillerie. C'est par là que j'essayerai de la déterminer.

C'est à la maison portant le n° 24 de la rue Aiguillerie que s'appuyait l'arc Saint-Nicolas ; mais cet immeuble s'étant formé par l'agglomération de plusieurs autres, il importe de distinguer ceux-ci, soit par la suite de leurs propriétaires, soit par les détails de construction ou d'étendue qui s'y rapportent.

Parcelle n° 1. — Elle consistait en une maison possédée d'abord par la veuve de François de Monando ou de Monaldo, qui passa ensuite à Gardette Planqueta (1); Hugues, Ysarnet, Jean de la Planqua l'eurent successivement (2). Bien que je n'en aie pu trouver la date, sa fusion dans le grand immeuble n'est pas moins certaine, puisqu'en 1544, celui-ci est dit confronter Griffy, ruelle entre deux. Or, la position de la maison de la Planqua est fixée par le confront de Griffy, alors Balsac (3). Elle se trouvait en bordure sur la ruelle, où elle avait sortie existant encore aujourd'hui. Un petit escalier la desservait. Elle se composait des trois salles voûtées qu'on voit à la suite l'une de l'autre, ce qui servirait à montrer que la façade sur l'Aiguillerie est demeurée au même alignement ; je le prouverai par la suite.

Parcelle n° 2. — C'était une maison allant sous l'arc, dont l'usufruit fut laissé par Jacquette des Guillems, fille de Pons, à son mari Bernard Salamon (4). D'Arnaude, son héritière, à qui elle parvint ensuite, elle passa à Estève Sallèles, de Marseillan (5). Sa position sous l'arc indique qu'elle venait à la suite de la maison de la Planqua, en se dirigeant vers la Loge ; elle correspondait au restant de la partie rebâtie par Mlle. de Vaissière sur

---

(1) C. Sainte-Foy, 1429, f° 43 v°.
(2) C. Sainte-Foy, 1448, f° 20 v°; 1480, f° 72.
(3) Ibid., 1480, f° 73.
(4) Ibid., 1429, f° 41 v°.
(5) C. Saint-Matthieu, 1447, f° 48 ; Sainte-Foy, 1448, f° 19 v°.

les vieux fondements, car la reconstruction de la porte d'entrée en 1501 par Gaspard Capon amena la chute d'un pilier de l'arceau, qu'il s'engagea à refaire à ses frais (1).

Parcelle n° 3. — Elle fut fournie par une maison faisant angle aux rues de l'Aiguillerie et En Bocador, et que le manifeste d'Arnaude des Guillems désigne comme située à côté de l'arc (2). Acquise de ses hoirs par Estève Sallèles (3), elle reparaît peu après réunie avec la parcelle n° 2 pour former un immeuble dit : « dos hostalz compreses en hun » (4). Jean Noguier, Jeanne, veuve de Jean Serdan, Estève Penant et son frère, en sont indiqués comme propriétaires successifs (5). En 1490, Jean Capon en devint acquéreur (6). C'est à cette époque qu'il y dut adjoindre la parcelle n° 1 ; peu après, qu'en 1501, Gaspard Capon fit une grande porte d'entrée. En cet état, la maison passa entre les mains de Jean-Louis, Jean-Marie, Jean-Bonaventure Capon (7) ; les deux premiers figurent sur les compoix (8), qui nomment ensuite : Jean-Lucas et Jean-Jacques de Capons (9), François Maigret en 1547 (10) ; Lespéronnat en 1595 (11), enfin en 1604 Jacques d'Hauteville (12). Le compoix la décrit alors : « Une maison a la rue de la Gulherie, ou souloit estre l'arc « Saint-Nicolas, faisant coing a la rue d'Embouqued'or, ayant » ung maguezin au dessoubz d'une chambre derriere la maison » de M. Sarrazin, et ung membre dessus ladicte chambre, con- » fronte d'une part M. le marquis de Griffy, ruelle entre deux, » d'autre et du dernier M. le marquis de Sarrazin et deux rues, » extimé quarante livres ». L'enchevêtrement dont il est question dans le compoix de 1600 se rapportait évidemment à l'épo-

---

(1) Arch. dép. de l'Hérault, série G, fonds du Chap. cathédral de Montp., Inventaire de Fr. Joffre. t. I<sup>er</sup>, p. 370.
(2) C. Saint-Matthieu, 1447, f° 48.
(3) C. Sainte-Foy, 1448, f° 19 v°.
(4 et 5) Ibid., 1448, f° 17.
(6) Ibid., 1480, f° 72.
(7) Grand Thalamus, f° 224.
(8) C. Sainte-Foy, 1511, f° 69.
(9) Ibid., 1480, f° 92.
(10) C. Sainte-Foy, 1544, f°° 69 et 67.
(11) Ibid., 1544, f°° 101 et 84 v°
(12) Ibid., 1598, f° 232.

— 184 —

que de la commune possession par la famille des Guillems des maisons sous et près l'arc (parcelles 2 et 3), et d'une autre qui doit attirer l'attention, ayant fourni le dernier élément de formation à l'immeuble.

Parcelle n° 4. — Comme, néanmoins, elle ne se trouvait pas en façade sur la rue de l'Aiguillerie, par conséquent n'avait rien de commun avec l'arc, je me contenterai d'énumérer ses propriétaires, afin de l'identifier: Arnaude des Guillems, Estève Sallèles, Frédéric, puis Guillaume de Craponne, enfin Guillaume de La Coste (1), car Sarrazin et Talamandier, quoique figurant sur les compoix, n'étaient que des locataires chargés de payer les tailles (2). Enfin, le 1$^{er}$ juillet 1609, Jacques d'Hauteville acquit la maison, et la partagea, le 22 avril 1615, avec le président Des Vignolles, son voisin immédiat, intéressé comme lui à s'agrandir. La superficie des deux portions dut être égale ou à peu de chose près, puisque la quote-part des tailles fut de 17 livres pour Des Vignolles et pour D'Hauteville de 17 livres et demie (3). A l'égard de ce dernier, le partage eut pour effet de régulariser son immeuble et de faire disparaître l'enchevêtrement que j'ai signalé plus haut. L'inspection des lieux justifie d'ailleurs fort bien les termes de l'acte : « Et aud. s$^r$ d'Hauteville appar-
» tiendra la grand voulte et tinail qui est au dessoubz, et partie
» de lad. salle, ensemble luy appartiendra tout le restant de lad.
» maison, et sera permis et loysible au s$^r$ d'Hauteville de pren-
» dre les veues necessaires de la basse cour dud. s$^r$ Président » (4).

Quelque fastidieux qu'ils puissent paraître, ces longs détails étaient indispensables pour dépeindre l'état des lieux. On comprendra maintenant la description qu'en donne au XVIII$^e$ siècle l'édilité montpelliéraine, qui eut à lutter contre Mlle. de Vaissière, alors propriétaire, au sujet de l'alignement. Le 7 octobre 1767, il fut exposé au Conseil de Ville que, partie des façades de la

(1) C. Saint-Matthieu, 1447, f° 48; Sainte-Foy, 1448, f° 19 v° ; 1470, f° 59 ; 1480, f° 71 ; 1525, f° 46 v° ; 1544, f° 72.
(2) Voir note 4 ci-dessous.
(3) C. Sainte-Foy, 1600, f$^{os}$ 212 et 217.
(4) Acte de partage du 22 avril 1615, reçu Fesquet, notaire, et conservé dans l'étude de M$^e$ Paul Galibert, à l'obligeance duquel je dois la communication du registre.

maison de Mlle. de Vaissière faisant coin menaçait ruine ; que le danger paraissant imminent, il y avait eu descente de commissaire. Il importait d'agir d'autant plus efficacement, que Mlle. de. Vaissière avait eu déjà l'habileté de tromper les magistrats de la cité. En effet, sa maison faisant avancement du côté de M. de Villevieille, elle y avait, sous prétexte de fenêtres neuves à faire, exécuté des réparations qui avaient rendu cette partie jusqu'à la porte d'entrée assez solide pour empêcher la Ville d'aligner. Aussi fera-t-on bien de prévenir un fait semblable pour la partie de l'angle, en prenant 3 ou 4 pieds pour élargir la rue, chose très faisable, car la différence totale depuis M. de Villevieille jusqu'au coin dépasse une toise, et spécialement depuis l'entrée jusqu'au tournant de l'Aiguillerie à la place Brandille, la maison empiète de plus de 4 pieds sur la voie publique. Les craintes de nos édiles se trouvèrent justifiées : Mlle. de Vaissière, obligée de reconstruire, démolit jusqu'à 2 ou 3 toises du pavé de la rue Aiguillerie, tout en prétendant rebâtir sur les mêmes fondations. Afin de prévenir ce dessein, on décida de placer jour et nuit un surveillant. Mais la propriétaire gagnait du temps par des lenteurs de procédure, et avait déjà reconstruit à neuf une partie de façade sur la rue Aiguillerie. Enfin, le 6 juin 1768, le Bureau des Trésoriers de France rendit une ordonnance portant injonction à la demoiselle de Vaissière de faire abattre jusqu'au ras du sol « l'entier coin de sa maison » donnant sur la place Brandille, et la partie de lad. façade » donnant sur la rue de l'Aiguillerie qui a été rebattie à neuf, » avec défense de reédifier ledit coin et façade » (1).

Il est probable que, vexée de cet échec et des dépenses qu'il lui occasionna, Mlle. de Vaissière ne voulut pas harmoniser cette partie de maison avec l'autre, de façon plus soignée : ainsi s'explique leur différence.

Mais de tout ce qui précède, il ressort que l'arc Saint-Nicolas s'étendait depuis l'angle de la ruelle jusqu'après la porte d'entrée, c'est-à-dire sur une longueur de 11$^m$,40 ; qu'en outre, il avait au moins la largeur actuelle de la rue Aiguillerie à cet

(1) Arch. mun. de Montp., série BB, reg. des délibérations du Conseil de Ville de 1766 à 1768, pp. 326, 376, 401, 458 et 502.

endroit, puisqu'il se trouvait en retraite sur l'alignement d'aujourd'hui du côté de l'île Tour d'Obilion, et assez probablement du côté opposé (1). Ses dimensions étaient donc considérables, exceptionnelles même.

J'aborde maintenant la question de l'église Saint-Nicolas. Elle ne saurait plus offrir de difficultés, après ces éclaircissements, que j'essayais de provoquer il y a quelques années déjà, et qu'il m'est revenu de fournir. Les confronts donnés à l'église étant, vers le Cannau, les maisons précédemment étudiées sous le n° 1 (2), le n° 1 (3), le n° 2 (4) ; vers la rue Embouque d'Or, les parcelles n° 1 (5) et n° 2 (6) de la maison De Vaissière ; enfin l'immeuble de Griffy (7), aujourd'hui hôtel De Saint-Maurice, ruelle entre deux, il en résulte que cette église allait de l'un à l'autre côté de la rue, par conséquent se trouvait dans l'arc; et en outre qu'elle dépassait la largeur de la rue du côté de l'île Tour d'Obilion.

On accédait à l'église par une tourelle placée à la face envisageant la Place aux Changes, et dans l'angle formé par les maisons en bordure ou en avancement sur l'Aiguillerie, côté du Cannau (8). Cette tourelle contenait un escalier, comme celle qui est figurée à l'arc d'En Roqua, et très probablement elle se terminait en clocher (9). Où se trouvait le chevet de la chapelle ? Il existe dans la maison n° 24 de la rue Aiguillerie, une niche haute et ronde formée par deux piliers à moulures fort simples et de style roman. La largeur des piliers est de $0^m,27$, mais celui de gauche est légèrement tronqué. Ils devaient porter une voûte romane. L'écartement des piliers, partant la largeur de la baie, est de $2^m,06$ ; mais la profondeur ne peut être appréciée,

---

(1) La rubrique des registres des Trésoriers de France mentionne la démolition, de maisons à l'île Fonbon ; malheureusement le registre correspondant, année 1626, fait défaut. J'ignore s'il s'agit de la reconstruction et de l'alignement de l'immeuble De Planque.
(2) Voir p. 177.
(3 et 4) Voir p. 180.
(5 et 6) Voir p. 182.
(7) Voir p. 161.
(8) Voir p. 181.
(9) Renfermant deux cloches. (L. Guiraud, *la Paroisse Saint-Denis à Montpellier*, p. 121, note).

car on y a logé des tuyaux de cheminées. Faudrait-il voir dans ce détail architectural un vestige du chœur; on aurait quelque peine à le croire, en constatant qu'il se trouve à 10 mètres de la rue; et pourtant il est certain que ces piliers ont eu une destination spéciale, que semble préciser le voisinage de l'arceau.

A l'arc Saint-Nicolas se rattache le souvenir des merciers de ce nom, que les actes énumèrent toujours à part ceux de l'Aiguillerie, et non sans motif, car, rivaux d'industrie, ils l'étaient aussi comme corporation. Un curieux débat élevé en 1365 entre les deux charités ou métiers, au sujet de la bannière des merciers prise à ceux de Saint-Nicolas par leurs confrères de l'Aiguillerie, me met à même d'indiquer les limites topographiques où se cantonnaient les uns et les autres. Les merciers de Saint-Nicolas occupaient la partie de la rue, dite aujourd'hui de l'Aiguillerie, qui se trouvait comprise entre l'arc Saint-Nicolas et certain gazillan situé au débouché de la rue de la Petite Corragerie; les merciers de l'Aiguillerie faisaient suite aux précédents, depuis le gazillan jusqu'aux tables de change (1). L'emplacement des deux points extrêmes : arc Saint-Nicolas et Place aux Changes étant connu, il ne reste qu'à préciser celui du gazillan et de la Petite Corragerie. Tout d'abord, je dois prévenir l'opinion qu'on pourrait concevoir au sujet de celle-ci, en voyant le *Guide* de Flandio de La Combe désigner par le nom de Corraserie l'impasse Montferrier et le côté de la place Marché aux Fleurs, vulgairement des Capucins, qui lui fait prolongement. La rue Petite Corragerie ou « Correjarié » au moyen âge, se trouvait le long de l'île Pons Guillem ou Barrière, c'est-à-dire celle que Flandio désigne par le nom de D'Arènes d'Asports, et qui est aujourd'hui délimitée, dans ce qui en reste, par les rues Nationale, Rosset et les places Marché aux Fleurs et Préfecture (2); elle se trouvait aussi le

---

(1) *Quod banderia oficii merceriorum Sancti Nicholay capta merceriis caritatis inter gazilhanum et ecclesiam Sancti Nicholay ad instanciam dicte caritatis merceriorum inter dictum gazilhanum et tabulas cambiorum, restituatur de novo dictis habitatoribus versus Sanctum Nicholaum in posse Jacobi Nucho, alterius ipsorum, tenenda per ipsum sub manu Consulatus,* etc. (Arch. mun. de Montp., série BB, reg. des petites notes du Consulat, de l'année 1366).

(2) C. Saint-Firmin, 1404, f<sup>os</sup> 21 v° et 22.

long de l'île Vieux-Consulat ou Grande-Loge (1) ; nul doute donc qu'il ne s'agit de la rue Arc d'Arènes, emportée par le percement de la rue Nationale et qui débouchait à l'Aiguillerie. En outre, le gazillan mentionné en 1365 l'est encore en 1404 : « hostal en la correiarie davant lo gazilhan en la isla de sen » Johan de Londras » (2), ce mercier précisément qui avait élevé la protestation au sujet de la bannière (3) ; et il subsiste des traces de ce gazillan dans l'impasse de l'île Petite-Loge qui faisait vis à vis et suite à la rue Arc d'Arènes, ainsi que dans une autre continuant la première à travers l'île De Manse.

Petite Corragerie suppose Grande Corragerie. Et, en effet, on appelait ainsi, au XIVe siècle, la portion de la rue Aiguillerie comprise entre le gazillan et l'arc, c'est-à-dire celle même que j'ai montrée occupée par les merciers de Saint-Nicolas (4). Mais peu à peu la Grande Corragerie s'étendit jusqu'à celle qu'habitaient les merciers de l'Aiguillerie, c'est-à-dire jusqu'à la Place aux Changes. Ceci résulte d'un passage du Cérémonial consulaire au XVe siècle, de l'étude des compoix et d'actes notariés. Le premier retraçant l'itinéraire de la procession du 5 octobre, en l'honneur de la consécration de la chapelle du Consulat, déclare que le cortège sort par la grande porte de l'église Notre-Dame des Tables « et s'en va par tout le long de la Correiarie » pour pénétrer dans la rue En Bocador (5). Les seconds nous montrent à cette rue de la Correiarié divers immeubles de l'île Grande-Loge, situés par conséquent au delà du gazillan (6). Je citerai, entre autres, un des troisièmes : *Careria Corejarie, vocata antiquitus carreria Francisca, per quam itur recte de arcu ecclesie Sancti Nicholai versus tabulas cambii* (7).

(1) C. Saint-Firmin, 1435, f° 12 et passim.
(2) *Ibid.*, 1404, f° 31 v°.
(3) Arch. mun. de Montp., série BB, pièce extraite des registres des petites notes du Consulat de l'année 1365.
(4) *Cum ad notitiam Johannis de Lundris, mercerii Montispessulani in carreria Correratis, que est a pede parve Corerarie, ubi est gazilhanus, usque ad arcum Sancti Nicholay Montispessulani, existentis*, etc. (Arch. mun. de Montp., série BB, pièce extraite des registres des petites notes du Consulat de l'année 1365).
(5) Cérémonial consulaire du XVe siècle, f° 34 v°.
(6) C. Saint-Firmin, 1435, f° 10 ; Saint-Paul, 1439, f° 209 v°.
(7) Arch. dép. de l'Hérault, série G, notaires : Périer, Lafon, Holanie, reg. 29, f°72v°.

Je ne quitterai pas les merciers de Saint-Nicolas sans dire qu'ils avaient le droit, tous les quatre ans, de *ruller*, c'est-à-dire de prendre part aux élections consulaires (1), ni les merciers en général sans signaler le titre de « roi des merciers » que portait, au xv⁰ siècle, un certain Thomas Furt (2).

A l'époque où le nom de Corragerie était employé pour la partie comprise entre l'arc Saint-Nicolas et la Place aux Changes, on réservait celui d'Aiguillerie à la portion située au delà de l'arc, vers le carrefour d'En Camburat (3). Enfin, primitivement, la totalité de cette voie avait porté le nom de rue Française (4), parce qu'elle correspondait au chemin de Nîmes.

La rue Petite Corragerie, à ce que je viens de dire, était celle qui prit ensuite le nom de rue Arc d'Arènes; mais, à cette époque, l'arceau qui le lui donna ne possède pas de dénomination propre. Les maisons qu'il unissait appartinrent toujours au même propriétaire : les Rebuffi au xiv⁰ siècle (5), les De Sandre au xv⁰ et au xvi⁰ (6).

Un peu plus loin, comme en prolongement avec lui, se trouvait, entre les îles Casseyrol et Capucins de Flandio de La Combe, l'arc d'En Ferrier, nom que portait aussi le petit plan voisin (7), plus connu sous celui d'Encivade.

Quant à l'île des Capucins du xviii⁰ siècle, elle avait été formée, grâce à diverses inféodations, de trois îles distinctes au moyen âge : Cour du Bayle, des Orangers et Pierre Giberne. De beaucoup la moins étendue, cette dernière était aussi la moins intéressante ; elle était située sur la rue Blanquerie. Je m'arrêterai aux autres.

Celle des Orangers devait son nom à une maison ainsi men-

---

(1) Arch. dép. de l'Hérault, série G, notaires : Amorozy, reg. 3, f⁰ 57 v⁰.

(2) *Ibid.*, Georges Baylin, reg. 25, f⁰ 50.

(3) *Domus sita in rua seu carreria Francisca, alias dicta vulgariter lagulharie,.. confrontatur ante cum carreria Agulharie qua itur de arcu et ecclesia Sancti Nicholai versus quadrivium dictum d'En Camburat.* (Arch. dép. de l'Hérault, série G, notaires : Périer, Lafon, Holanie, reg. 29, f⁰ 53).

(4) Voir p. 188 et note 3 ci-dessus.

(5) C. Saint-Firmin, 1104, f⁰ 13 v⁰ ; 1435, f⁰ 9.

(6) *Ibid.*, 1525, f⁰ 26.

(7) *Ibid.*, 1469, f⁰˙ 33 et suivants.

tionnée en 1469 au compoix de Jacques et Michel Guillem frères, alors représentants de cette famille de riches marchands, si fréquemment nommés au xiv⁰ siècle : « Primo ung hostal » apelat los Yrangiers » (1), assez probablement à cause de quelque ornementation architecturale. Le 21 mars 1553, l'immeuble passait des Guillems, devenus seigneurs de Figaret, à Arnaud de Solas, licencié (2). Il demeura dans cette famille, qui l'accrut, jusqu'au moment où il vint à Bonnier d'Alco (3). Actuellement la maison porte le n° 3 de la rue Fournarié.

L'île Cour du Bayle s'étendait en longueur entre celles de Pouget et de Fonbon, de Flandio de La Combe. Une impasse, dite au xviii⁰ siècle du « Capucin pintrat », aujourd'hui englobée dans l'hôtel de la Préfecture, y formait comme deux parties.

Dans celle avoisinant l'île Fonbon, et que représente la Place du Marché aux Fleurs, je trouve deux immeubles à signaler. L'un faisait coin sur la rue du Cannau et sur celle qui y conduisait, venant de la Cour du Bayle. Le 27 février 1550, il fut acquis de Nicolas de Bouques, seigneur de Viols, par Jacques Andrieu, marchand (4), et dans les caves de cette maison commencèrent, le 8 février 1559, les prédications calvinistes à Montpellier (5). Il ne faut point confondre cette maison Andrieu ou Desandrieux avec celles qui, dans l'île située en face (d'Arènes d'Asports, de Flandio de La Combe), étaient la propriété de la famille De Sandre, seigneurs de Saint-Georges, de Saint-Just, etc. (6).

Félix Platter nous en parle comme de voisins lui faisant vis à vis (7), ce qui aiderait à fixer l'emplacement de l'immeuble qu'il habitait, mais n'y suffirait pas. Mais j'ai d'autres éléments pour y parvenir. La maison où Laurent Cathalan avait installé son jeune hôte lui était venue par héritage d'un certain Falcon,

---

(1) C. Saint-Firmin, 1469, f° 71.
(2) C. Sainte-Foy, 1544, f⁰⁸ 78 v° et 381.
(3) C. Saint-Matthieu, 1738, f° 427.
(4) Ibid., 1544, f⁰⁸ 125 v° et 126.
(5) D'Aigrefeuille, Histoire de Montpellier, t. 1ᵉʳ, p. 272.
(6) Voir p. 189.
(7) Félix et Thomas Platter à Montpellier, p. 55.

docteur en médecine (1), au manifeste duquel elle se trouve ainsi décrite : « Une maison al Camp Nou, confronte en los » heretiers de Jehan Sandro, et los heretiers de Escobardi, exti- » mada vingt livres » (2). Rubriquée de manière analogue sous le nom de Laurent, de Jacques, d'autre Laurent, elle fut enfin apportée en 1630 par Judith de Catelan à noble Paul de Bouques, seigneur de Viols (3). Puis elle passa des De Solas à François de Sandre, seigneur de Saint-Just (4), et finit par être englobée dans le couvent des Capucins. Mais ses confronts permettent d'en désigner la place. D'un côté, c'étaient les hoirs Escobardi ; or, demoiselle Sandro Escobardi épousa M. de Montfaucon (5), dont les héritiers, MM. Foucard, vendirent la maison aux Capucins (6). Cette maison, dite du Ministre, parce que le sieur Bordieu, qui l'était, s'y trouvait logé au moment de l'achat (7), en confrontait une autre acquise par le marquis de Castries (8), et située après celle de l'angle, où commença d'être prêché le calvinisme. Par conséquent, la maison Cathalan était la quatrième en venant de la rue du Cannau. J'ajoute qu'après elle on en trouvait une autre avant l'impasse. Cette maison-ci, qui avait été de Jean Sandro, passa au président Tuffany, puis au sieur Daniel de Bonnail, en 1602 (9). Divisée, elle fut acquise en partie par les Capucins (10), et le restant, venu de Bastide à Souville (11), était possédé au xviii° siècle par le sieur Bourquenod, chirurgien (12). On se figure dès lors aisément que la maison habitée par Platter répond à peu près à la façade latérale de la Préfecture.

---

(1) *Félix et Thomas Platter à Montpellier*, p. 54.
(2) C. Saint-Firmin, 1525, f° 62 v°; Saint-Matthieu, 1544, f° 117 v°.
(3) C. Saint-Firmin, 1544, f° 111 v° ; Saint-Matthieu, 1600, veau, f° 427 v°; après 1600, basane, f° 440 v° et 460.
(4) C. Saint-Matthieu, 1600, f° 484.
(5) *Ibid.*, 1544, f° 118 v°.
(6 et 7) *Mémoires inédits d'André Delort*, t. I$^{er}$, p. 26.
(8) C. Saint-Matthieu, après 1600, basane, f° 443. — *Mémoires inédits d'André Delort*, t. I$^{er}$, p. 25.
(9) C. Saint-Matthieu, 1600, veau, f° 424.
(10) *Ibid.*, après 1600, basane, f° 453.
(11) *Ibid.*, 1600, veau, f° 479.
(12) *Guide de Flaudio de La Combe et plans divers*.

Je ne quitterai pas ce nom de Platter sans indiquer aussi la position des deux boutiques de Laurent Cathalan, où travailla l'étudiant bâlois (1). La première était située au coin de la Place, nous dit Félix ; la seconde au coin d'en face (2). On conviendra qu'à plusieurs siècles de distance, l'explication doit paraître insuffisante. Fort heureusement les compoix vont m'aider à éclaircir ce double point. Celui de 1525 mentionne Laurens Cathalan à titre de locataire de Thomas Gadaigne, de Lyon, dont la maison fut acquise le 1er juin 1531 par Gaillard Verchant (3) et se trouvait à l'angle nord-ouest de l'île Poissonnerie. Cet immeuble Verchant était fort grand (4), immense, dit Félix Platter, qui y avait peur (5), et il allait sur la Poissonnerie (6). Quant au coin d'en face, où se changea Cathalan, il faut l'entendre de l'île Massilian de Flandio de La Combe, où l'apothicaire occupait une maison et une boutique sous la maison du couturier Jacques Porton (7). Je suis l'immeuble entre les mains du second Laurent Cathalan, de Guillaume Saint-Amans, et d'un certain Crambes (8), au nom duquel il figure, agrandi il est vrai, sur le *Guide* de Flandio de La Combe, comme faisant angle à la place des Cévenols et à la rue Canabasserie.

Je viens à la seconde partie de l'île Cour du Bayle, où je dois aussi porter la lumière, ce lieu ayant donné sujet à quelques erreurs. Lorsque la charge municipale de bayle eut été supprimée par la création des présidiaux et des juges de l'Ordinaire, la Ville acquit, près du deuxième Hôtel-de-Ville, une maison pour y

---

(1) Je note aussi incidemment la position de la maison de Michel Hérouard, son compagnon de voyage. Elle est ainsi décrite : « Une maison pres le Consoulat, » confronte en Jean Guichard et Jean d'Orleans a tres carrieres fa doz cantons, » qui feut des heretiers de Me Hostacy Eroard ». (C. Saint-Paul, 1544, f° 15). Cet immeuble, situé à l'entrée de la rue Argenterie sur la gauche, se démembra ensuite. La portion qui échut à Jeanne, sœur de Michel, et fut apportée par elle aux Guilleminet, fut démolie, en 1616, pour agrandir le Plan du Consulat.

(2) *Félix et Thomas Platter à Montpellier*, pp. 25 et 51.
(3) C. Saint-Firmin, 1525, f° 61 ; Saint-Matthieu, 1525, f° 73.
(4) Arch. mun. de Montp., série II, plan n° 564.
(5) *Félix et Thomas Platter à Montpellier*, p. 32.
(6) Voir note 3 ci-dessus.
(7) C. Saint-Firmin, après 1600, basane, f° 85 v°.
(8) *Ibid.*, f°° 85 et 85 v° ; 1738, f° 91.

tenir ce dernier magistrat (1). Elle vendit donc le local de la Cour du Bayle à Guillaume Tuffany, bourgeois (2), et cet immeuble devint ensuite le Grand Temple, qui a fourni le sol de la Place de la Préfecture, partie ancienne. Cependant Guillaume Tuffany, avant d'acquérir la Cour du Bayle, possédait déjà derrière un autre immeuble qu'il avait acheté d'un certain Ymbert (3). Même il y avait joint une petite maison contiguë (4). Aussi continua-t-il de faire son habitation dans l'immeuble primitif, dit : « Grande maison repondant à deux rues, avec jardin dedans » ou joignans et estables » (5). Passée en 1631 à Jean Causse, bourgeois (6), elle fut acquise, en 1686, par Jeanne de Gévaudan, cette trop célèbre comtesse de Ganges (7), aux héritiers de laquelle la Ville l'acheta pour en faire l'Hôtel de l'Intendance. Entre temps, la comtesse de Ganges avait acquis, le 6 juin 1699, pour le joindre à son jardin, un sol de maison détaché d'un plus grand corps (8), puis une deuxième parcelle (9), les Capucins ayant pris le restant (10).

J'ai mentionné plusieurs fois, mais d'une manière incidente seulement, la rue de la Barralerie. Elle fut ouverte au XIII<sup>e</sup> siècle pour mettre en communication directe le quartier central et l'ancien quartier seigneurial, et remplaça ainsi la voie parallèle, si étroite, dont subsistaient divers tronçons avant le percement de la rue Nationale. Ces tronçons de ruelle furent compris par la suite dans les îles Portalez et Rignac de Flandio de La Combe. Quant à la nouvelle rue, depuis longtemps projetée, elle fut percée à travers les immeubles de Guillem del Pos ou Dupuy et

---

(1) Grand Thalamus, f° 305 ; acte du 16 décembre 1558.

(2) « Item la maison avec ses appartenances. (Il s'agit sans doute de la « carsse de la cort del bayle » mentionnée au compoix Saint-Firmin, 1404, f° 34), où se tient la court du baille à luy vendue par la Ville pour payer la maison acquise de François Bastier, pour y muer et tenir lad. Court, confronte avec led. Tuffani, avec les hoirs de feu Yvonnet Lessus, et deux rues l'une allant au Palays, l'aultre à la Blanquerie. » (C. Saint-Matthieu, 1544, f° 127).

(3 et 4) C. Saint-Matthieu, 1544, f° 127.

(5) Ibid., 1600, venu, f° 424.

(6) Ibid., après 1600, basane, f° 438.

(7) Ibid., 1600, f° 508.

(8) De la maison de Jean Huchier. (C. Saint-Matthieu, 1600, f° 486)

(9 et 10) Ibid., f° 488.

de Pierre Catel. Les héritiers de celui-ci différèrent leur consentement jusqu'en 1253, et ne le donnèrent qu'en imposant des conditions singulièrement contraires à la liberté de la circulation. En effet, la largeur de trois mètres ménagée à la rue devait être réduite de près de moitié par l'établissement des bancs, auvents et galeries que se réservaient le droit d'y faire les vendeurs (1). La rue, qui, dans sa partie supérieure traversait la Juiverie primitive, prit le nom de Sabaterie Neuve, par opposition à celle de Sainte-Anne, et ne l'échangea qu'au xve siècle contre celui de Barralerie (2).

Elle me ramène au quartier des marchés, point de départ de ma longue promenade *intra muros*.

## XI.

Le premier et le deuxième couvent des Carmes. — Potiers et blanquiers près le Merdanson. — L'abbaye de la Bonne-Carrière. — Puits de Conques ou du Roch. — Le premier Hôtel de la Monnaie. — Saint-Thomas. — Le logis de la Madeleine. — La maison des Templiers. — Les Étuves basses de la Palissade. — Le Courreau et Valmagne. — Le Pain de la Charité. — Les Écoles de Droit du Puech Sainte-Aularie. — Les Étuves des Écoles. — La rue Bona-Nioch. — Les Écoles de Grammaire au Peyrou Saint-Jacques. — La Savoie.

Occupés en grande partie par des établissements religieux, auxquels on a consacré des monographies plus ou moins détaillées, mais suffisantes à mon point de vue, les faubourgs m'offriront relativement peu à dire. Un seul de ces établissements, cependant, n'ayant pas attiré jusqu'ici l'attention, c'est à lui que je m'arrêterai d'abord. Je veux parler du couvent des Carmes.

L'endroit généralement connu où les surprit la tourmente du xvie siècle, n'est pas celui où ils s'étaient fixés à l'origine. Près de

(1) Arch. mun. de Montp., arm. F, cass. VII, pièce n° 11.
(2) *Ibid.* et C. Saint-Firmin, *passim*.

là se trouvait un *mansus* de l'Évêque de Maguelone, débris du fief de Montpelliéret, isolé au milieu des terres seigneuriales depuis les concessions de 1263. On l'appelait Boutonnet; il a donné naissance au populeux faubourg de ce nom. Les documents y mentionnent : un château, dont le couvent des Dames du Sacré-Cœur occupe aujourd'hui l'emplacement; un hôpital (1), sur lequel je n'ai pas de détails, mais qui confrontait le château (2); enfin un clos, que tout récemment encore les fils de Dom Bosco ont marqué de leur passage. C'est ce clos qui fut donné en libre alleu, le 13 mars 1256, aux frères de Notre-Dame du Mont-Carmel par Bernard Gandalon, mercier, et Elie Garnier, chiffonnier. Les religieux y construisirent une église, y élevèrent plusieurs bâtiments et y ménagèrent deux jardins (3). J'ignore quel fut le motif de leur transfert presque sous les murs de la ville, transfert déjà opéré en 1320 (4), et qui devait leur procurer bien des difficultés. J'ai dit déjà que leur église et partie des édifices furent rasés pour la construction de la Palissade (5), et aussi comment ils essayèrent vainement de s'établir dans l'intérieur des murs (6). Ils revinrent donc à la pensée de rester où ils étaient, mais en évitant les inconvénients qui avaient causé la démolition de leur église, trop élevée et trop rapprochée des remparts pour ne point constituer un véritable danger (7). Le pape Urbain V, intéressé à leur cause, adressa à nos Consuls une bulle qui leur enjoignait de porter secours aux Carmes (8). Il alla même jusqu'à fixer le chiffre de 2000 florins d'or. N'osant

---

(1) « Una vinha a l'espital de Botonet ». (C. Saint-Matthieu, 1404, f° 8).

(2) « 1 verdie apelat lespital de Botonet confronta am l'ostal de Botonet ». (C. Sainte-Croix, 1435, f° 97 v°).

(3) *Clausus de Botoneto, in quo est ecclesia et duo orti cum quibusdam edificiis, qui clausus quondam fuit Fratrum de Monte Carmelo, et ipsum habuere in alodio libero a Bernardo Gandaloni, mercatore, et Elia Garnerii, pelherio, prout constat per quoddam publicum instrumentum scriptum manu Petri Gaucelini, notarii, anno Domini* M° CC° LVI°, III° *idus marcii.* » (Cartul. de Mag., reg. B, f° 32 v°).

(4) Arch. mun. de Montp., grand chartrier, arm. F, cass. VII, pièce n° 70.

(5) Voir p. 40.

(6) Voir p. 131.

(7) Arch. dép. de l'Hérault, série H, fonds des Carmes du Palais, parch. orig. du 17 septembre 1368.

(8) *Cartul. de l'Université de Montpellier*, p. 473.

résister ouvertement aux désirs du Pontife (1), les magistrats municipaux surent pourtant éluder de les remplir, car longtemps après sa mort rien encore n'était fait.

Les Carmes végétaient toujours au milieu de leurs ruines, restreints à quelques bâtiments de peu d'importance, où vivait une communauté de quelques moines et étudiants, réduits à célébrer le service divin dans la seule chapelle subsistante de leur église : celle de la Sainte-Croix (2). Mais le sentiment de dévotion générale qui avait préservé cette chapelle de la destruction allait contribuer à modifier une situation si précaire. Aussi les religieux s'occupèrent-ils d'abord d'établir la vérité du fait, d'ordre miraculeux, qui avait valu ce vocable de Sainte-Croix à leur chapelle, quoique une église de la ville le portât déjà. Ils firent donc constater par quatre témoins : que, vers l'année 1320, une parcelle de la vraie Croix avait été transportée de nuit, par les airs, dans leur église et sur l'autel de la chapelle en question ; que, à l'attouchement de cette parcelle, incluse par eux en un reliquaire d'argent, on avait vu s'opérer diverses guérisons inespérées ; qu'enfin on conservait également dans cette église un crucifix qui, certains vendredis, se couvrait d'une sueur apparente. Les dépositions, qui diffèrent par de simples détails concordant sur les faits énoncés, furent entendues par l'Official de Maguelone (3).

Une telle constatation ajouta grand crédit aux suppliques présentées par les religieux pour la réédification de leur église ; mais ce fut seulement après plusieurs expertises que les Consuls

---

(1) *Die vj<sup>a</sup> junii. — Super eo quod dominus noster papa ordinavit solvi et dari per dominos consules Montispessulani fratribus Carmelitis dicti loci mille quingentos florenos auri, et quod ultra hoc solvantur dictis fratribus de executionibus testatorum dicte ville ve floreni auri in adjutorium reedificandi et reparandi ecclesiam fratrum predictorum, pro facto guerrarum dirutam, scilicet si consulunt quod solvantur et unde et qualiter et per quas solutiones, vel quid videtur eis esse faciendum et qualiter procedendum.*

*Omnes concordaverunt super primo quod fiat prout placet domino nostro Pape, tamen si aliquid potest diminui de pretio seu summa, quod fiat, et quod recipiantur longiores solutiones quam recipi poterunt.* ( Arch. mun. de Montp., série BB, actes du Consulat, 6 juin 1363).

(2) *Ibid.*, grand chartrier, arm. F, cass. VII, pièce n° 69.

(3) *Ibid.*, pièce n° 70.

l'autorisèrent enfin. Ils y mirent diverses conditions, et je les rapporte, comme fournissant des détails intéressants sur l'état de l'édifice. L'église serait relevée sur ses anciens fondements : on donnerait au chœur neuf cannes de longueur, à l'ouverture des arcades trois cannes deux palmes ; mais le nombre des chapelles latérales était laissé à la volonté des religieux. Le couvert du chœur serait fait en dos d'âne, comme celui de l'église du Saint-Esprit, et l'entier édifice serait tenu deux cannes plus bas que la tour de la porte du Legassieu. Le chœur ne renfermerait que le maître-autel et deux petites chapelles. Le clocher, ajouré par des ouvertures nombreuses, devait être bas également (1).

Près des Carmes, à l'entrée de Boutonnet, se trouvaient les fabriques de poterie. En 1404, on les appelle *orgolia* (2), sans doute du mot vulgaire *ourjòou*, qui désigne une cruche de terre. On dit aussi le pont de « las Teulieras », du pont Saint-Côme, qui traverse près de là le Merdanson (3). Utilisées par nos potiers, les eaux de cette petite rivière l'étaient également par les ouvroirs de blanquerie situés au faubourg de Villefranche (4). Je ne vois à signaler dans ce faubourg qu'un premier établissement de l'hôpital Saint-Antoine près des Augustins (5), avant la donation que lui fit de ses jardins le roi Sanche.

Je n'ai qu'à noter, en passant, l'analogie d'usage qui, à Montpellier comme en d'autres villes du Midi, fit donner le nom d'Abbaye de la Bonne-Carrière à un établissement des plus malsains, moralement parlant, et d'abbesse à celle qui le tenait (6). Aussi ne saurait-on s'étonner de l'appellation de Cours des Fil-

---

(1) Arch. mun. de Montp., grand chartrier, arm. F, cass. VII, pièce n° 69.
(2) C. Sainte-Croix, 1404, f° 17 v°.
(3) Arch. mun. de Montp., plans et compoix, *passim*.
(4) *Ibid.*, série BB, minutes de Jean Grimaut, notaire, de 1293, f° 18 v°.
(5) *Item aliud hospicium ibidem situatum, in quo olim fuit hospitale Sancti Anthonii.* (Cartul. de Mag., reg. E, f° 8 v°, 23 février 1351).
(6) « Johan Davit bateyre de telas, 1 ostal et tot son pertenence, que fonc de Joneta de Paiamen, filha, et badesa de la bona carieyra al portal de Latas ». (C. Sainte-Croix, 1404, f° 23). — « Guillaume Lacros. La mitat d'un hostal foras la villa so es l'abadie de la bona carieyra ». (C. Sainte-Foy de 1470, relié par erreur dans celui de Saint-Firmin, 1469, f° 19 ; Sainte-Foy, 1480, f° 15).

lettes (1), cours dans lequel il faut voir cette rue Chaude, assignée dès 1285 aux femmes de mauvaise vie, et qu'on dit s'étendre du puits de Conques à l'avant-portail qui conduit à Saint-Barthélemy (2). Le puits de Conques était situé devant les Frères Mineurs (3). Il passa aux Roch, de même que les possessions *intra muros* (4). Aussi est-il question, en 1356, de *platea vulgariter vocata puthei Roche* (5), d'où le précon de l'Evêque commence ses publications, dans la Part-Antique, se dirigeant de là vers le Plan des Frères Mineurs. Cette même place était celle qu'on désignait aussi sous le nom de Plan d'En Conques (6). Le lieu était habité par des cultivateurs, organisés en corporation, dite en 1366 *caritas cultorum puthei de Roqua* (7). Et je ne serais nullement surpris que le souvenir de ce puits des Roch ait influé sur la tradition dont j'ai fait justice ailleurs (8).

Un peu plus loin que le Plan, le Clos et le puits d'En Conques ou de Roch, se trouvait l'endroit où fut établi le premier Hôtel de la Monnaie. Je dois m'en occuper, le point ayant été, sinon négligé, du moins mal traité.

A la fin de son histoire D'Aigrefeuille consacre un article spécial à l'*Hotel de la Monoye* de Montpellier (9) ; et M. Germain a cru devoir, à son tour, s'en occuper, pour relever au passif du bon chanoine une double erreur : l'établissement de fait de cet Hôtel de la Monnaie dans notre ville dès le règne de Philippe le Bel, et sa persistance au même lieu depuis ce souverain (10). L'un et l'autre, d'ailleurs, ont négligé le point de vue topographique de la question : aucune difficulté ne pouvait, sa thèse ainsi

---

(1) Arch. mun. de Montp., série BB, pièce extraite des reg. des petites notes du Consulat, année 1495.
(2) *Ibid.*, grand chartrier, arm. A, cass. VI, pièce n° 5.
(3) L. Guiraud, *la Paroisse Saint-Denis de Montpellier*, p. 97 et plan.
(4) Voir p. 244. — Arch. dép. de l'Hérault, série G, notaires : Reboul et Bancharceye, reg. 1. f° 131 v°.
(5) Cartul. de Mag., reg. E, f° 68.
(6) L. Guiraud, *la Paroisse Saint-Denis à Montpellier*, plan.
(7) Arch. mun. de Montp., série BB, reg. des petites notes du Consulat, année 1366.
(8) Voir p. 143.
(9) D'Aigrefeuille, *Histoire de Montpellier*, t. I°°, p. 570 et suivantes.
(10) A. Germain, *Histoire de la Commune de Montpellier*, t. II, p. 311.

posée, s'élever à ce sujet dans l'esprit de D'Aigrefeuille; mais M. Germain semble ne s'être point suffisamment préoccupé des incertitudes qu'une opinion nouvelle allait, avec raison, faire naître sur ce point. A l'inverse de tous les deux, si je m'attache surtout à résoudre ces incertitudes, quant à l'emplacement et à l'étendue de nos hôtels de la Monnaie, je complèterai aussi sur mon chemin ce qui reste à dire de l'époque et des circonstances de leur transfert.

Et tout d'abord, le premier établissement monétaire qui ait fonctionné dans notre ville est-il dû aux rois de France ? D'Aigrefeuille ne le pense pas. Après avoir longuement analysé l'acte par lequel Jacques Ier d'Aragon ordonna, en 1272, de frapper la grosse monnaie d'argent reconnue par lui indispensable au commerce montpelliérain, il avoue « qu'il n'a point trouvé » en quel lieu de la ville les rois d'Aragon et de Majorque firent » battre leur monoye ». Si D'Aigrefeuille eût consulté sur le Grand Thalamus, l'acte qui fait suite à la charte de Jacques Ier, il aurait été promptement et sûrement fixé: *Custodes*, y est-il dit, *monete nostre argentee, quam apud Castrum Novum prope Montempessulanum fieri et cudi facimus* (1). Il est donc inutile de chercher à Montpellier l'Hôtel de la Monnaie des rois de Majorque.

Celui dont Philippe le Bel décréta le transfert de Sommières à Montpellier y fut-il aussitôt établi? Pour nier ce fait, M. Germain s'appuie sur des actes qui me paraissent beaucoup moins probants qu'à lui-même. La première de ses preuves est tirée des lettres de Philippe de Valois, en date du 21 janvier 1338: « *Nostram apud Sumidrium aut alibi interdum cudunt monetam* », texte qui fournit un argument d'égale valeur aux deux opinions contraires, texte auquel j'opposerai les lettres bien antérieures de Philippe le Bel, du 7 octobre 1310, ordonnant que, selon la teneur des privilèges concédés par son père aux monnayeurs de Paris, divers habitants de Montpellier jouissent des exemptions d'impôts tout le temps qu'ils serviront à la Monnaie royale (2). La condition d'être à la fois domicilié dans

---

(1) Grand Thalamus, f° 21 v°.
(2) Arch. mun. de Montp., grand chartrier, arm. C, cass. XVII, pièce n° 1.

notre ville et employé à la Monnaie du Roi, suppose l'existence d'un atelier à Montpellier dès ce moment. C'est aussi ce que confirme un acte du 18 septembre 1341, signalé par M. Germain même, et qui montre les officiers de la Monnaie occupant, depuis longtemps déjà, pour leur habitation, certaines maisons d'un des faubourgs de Montpelliéret, non loin de l'église Saint-Denis. Détail à retenir pour la suite.

Le second argument apporté par M. Germain en faveur du délai d'un demi-siècle mis à l'exécution des ordres de Philippe le Bel, est fourni par un document du 14 novembre 1340, où Philippe de Valois déclare : « que plusieurs ouvriers et mon-
» noyeurs du serment de France et autres personnes disans que
» nostre Monoie qui lors estoit à Sommières seroit plus profita-
» blement à Montpellier... nous ayent... supplié que en lad.
» ville de Montpellier voulsissions ladite Monoye faire trans-
» porter et mettre ; et nous, inclinans a leur dite supplication
» et offre, ayons voulu ladite Monoye estre mise et transportée
» a nostre dite ville de Montpellier, et y soit a present toute
» preste et ouvrant », etc. D'où M. Germain conclut que la translation remonte à quelques jours seulement. Bien loin de nier la valeur de cette preuve, je n'hésite pas à reconnaître qu'à ce moment les monnayeurs du Roi ou tout au moins partie d'entre eux travaillaient à Sommières. Les registres de la Chambre des Monnaies constatent le fait (1) ; mais ils établissent aussi que la monnaie du Roi fut frappée à Montpellier au moins en 1306 et de 1314 à 1322 (2). Au surplus, sans faire usage d'une preuve que n'a pu employer notre éminent historien, j'avoue qu'il ne me paraîtrait pas acquis que Montpellier eût été dépourvu de tout atelier monétaire jusqu'en 1340. Remarquons-le, en effet : la requête à laquelle faisait droit à cette époque le premier de nos Valois lui était présentée par les monnayeurs du Serment de France. Il y a lieu d'expliquer cette dénomination.

Les annotations des Ordonnances des Rois de France apprennent qu'on appelait monnayeurs du Serment de France, de l'Empire, de Brabant, ceux qui avaient été reçus dans la

---

(1 et 2) F. de Saulcy, *Recueil des documents relatifs à l'histoire des monnaies*, passim.

corporation respectivement en chacun de ces pays ; ils ajoutent que la qualité de monnayeurs du Serment de l'Empire aurait été concédée légèrement par Charlemagne et ses successeurs (1). Or, l'hérédité du titre étant assurée à l'aîné de la famille, le nombre de ces monnayeurs a pu se perpétuer en France, s'accroître même à la faveur de certaines circonstances (2), jusqu'à leur suppression définitive par François I$^{er}$. Il aura permis ainsi une concurrence redoutable entre eux et les ouvriers du Serment de France. Cette concurrence, tout au moins pour le Languedoc (3), est formellement prouvée par des documents restés encore inédits. La pénurie des ouvriers du Serment de France avait contraint d'appeler dans les ateliers monétaires royaux ceux du Serment de l'Empire, auxquels, pour les attirer, il avait fallu assurer les mêmes privilèges et exemptions qu'aux premiers. Mais la concession en avait été limitée au temps où le nombre des ouvriers nationaux resterait inférieur aux besoins de la fabrication. Comme ce nombre devint ensuite suffisant, surabondant même, à Montpellier en particulier (4), des lettres de Philippe VI, adressées aux communautés du Languedoc, déclarèrent que tout monnayeur de l'Empire reçu à dater du 15 août

---

(1) *Ordonnances des Rois de France*, t. II, p. 152, note *b*.

(2) En 1349, par exemple, à la suite de la mortalité considérable due à la peste Noire, il fallut combler bien des vides dans le personnel des Hôtels de la Monnaie ; aussi, sur l'ordre du Roi, les généraux enjoignirent-ils aux gardes particuliers et aux prévôts des ouvriers et monnayeurs, tant du Serment de France que de celui de l'Empire, d'admettre de nouveaux membres sur simple présentation de personnes convenables. Or, Montpellier, juste à ce moment, manquait d'ouvriers (F. de Saulcy, *Recueil de documents relatifs à l'histoire des monnaies*, t. I$^{er}$, p. 272, 7 août, 4-19 octobre 1349).

(3) Nous en trouvons ailleurs aussi des exemples. En 1347, il avait fallu installer à Rouen dix fournaises complètes d'ouvriers et monnayeurs du Serment de l'Empire. (F. de Saulcy, *Recueil de documents relatifs à l'histoire des monnaies*, t. I$^{er}$, p. 260).

(4) *Ex parte consulum et habitatorum ville Montispessulani nobis significatum extitit cum querela, quod, licet hactenus propter penuriam monetariorum regni Francie, monetarii Imperii fuerint introducti et paria eisdem concessa privilegia, fuit tamen per ordinationes regias statutum quod, superveniente complemento monetariorum Regni, monetarii Imperii nullis gauderent exemptione seu privilegio, sed quamquam numerus monetariorum regni sit auctus ad sufficentiam et specialiter in partibus Montispessulani, ubi sunt plures numero quam exigat necessitas monetandi, nichilominus Stephanus Lauzas, Bertrandus Faraudi et quam-*

1350, serait déchu des privilèges octroyés antérieurement (1) ; d'où il faut conclure que ces monnayeurs étaient employés dans les ateliers royaux, et notamment à Montpellier, à l'époque même où ceux du Serment de France réclamèrent le transfert de la Monnaie dans cette ville ; partant qu'il y eut à Montpellier, avant la suppression définitive de celui de Sommières, un atelier monétaire fonctionnant alternativement toujours, simultanément peut-être, et alors concurremment avec lui (2).

Quel fut l'emplacement de ce premier Hôtel de la Monnaie ? Un acte du 12 novembre 1369 me permettra d'éclaircir ce point ignoré. Bien qu'à ce moment la domination du roi de France sur Montpelliéret remontât au plus à trois quarts de siècle, les maisons diverses où ses officiers exerçaient leur juridiction tombaient déjà de vétusté ; l'administration, en ce temps-là, ne connaissait point d'exigences en fait de constructions ou d'aménagement, et il paraît plus que probable qu'elle s'était contentée d'utiliser, à peu de frais, des immeubles de simples particuliers. Or, pour subvenir aux dépenses de restauration des maisons de la Rectorie, de la Cour du Petit-Scel et des prisons de cette Cour, le sénéchal Amédée des Baux donna l'ordre à Pierre Brunel, maître des œuvres du Roi en la sénéchaussée de Beaucaire, de faire vendre à l'encan les matériaux provenant de l'ancien Hôtel de la Monnaie, assez récemment transféré dans l'intérieur de la ville.

A ce propos, on marque la situation et les confronts de l'immeuble. Il était placé *extra muros*, dans le faubourg des Frères Mineurs, sur la rue publique dite de la Monnaie, conduisant de la Pierre de Saint-Arnaud à l'église Saint-

---

*plures alii habitatores dicte ville, se dicentes monetarios seu operarios sacramenti Imperii, de raro vero in moneta regia servientes, nituntur se et bona sua actionibus, honoribus et contributionibus aliorum civium dicti loci eximere*, etc. (Arch. mun. de Montp., grand chartrier, arm. E, cass. VIII, liasse 22, vidimus par J. Silvain de lettres du roi Jean, du 5 novembre 1360).

(1) Arch. mun. de Montp., grand chartrier, arm. C, cass. XVII, pièce n° 9 : un livre procès de 1358.

(2) F. de Saulcy, *Recueil de documents relatifs à l'histoire des monnaies*, t. Ier, pp. 161, 182, 198, 199.

Denis (1). Le faubourg des Frères Mineurs est connu : il porte aujourd'hui le nom de faubourg de Lattes, de la localité à laquelle il conduit. Quant à la rue de la Monnaie, je renvoie à mon ouvrage sur la Paroisse Saint-Denis, pour lequel un vieux plan des possessions du Chapitre cathédral m'a fourni la position comme le nom de la *carriere de la Moneda* menant de la Justice du Recteur sur le derrière de l'église Saint-Denis (2). Mais j'avoue ne pouvoir fixer, dans toute la longueur du chemin, le point précis où se trouvait, entre deux maisons de simples particuliers, Léonard Geves et Pierre Contastin, le primitif Hôtel de la Monnaie. Il faut ajouter que l'acte d'où j'ai tiré mes indications topographiques fait mention d'un arc de pierre et d'un puits qu'on réservera, dans l'adjudication des matériaux consentie à Guillaume Causit, bourgeois, pour 140 livres tournois, afin de les employer à la demeure du Recteur. A l'égard du sol j'ignore comment on en disposa.

C'est peut-être au voisinage du ruisseau de l'Aiguerelle, dite Aiguerelle Noire (3), qu'il faut attribuer les nombreux terrains cultivés qu'on trouvait dans cette partie des faubourgs : jardins du Cours, jardins de la Babote (4). Ces derniers étaient situés derrière l'église Saint-Thomas, qui fut à l'origine une dépendance de Cluny (5). Le quartier de la Saunerie fourmille d'établissements religieux, tous connus. Je relèverai pourtant une

---

(1) ...*Et idem magister Petrus ad inquantum publicum seu ad venale exponi fecisset lapides omnes dicte domus antique monete regie Montispessulani, site extra muros ville Montispessulani et in suburbiis Fratrum Minorum ville presentis Montispessulani, et in carreria publica dicta de Moneta, per quam itur de Petra Sancti Arnaudi versus ecclesiam beati Dyonisii ville presentis, quequidem domus confrontatur ex una parte cum hospicio Leonardi Jevesii, et ex alia parte cum hospicio seu fundo Petri Contastini, et cum dicta carreria, et cum aliis suis confrontationibus*, etc. (Arch. dép. de l'Hérault, série G, notaires : Raymond Mourrut, reg. 123, f° 35 v°).

(2) L. Guiraud, *la Paroisse Saint-Denis de Montpellier*, p. 95 et plan.

(3) Voir p. 5.

(4) C. Sainte-Foy, 1525, f° 212 v° et suivants. — Arch. dép. de l'Hérault, série H, fonds des Cordeliers de l'Observance, plans.

(5) *Capella Sancti Thome de Clunizelo prope Montempessulanum sita*, porte le testament de Thomas Vezian du 3 août 1247, donnant sa maison près du Courreau à un chapelain, qui dira la messe tantôt à Saint-Thomas, tantôt à Saint-Guillem. (Arch. mun. de Montp., fonds Joffre, t. II, f° 210, pièce n° 377 répété).

erreur de Gariel, plaçant l'hôpital de la Madeleine en face le collège Saint-Sauveur ; je l'expliquerai en même temps. Il n'y avait là que « ung hostal, estable et selier ont es lo lougis de la Magda-
» lene, devant Sanct Saulvaire, confronte en lospital de Sancte
» Marte et an la palissada, fa canton » (1). Mais la Madeleine ou les Repenties, d'abord placées sur le chemin de Béziers, avaient été transférées à la Petite-Observance, quand les religieux de celle-ci étaient allés occuper les locaux de la Grande-Observance au faubourg de Lattes ; de là, confusion.

Je ne quitterai point ces parages sans fixer l'exact emplacement de la maison des Templiers, qui n'a jamais été prouvé.

On s'accorde à penser qu'ici, comme ailleurs, les Hospitaliers de Saint-Jean de Jérusalem héritèrent de leurs biens, et qu'ainsi l'enclos du Grand Saint-Jean a dû être primitivement celui de la Milice du Temple. Mais, à part les circonstances locales qui auraient pu faire affecter à d'autres usages ces immeubles des Templiers, on sait que l'Ordre de Saint-Jean de Jérusalem avait deux établissements à Montpellier, l'un appelé du Petit Saint-Jean, dans l'intérieur de la ville, l'autre dit du Grand Saint-Jean aux faubourgs. J'ajouterai même qu'il possédait une troisième propriété, affectée au xvii° siècle à l'église paroissiale, à la maison claustrale et au cimetière de Saint-Denis (2). Si tant est que les Hospitaliers aient hérité de la maison du Temple, par laquelle de ces trois propriétés est-elle représentée ?

J'établis d'abord la transmission de l'immeuble du Temple à Saint-Jean de Jérusalem par le texte suivant, du 10 août 1338 : *Actum in Montepessulano in domo condam Templi, nunc vero Sancti Johannis Jerosolitani* (3).

Quant à l'identification, elle est guidée par divers textes du xiii° siècle, qui portent toujours : *domus Milicie Templi sita juxta villam Montispessulani* (4) ; et par d'autres du xv° siècle : *Domus Templi extra villam Montispessulani* (5).

(1) C. Sainte-Foy, 1525, f° 215 v°.
(2) Arch. mun. de Montp., série DD, Halles et Marchés.
(3) Cartul. de Mag., reg. E, f° 337 v°.
(4) *Ibid*, reg. D, f° 19, juillet 1200. — Grand Thalamus, f° 40 v°.
(5) Arch. dép. de l'Hérault, série G, notaires : Jean de Bancharoeye, reg. 8, 9 et 10, *passim*.

C'est là, en effet, que la montre un acte d'échange du 17 juillet 1251, conclu entre Pierre de Conques, évêque de Maguelone, et frère Guillem Scribe, précepteur de l'Hôpital. Il s'y agit de l'usage d'une livre de poivre qu'a le prélat sur le jardin et les maisons de la communauté de Montpellier. « Les-
» quels jardin et maisons (je traduis) sont situés dans les
» faubourgs de la ville de Montpellier, à côté de la maison
» de la Milice du Temple, et confrontent d'une part avec
» ladite maison de la Milice, rue publique entre deux par
» laquelle on va à Prunet ; d'autre part, avec la maison de
» l'hôpital de Roncevaux, autre rue publique entre deux par
» laquelle on va à l'église Saint-Barthélemy, lequel chemin est
» dit chemin de Saint-Jacques ; d'autre part, avec l'avant-
» portail des faubourgs de ladite ville de Montpellier, place ou
» rue entre deux par laquelle on va à ces deux chemins publics ;
» et enfin d'autre part avec les maisons et possessions de
» Pierre Bonifas et de dame Fulcrande » (1).

Si rien n'est mieux fixé que l'emplacement de cette propriété de Saint-Jean de Jérusalem, grâce à sa position entre la place Saint-Denis, la route de Toulouse et la rue Rondelet, et grâce à l'emploi qu'on en fit par la suite, celui de la maison des Templiers n'est pas moins incontestable. Elle se trouvait sur le chemin de Saint-Martin du Prunet, vis à vis l'église actuelle Saint-Denis et ses dépendances. Du côté opposé, l'enclos du Temple allait jusqu'au chemin venant de Saint-Martin du Prunet à la fontaine de Lattes, dite primitivement *de Priveiranicis* (2).

(1) *Qui ortus et domus sunt in barriis ville Montispessulani juxta domum Milicie Templi et confrontantur cum predicta domo Milicie, carreria publica in medio qua itur ad Prunetum ex una parte, et ex alia parte cum domo hospitalis de Rossas Vals, alia carreria publica in medio qua itur ad ecclesiam Sancti Bartholomei, que via vocatur via Sancti Jacobi, et ex alia parte confrontatur cum anteportali barriorum ville predicte Montispessulani, plano seu via in medio per quam itur ad predictas duas vias publicas, et ex alia parte cum domibus et honore Petri Bonifacii et domine Fulcranne.* (Cartul. de Mag., reg. E, f° 33).

(2) *Pecia terre vestra que vocatur campus de Arca, et est subtus Prunetum et confrontatur ex una parte cum honore vestro qui fuit domine Galiane et liberorum ejus, et ex alia parte cum carreria qua itur de Pruneto ad Priveiranicam, et ex alia cum honore domus Milicie, viaculo in medio, et ex alia cum carreria qua itur de predicta domo Milicie versus Priveiranicam.* (Cartul. de Mag., reg. E, f° 33).

Il confinait aussi à l'Aiguerelle Noire (1). Enfin, il est fait mention d'autre chemin conduisant de la maison du Temple à cette même fontaine de Lattes (2), voie représentée aujourd'hui par la rue du Grand Saint-Jean et le chemin de Palavas. Toutes ces indications désignent, avec la dernière évidence, l'enclos du Grand Saint-Jean, tel que le montre l'atlas de ses possessions dressé en 1751 (3).

Près du faubourg de la Saunerie, se trouvait un établissement de bains dit Étuves Basses, de la Palissade ou de l'Observance, à cause de leur situation. Grâce aux confronts fournis par les compoix (4), et à divers plans (5), leur situation est fixée à l'île actuellement délimitée par les rues Général Campredon, Jeu de Paume et Cours des Casernes. « Quasi vis à vis » l'église de l'Observance, cet établissement, par le bruit et les désordres qui y régnaient, était d'un incommode voisinage pour la communauté (6).

Le percement de la rue du Courreau eut lieu vers l'année 1215, et fut opéré à travers les jardins de Valmagne (7). Cette indication sert donc à marquer approximativement la position de cet établissement, et un acte de 1293 la confirme en le plaçant devant la porte Saint-Guillem (8). A côté, et sur le lieu de l'ancien cimetière juif, fut mis, en 1263, le Collège de même nom (9).

Je n'ai pas cru devoir m'arrêter aux différentes portions des fossés de la ville inféodées soit à des particuliers, soit à des cor-

---

(1) *Quedam pecia terre sita in decimaria Sancti Martini de Pruneto que confrontatur ex una parte cum honore Raymundi Roq, et ex alia cum aygarella, et ex alia cum quadam carreria que ducit de dicta aygarella versus ortum Raymundi Roq, et illa mediante cum honore Templi.* (Cartul. de Mag., reg. E, f° 34).

(2) Voir p. 205, note 2.

(3) Arch. dép. de l'Hérault, série H, fonds Saint-Jean de Jérusalem.

(4) C. Sainte-Foy, 1480, f° 25; Saint-Paul, 1544, f° 185; Sainte-Anne, 1600, veau, f° 306, 393, 436 et 877; 1738, f° 345.

(5) Arch. mun. de Montp., série H, plan n° 579. — Arch. dép. de l'Hérault, série H, fonds des Cordeliers de l'Observance, plans.

(6) Arch. mun. de Montp., grand chartrier, arm. A, cass. VI, pièce n° 6.

(7) Arch. mun. de Montp., fonds Joffre, t. II, f° 24, pièces n° 42 et 43.

(8) *Ibid.*, t. II, f° 44, pièce n° 86.

(9) *Cartulaire de l'Université de Montpellier*, p. 197.

porations industrielles, parce que ces concessions, essentiellement transitoires, amenèrent souvent des mutations d'usage, qui feraient confusion. Je parlerai cependant, comme d'une coutume locale et curieuse, de la cérémonie qui s'accomplissait chaque année, le jour de l'Ascension, dans la partie comprise entre les portes Saint-Guillem et du Peyrou. Elle consistait en une solennelle distribution de pains par toutes les corporations qu'animait l'exemple du Gouverneur et des Consuls. On l'appelait proprement *la Charité*, et, comme les métiers étaient tenus d'y participer, on en prit l'habitude d'assimiler les termes : charité et métier. Je décrirai rapidement cet usage.

Deux ou trois semaines avant l'Ascension, les Consuls délibéraient pour décider si la Charité se donnerait en argent ou en nature, le premier parti paraissant n'être pris que dans le cas de crainte d'une surprise du dehors. Ils faisaient ensuite adresser au peuple une allocution par quelque clerc licencié ; celui-ci engageait les uns à contribuer à l'aumône, les autres à laisser leur part aux plus nécessiteux, enfin les Consuls des métiers à percevoir exactement les deniers de la Charité et en empêcher le gaspillage. Pour la part de la Ville, elle était fixée à 44 setiers de bonne touselle, devant faire 1000 pains, dont chacun pesait en pâte 4 livres 3 gros. Cette quantité était divisée en huit moutures, dont le son était vendu, la farine portée au Consulat. Là, sous les yeux du chapelain, un boulanger pétrissait et cuisait. Ainsi fabriqués, les pains étaient déposés sur du fenouil. Cependant, de partout, à la proclamation : « Barons, mande la Court du » Roy nostre sire a tous consulz de mestier que pence de porter » son pain au molon, et qui contre ce fera », etc., les pains s'entassaient au plan de la Pelharié, à cet *ovile panis* dont j'ai parlé ailleurs (1).

En même temps se poursuivaient d'autres préparatifs. Cinq ou six jours avant la fête, le Clavaire traitait avec un fustier, pour la barrière à construire. Celle-ci devait être divisée en quatre compartiments doubles. Le premier, sous le portail du Peyrou, était dit du Roi ; le deuxième, des peyriers et fustiers, et

---

(1) Voir p. 114.

ainsi successivement des autres métiers, chacun avec sa bannière de couleur différente portant l'image du patron, en général celui du quartier qu'ils habitaient.

Le jour de l'Ascension arrive. Munis d'un déjeuner après la messe, les Consuls vont recevoir le pain, puis retournent boire à l'Hôtel-de-Ville. Ainsi restaurés, ils se rendent à la procession, qui part de Saint-Firmin, pour bénir le pain et le distribuer aux barrières. Ce qu'il en pourra rester sera rapporté à la maison consulaire, sans qu'ils aient à s'en occuper, « car ilz sont gran-
» dement lassez pour le travail qu'ils ont fait tout le jour ». Le lendemain, on le répartira entre les communautés religieuses et les serviteurs du Consulat (1).

Le mamelon qui, au XII$^e$ siècle, avait porté le nom de Puy Arquinel, prit ceux de Sainte-Aularie, corruption de Sainte-Eulalie, du vocable de la commanderie de la Merci à Montpellier, et de Peyrou Saint-Jacques, à cause de l'hôpital et de l'église fondés sous Jacques le Conquérant. Le premier répondait à la pente méridionale, que couvraient les Écoles de Droit; le second, au revers septentrional, où se trouvaient celles d'arts libéraux. L'ensemble était dit « a las escolas » (2). J'ai eu à décrire un peu la physionomie du quartier à propos des auditoires de Saint-Benoît (3). Les indications des compoix sont fréquentes à ce sujet, quoique sans intérêt précis, si ce n'est pour le nom célèbre de Jacques Rebuffi (4). A l'origine, le clocher de Sainte-Eulalie, qui dominait le quartier scolaire, abrita la cloche de l'Université (5); mais je pense qu'il faut rapporter à la décadence des Écoles particulières et à l'établissement d'un enseignement

---

(1) Cérémonial consulaire du XV$^e$ siècle, f$^{os}$ 13 et suivants.

(2) « 1 verdier a las escolas en lo seten Fermi deforas ». (C. Sainte-Croix, 1387, f$^o$ 51 v$^o$).

(3) L. Guiraud, les Fondations du Pape Urbain V à Montpellier, t. II : le Collège Saint-Benoît, pp. 71 et suivantes.

(4) « Item hun hostal, que fonc de mossen Jame Rebuf a santa Eularia costa las » escolas ». (C. Sainte-Anne, 1116, f$^o$ 124). — « 1 hostal desot la escola de maistre » Bremon en lo seten del portal Fermy deforas ». (C. Sainte-Croix, 1387, f$^o$ 19 v$^o$). Il s'agit de Brémond de Montferrier (L. Guiraud, les Fondations du Pape Urbain V à Montpellier, t. II, p. xxvII). — Voir aussi C. Saint-Firmin, 1401, f$^o$ 29 ; sixains de dehors, 1117, f$^o$ 28 ; Saint-Paul, 1118, f$^{os}$ 192 et 193 v$^o$.

(5) Cartulaire de l'Université de Montpellier, p. 710.

public (1), la construction de la célèbre Tour Sainte-Aularie, distincte du clocher (2).

Pourtant toute la population scolaire n'habitait pas le Puech Sainte-Aularie. Elle prenait logement aux environs et spécialement dans la rue de la Valfère, que son calme et le voisinage du *Studium* désignaient aux préférences des étudiants laborieux. Ceci résulte d'une requête présentée le 14 août 1410 par Firmin Cavillar et Bernard Treyras, marchands de Montpellier, en leur nom et celui d'autres propriétaires à la Valfère, portant : *quod ipsi habent aliquas domos situatas in carreria Vallis fere, quequidem domus a parte inferiori earum confrontantur cum spacio duodecim palmorum, quod est medium inter dictas domos et muros dicte ville, que inquam domus consueverunt locari studentibus, cum dicte domus illius carrerie Vallis fere sunt magis apte ad studendum quam alique alie domus que sunt prope Studium, ex eo quia camere illarum domorum sunt in loco secreto, et ita antiquitus fuit observatum, et adhuc pro tempore presenti observatur quod inhabitant studentes ibidem.*

Cette requête était adressée aux Ouvriers de la Commune-Clôture, à seule fin d'obtenir le renvoi de certain cordier auquel ils avaient loué l'espace des Douze Pans, et qui, par ses chants, ses vociférations et ses sifflets, autant que par les pleurs et les cris de ses petits enfants, troublait le travail des étudiants. Ceux-ci, ne pouvant demeurer dans leurs chambres, descendaient dans la cour et menaçaient de quitter le quartier.

Si les Ouvriers protestèrent contre les allégations des propriétaires au sujet des inconvénients précités, ils confirmèrent cependant, de tous points, les détails relatifs au séjour des étudiants à la Valfère ; ajoutant même que nombre de bacheliers, licenciés et docteurs, y domiciliés, ont pu mener à bien leurs études et acquérir leurs grades, malgré le voisinage du cordier (3).

Derrière les Écoles de Droit au Puech Sainte-Aularie se

---

(1) L. Guiraud, *les Fondations du Pape Urbain V à Montpellier*, t. II, p. 119.
(2) Vue de Montpellier en 1541 par Belleforest.
(3) Arch. dép. de l'Hérault, série G, notaires : Jean de Bancharceye, reg. 9, f° 90 v°.

trouvaient des Bains ou Étuves (1), qui paraissent avoir été mis là pour l'usage particulier des étudiants, soit que cette commodité de plus fût de nature à les attirer dans notre ville, soit que les Montpelliérains aient voulu écarter d'eux et de leurs familles cette population redoutable par ses excès. Sur le commencement de ces Étuves, je n'ai pas trouvé de documents : en 1449, on y soigne les malades atteints de la peste (2). Mais, dès 1553, il paraît n'y avoir plus de bains, la taxe étant réduite de plus de moitié (3). C'est ce qui explique la possession de l'immeuble par le prieur d'Aubais, Guillem Jacques (4). Quant à l'exact emplacement de ces Étuves, je ne saurais le fixer ; les indications et renvois aux compoix ne concordant nullement, je n'ai pu en suivre la propriété. On les dit simplement situées derrière les Écoles de Droit et alimentées par un puits. Il faut donc se les figurer entre le Courreau et l'aire Sainte-Aularie, entre le clos des Dominicains et la rue Bona Nioch.

Le nom de celle-ci rappelle une tradition bien connue. Thomas Platter, qui l'a, le premier, rapportée, le fait en ces termes à la fin du XVIe siècle : « Un étudiant en droit avait été
» condamné à mort pour avoir séduit la fille d'un président de
» Montpellier, mais ses camarades le délivrèrent de prison à main
» armée. Pour se venger d'eux, le père, profitant du moment où
» ils étaient réunis dans le collège du faubourg les fit assas-
» siner » (5). A son tour, D'Aigrefeuille, écrivant en 1739, s'exprime ainsi : « On dit que les étudiants ayant fait du
» désordre dans les faubourgs du Peirou et de Saint-Guillem,
» où ils avaient blessé quelques habitans du quartier, ceux-ci
» vinrent les attendre lorsqu'ils revenaient sur le tard de Sainte-
» Eulalie ; et pour distinguer les étrangers, à qui ils en voulaient
» plus qu'à ceux du pays, ils obligeaient tous les passants de
» leur dire en patois : « Dieu vous don bonne nioch », ce que les

---

(1) « Manifest de François Malpel.— Item ung hostal ont sont las estubes an
» son pos detras los estudis de loix et lo jardrin que a agut de maistre Claude de
» Astrata ». (C. Sainte-Foy, 1525, f° 237).
(2) Arch. mun. de Montp., série CC, clavaires, année 1499.
(3) C. Sainte-Anne, 1544, f° 50.
(4) Ibid., 1544, f°' 50 et 162.
(5) Félix et Thomas Platter à Montpellier, p. 188.

» étrangers avaient beaucoup de peine à prononcer. Sur cette
» marque, ils en tuèrent grand nombre et jettèrent leurs corps
» dans les puits du voisinage... Le nom de « Dieu vous don bonne
» nioch » resta à la rue où l'action s'était passée, qui va du Pei-
» rou à Saint-Guillem en passant au jardin de Trincaire » (1).

Entre les affirmations de Platter et de D'Aigrefeuille et le doute
qu'a fait naître le silence de documents anciens sur ce fait
d'histoire universitaire et locale, il m'a paru intéressant de rechercher le fond de vérité qui a pu donner naissance à la tradition tant de fois citée de notre temps. Et voici ce que j'ai été
ainsi amené à découvrir.

Tout d'abord, la dénomination de rue Bona Nioch viendrait-
elle, comme celles de Cherche-Midi et de Cope-Cambes, de
l'étroitesse ou de l'obscurité de ces voies ? Malgré toute l'autorité
de l'érudit éditeur des *Mémoires de Platter*, je ne saurais le
penser ainsi. S'agit-il d'une abréviation de la phrase : Dieu
vous donne bonne nioch ? Comme toujours, je remonterai aux
sources pour répondre. L'un des premiers compoix conservés,
celui de 1404, mentionne un immeuble situé à la « carrieyra
» den bona nuog » (2). Non-seulement le mot Dieu, si important
par son rôle grammatical dans la phrase disparaît ainsi du premier coup, mais la particule En, qui en tient la place, décèle
un nom patronymique montpelliérain. Ce nom, quelle peut
être sa forme exacte ? Toute incertitude à cet égard est levée
par le compoix de 1478 qui donne, avec une indiscutable netteté :
« carrieyra den bona miech » (3). Il est vrai que celui de Sainte-
Croix, de 1480, écrit « den bona nuech » (4), et que bien des fois
l'absence de points dans l'écriture et l'égalité du nombre des
jambages peuvent faire hésiter entre *mi* et *nu*. Mais on sait que ces
registres étaient rédigés les uns d'après les autres, et le copiste
a dû souvent être indécis sur la lecture, d'autant plus qu'il
s'agit du nom d'une famille éteinte dès le milieu du XIVe siècle :
celle des Bonami, riches drapiers montpelliérains, devenus bour-

---

(1) D'Aigrefeuille, *Histoire de Montpellier*, t. II, p. 358.
(2) C. Saint-Firmin, 1404, f° 85.
(3) C. Saint-Paul, 1478, f° 137 v°.
(4) C. Sainte-Croix, 1480, f° 102 v°.

geois du roi, et très souvent nommés dans nos documents (1). La
« carriera d'en bona miech » tire donc tout simplement, comme
la rue des Teissiers, la rue En Bocador, son nom d'une famille
connue.

Qu'on ne croie pas cependant à une suppression complète de
la légende. De quelle façon le souvenir des Bonami s'est-il attaché à la rue en question, c'est sur quoi jette un jour curieux le
document tout à fait inédit que j'ai extrait d'un procès mû au XIV<sup>e</sup>
siècle entre cette famille et nos magistrats consulaires. Je veux
parler de lettres de sauvegarde royale, octroyées par Charles IV
le Bel, le 16 mars 1327, à Pierre Bonami, drapier de Montpellier (2). On y voit qu'elles lui ont été accordées d'après la
demande inspirée par ses craintes de devenir l'objet de représailles, à propos d'un acte commis dans l'exercice de fonctions
publiques. Les circonstances relatées dans le privilège méritent d'être analysées successivement: elles concordent d'une
manière frappante avec les données fournies par la tradition.

La nature du délit, et partant la cause du châtiment, n'est
pas indiquée, le terme *malefactores* étant vague ; mais il ne
saurait s'agir d'un crime vulgaire ou d'assassins de bas étage :
la publicité donnée au supplice n'aurait-elle pas été, dans ce
cas, du plus salutaire exemple ? L'injure, au contraire, semble
être délicate pour réclamer un châtiment secret.

En outre, ce châtiment n'a pas le caractère d'une vengeance
personnelle : c'est en qualité de chef de la justice dans notre
ville, de magistrat, qu'agit Pierre Bonami.

Il se fait accompagner de quatre personnes, ayant affaire à

---

(1) Cette famille Bonami, propriétaire aux Iles Poissonnerie et Vieux Consulat
(pp. 154, note 2, et 156 et suivantes), vendit également aux Consuls le second Hôtel-de-Ville. A tout moment ses membres sont consuls ou bayles.

(2) Voici l'exposé des motifs : *Karolus, Dei gratia Francorum rex, universis
presentes litteras inspecturis salutem. Notum facimus quod nos, ad supplicationem dilecti nostri Petri Boni Amici de Montepessulano, asserentis se minas plurium malefactorum quos tempore quo justitiam dicte ville de Montepessulano
tenebat et exercebat, juxta eorum demoura, dicitur punisse verisimiliter timere,
ne per eosdem sibi injurie aut violencie inferantur, arma defferentes, ad thuicionem sui corporis, cooperte tamen et sine scandalo, cum quatuor aliis personis in
sua comitura existentibus,* etc. (Arch. mun. de Montp., grand chartrier, arm.
A, cass. XII, reg. n° 1, f° 5 v°).

plusieurs coupables ou complices, et ceux-ci portent des armes.

Enfin, le châtiment est infligé à côté de la demeure des délinquants, et l'on sait que la rue Bona Nioch était près de la Tour Sainte-Aularie, qu'entouraient les Écoles de Droit.

D'où je conclus qu'il y a eu réellement un acte de répression exercé contre les étudiants en droit par des Montpelliérains, en dehors des formes ordinaires de la justice.

Quant à la date de l'aventure, bien que Platter donne celle-ci comme un fait assez récent en 1599, elle est rigoureusement fixée à l'année 1320. *Tempore quo justitiam dicte ville de Montepessulano tenebat et exercebat,* disent les lettres de sauvegarde; et le *Petit Thalamus* mentionne comme bayle en 1320 : « En P. Bon Amic » (1). En outre, cette même année, le 2 avril, l'évêque de Maguelone, André de Fredol, interdit formellement le port des armes aux étudiants de l'Université de Montpellier, à cause des rixes sanglantes qui y éclataient chaque année (2). Je sais que, le bayle entrant en charge seulement le 24 juin, cette prohibition aura précédé, sauf erreur de date néanmoins (3), l'élection de Pierre Bonami. Mais l'interdiction doit viser les excès dont la répression secrète a donné lieu à la tradition.

Après avoir fait ainsi la part de l'histoire, il me reste à indiquer comment a pu se former la légende relative à la formule de passe : « Diou vous dona bona nioch ». Je l'ai dit déjà : la rue précitée porta primitivement le nom de « carrieyra den bona miech », première corruption de l'orthographe rationnelle d'En Bon Amiech. Par des altérations successives de lecture et de copie, elle devient « carrieyra den bona nuech (4), carriere de don bona nuech » (5), enfin, « rue Dieu done bone nuech » (6). Cette dernière mention, nécessairement postérieure à l'acquisition qu'elle relate, le 16 juillet 1539, d'un jardin vendu par Firmin Guy à l'apothicaire Laurent Cathalan, précède cependant l'année 1544, où l'on

---

(1) A. Germain, *Histoire de la Commune de Montpellier*, t. I⁰ʳ, p. 403.
(2) *Cartulaire de l'Université de Montpellier*, p. 246.
(3) La fête de Pâques tombant en 1321 le 19 avril, le document pourrait être du commencement de cette année-là, quoique portant la date : *anno Domini* M°CCC°XX°.
(4) C. Sainte-Croix, 1480, f⁰⁸ 102 v° et 169.
(5) *Ibid.*, 1480, f° 25, réfection du compoix.
(6) C. Sainte-Foy, 1525, f° 94.

fit un nouveau compoix. A cette époque, plus de deux siècles avaient passé sur l'évènement : tout souvenir du nom des Bonami était effacé par l'extinction de la famille ; à l'inverse, ceux qui se rattachaient aux excès des étudiants n'avaient été que trop souvent ravivés par eux. Je ne pense pas qu'il faille chercher d'autre origine à la célèbre légende.

Les Écoles de Grammaire me paraissent avoir été de plus modeste apparence que celles de Droit, n'avoir pas été aussi nombreuses, avoir duré aussi moins de temps : « Cambra de gram- » matica » disent quelquefois les documents (1). Enfin, de bonne heure, la Ville dut soutenir un enseignement, qui, malgré son caractère indispensable, était réduit à n'avoir qu'un seul professeur pour toute la Faculté des Arts. En 1398, Pons de Vivarais y enseignait dans ces conditions, et comme il était fort âgé, qu'il comptait quarante années et plus d'un professorat que la crainte de la peste n'avait pas interrompu, les Consuls résolurent de lui donner à la fois un successeur et une retraite honorable. Ils lui assurèrent donc une pension de 20 livres tournois, alors qu'ils en promettaient seulement une de 10 livres petits tournois à Harbin de Vendeye, qui, appelé à le remplacer, s'obligeait à enseigner la logique, la morale et la philosophie naturelle, tant à ses écoliers privés qu'aux étrangers et même aux indigents (2). Je rappellerai enfin, à propos des Écoles du faubourg Saint-Jaume, que là furent élevés les arrière-neveux du pape Urbain V, les fils d'Urbain Grimoard de Senhoret (3).

Mais la majorité de la population en ce lieu était formée de cultivateurs. En 1449, ils s'y trouvaient assez nombreux pour exiger d'élire un consul spécial du métier, comme le faisait le quartier de la Valfère (4). Une église et un hôpital dits de

---

(1) C. des sixains de dehors, 1417, f° 28 ; Sainte-Croix, 1401, f°ˢ 8 et 40 ; Saint-Matthieu, 1477, f° 14 v°.

(2) Arch. mun. de Montp., série BB, reg. des petites notes du Consulat de l'an 1398. Cf. ibid., année 1383, 12 juin ; année 1412, 23 mars 1413.

(3) Voir p. 173.

(4) En 1439, il y avait eu déjà des discussions pour le pain de la Charité. (Arch. mun. de Montp., série BB, actes du Consulat, 6 mai 1439). En 1449, on dit : *dum copia cultorum erat in Podio Peyronis alias Sancti Jacobi suburbiorum dicte ville.* (Arch. mun. de Montp., série BB, reg. des petites notes du Consulat, de 1449, f° 10).

Saint-Jacques, un four (1), des puits nombreux (2) assuraient les besoins de tout ordre de ce faubourg, bâti en partie sur un certain jardin des Guillems, fréquemment mentionné dans leurs testaments (3), et qu'au xiv<sup>e</sup> siècle encore on appelait le Plantier du Roi. Près de là, au lieu où fut créé le Jardin des Plantes, se trouvait le quartier dit de la Savoie (4), sans doute à cause de quelque immigration, et l'on allait ainsi rejoindre le couvent des Carmes, par lequel j'ai commencé cette exploration à travers les faubourgs.

(1) *Retro furnum Sancti Jacobi de Montepessulano in loco vocato Planterium domini Regis.* (Arch. mun. de Montp., grand chartrier, arm. G, cass. VI, pièce n° 77 *bis*).

(2) Je mentionne en particulier ceux, parfaitement distincts, dits : « pos del Rey sobeyran et pos soteyran del Rey ». (C. des sixains de dehors, 1417).

(3) *Liber instrum. memor.*, passim.

(4) C. des sixains de dehors, 1417, *passim*.

# APPENDICE

### 1.

VENTE PAR DIVERS PARTICULIERS AUX OUVRIERS DE LA COMMUNE-CLÔTURE DE TERRAINS POUR LES FOSSÉS DE L'ENCEINTE.

(Années 1217 et 1218).

Anno Dominice Incarnationis millesimo ducentesimo septimo decimo scilicet sexto ydus aprilis, ego Petrus de Posqueriis et ego Rostagnus, ejus frater, filii quondam et heredes in solidum Petri de Posqueriis, ex voluntate et auctoritate gadiatorum patris nostri, scilicet Petri Luciani, causidici, et Stephani de Casinabus,... (1) sororum nostri, per nos et per omnes nostros, cum hac carta solvimus et in perpetuum derelinquimus vobis Operariis Communis Clausure murorum Montispessulani, scilicet Johanni Luciani et aliis successoribus vestris, videlicet totum solum sicut terminatum et signatum est ad opus vallorum Montispessulani, quod confrontatur ex una parte cum vallo Montispessulani et ex alia parte cum via qua ytur apud Latas, et ex alia parte cum curia et aliis domibus nostris, et ex alia parte cum terra Bernardi Pulverelli, in quo solo domus erant constructe, et nomine hujus solutionis et desemparationis habuimus et recepimus a vobis viginti libras melgorienses, in quibus renunciamus exceptioni non habite et non recepte peccunie, et juramus nos numquam contra venturos, renunciantes sub eodem juramento beneficio minoris etatis et omni alio auxilio quo nos tuheri possemus. Et nos predicti gadiatores scimus et in veritate cum hac carta recognoscimus quod predicti fratres predictam absolutionem et desemparationem nostro consilio et assensu fecerunt, et auctoritate qua fungimur eam laudamus et confirmamus, et scimus in veritate cum hac carta predictam summam in utilitate predictorum infantum esse con-

(1) Les noms ont été laissés en blanc, de même plus loin.

versam, scilicet in hedificatione et melioratione aliarum domorum quas predicti fratres ibidem juxta hoc prefatum solum habent. Et nos prefati Operarii, cognoscentes maximum dampnum predictorum fratrum in dirutione domorum que in predicto solo erant, concedimus vobis predictis fratribus, per nos et per successores nostros et per totam communitatem Montispessulani, quod liceat vobis construere et domos hedificare in illo plano sive solo, promittentes vobis quod in illo plano sive solo nullum impedimentum faciemus vel fieri patiemur. Testes sunt Petrus Geraldi, Pontius Geraldi, fusterii, Petrus de Tripoli et Stephanus de Sauzeto, notarius Montispessulani.

Anno Dominice Incarnationis millesimo ducentesimo septimo decimo et quarto kalendas junii, ego Petrus Guitardini, per me et per omnes meos, cum hac carta solvimus et in perpetuum derelinquimus vobis Operariis Communis Clausure murorum Montispessulani, scilicet Johanni Luciano, Bonaventura Boqueto, Petro Aymerico, Guillelmo Ruffo, Bernardo de Ribauta, Raymundo Landaco et Petro Calvelli et successoribus vestris, videlicet totum solum sicut signatum et terminatum est ad opus vallorum Montispessulani et carrerie, et sunt a muro principali usque ad parietem meam quindecim canne et dimidia cum carreriis, quod solum confrontatur ex una parte cum vallo Montispessulani et ex alia parte cum via qua ytur apud Latas, et ex alia parte cum honore nostro, et nomine hujus solutionis et desomparationis habui a vobis dictis Operariis viginti septem libras et decem solidos melgorienses, in quibus renuncio exceptioni non habite et non recepte peccunie. Testes sunt Pontius Lauterius, Guillelmus Sabaterius, nuntius Operariorum, Petrus Nuntius et Stephanus de Sauzeto, notarius Montispessulani.

ᵉ Anno Dominice Incarnationis millesimo ducentesimo septimo decimo et tercio idus julii, ego Bernardus Pulverelli, per me et per omnes meos successores, bona fide, cum hac carta, solvo et in perpetuum derelinquo vobis Operariis Communis Clausure murorum Montispessulani, scilicet Johanni Luciani, etc., videlicet totum solum quod vos et antecessores vestri Operarii cepistis ad opus vallorum Montispessulani de campo meo qui est extra portale Obilionis, qui confrontatur ex una parte cum vallo Montispessulani, et totum dampnum et gravamen quod pro terra vallorum Montispessulani e[j]icienda in campo meo vel alio modo pro Opere Communis Clausure Montispessulani in dicto campo acceperam usque ad hunc diem vobis absolvo et derelinquo, et nomine hujus solutionis et desemparationis habui et recepi a vobis dictis Operariis viginti libras melgorienses, in quibus renuncio exceptioni non habite et non recepte peccunie. Testes sunt Petrus Turpini, Aymericus de Conchis, Pontius Maurini et Stephanus de Sauzeto, notarius Montispessulani.

Anno Dominice Incarnationis millesimo ducentesimo septimo decimo et quarto idus octobris, ego Atbrandus, filius Raimundi Atbrandi, per me et per uxorem meam et per meos, solvo et in perpetuum derelinquo vobis Operariis Communis Clausure murorum Montispessulani, scilicet Johanni Luciani, Petro Calvelli, Petro Aymerico, Bonaventura Boqueti, etc., videlicet totum solum quod vos cepistis ad opus vallorum Montispessulani de orto nostro qui est extra portale Obilionis et confrontatur..., et totum dampnum et gravamen quod pro arboribus orti nostri vel terra vallorum Montispessulani e[j]icienda in orto et campo nostro vel pro domibus orti et vallato campi nostri pro Opere Communis Clausure in dicto campo et orto acceperam, vobis et Operi absolvo et in perpetuum derelinquo et bonum finem et remissionem vobis et successoribus vestris Operariis facio, et nomine hujus solutionis et desemparationis habui et recepi a vobis dictis Operariis viginti octo libras melgorienses, in quibus renuncio exceptioni non habite et non recepte peccunie. Testes sunt Raimundus Cap de Bueu, Bertrandus Gaucelmi, Petrus de Tripoli et Stephanus de Sauzeto.

Anno Dominice Incarnationis millesimo ducentesimo septimo decimo quinto decimo kalendas novembris, ego Stephanus de Arlenis, per me et per omnes meos, solvo et in perpetuum derelinquo vobis Operariis Communis Clausure Montispessulani, etc., totum solum quod antecessores vestri Operarii ceperunt ad opus vallorum Montispessulani in casali nostro, qui est extra portale Montispessulaneti, et totum dampnum quod inde acceperam vobis absolvo, et habui inde a vobis sexaginta quinque solidos melgorienses. Testes sunt Petrus de Tripoli et Stephanus de Sauzeto, notarius Montispessulani.

Anno Dominice Incarnationis millesimo ducentesimo septimo decimo et quarto kalendas novembris, ego Bruna, uxor quondam Petri Deodati, tutrix infantum meorum, per me et per infantes meos, solvo et in perpetuum derelinquo vobis Operariis [Communis Clausure] Montispessulani, etc., videlicet totum solum quod antecessores vestri Operarii ceperunt ad opus vallorum Montispessulani in campo nostro, qui est extra portale Montispessulaneti, et confrontatur..., et totum dampnum quod inde acceperam vobis dictis Operariis et dicto Operi absolvo et renuncio, et habui inde a vobis sex libras et decem solidos melgorienses. Testes sunt Petrus Barreria, Petrus Escoalops et Stephanus de Sauzeto, notarius Montispessulani.

Anno Dominice Incarnationis millesimo ducentesimo septimo decimo sexto idus febroarii, ego Hugo Laurentii, per me et Bernardum Guiraldi et Guillelmum Guiraldi et per nostros successores, solvimus et in perpetuum derelinquimus vobis Operariis Communis Clausure murorum

Montispessulani, etc., videlicet totum solum quod vos cepistis ad opus vallorum Montispessulani de orto nostro, qui confrontatur cum vallo Montispessulani ex una parte et ex alia cum orto Petri Bordini et ex alia parte..., et totum dampnum et gravamen quod pro arboribus orti nostri vel pro terra vallorum Montispessulani e[j]icienda in orto nostro vel pro domibus orti et pro putheo orti pro Opere Communis Clausure acceperam in dicto orto nostro vobis Operariis et Communi Clausure absolvimus, et in perpetuum derelinquimus, et bonum finem et remissionem vobis Operariis et Operi Communis Clausure facimus, et, si Raimundus Paulus, ortolanus, aliquid vobis petebat vel petere poterat pro dampno ei facto in orto, totum vobis et Operi restituemus, et nomine hujus solutionis et desemparationis habuimus et recepimus a vobis triginta libras melgorienses, in quibus renunciamus exceptioni non habite et non recepte pecunie. Testes sunt Johannes Luciani, Petrus Boeti et Stephanus de Sauzeto, notarius Montispessulani.

Anno Dominice Incarnationis millesimo ducentesimo septimo decimo quarto idus octobris, ego Pontius de Sancto Thoma, per me et per omnes meos, bona fide et sine omni dolo solvo et in perpetuum derelinquo vobis Operariis Communis Clausure murorum Montispessulani, etc., totum dampnum et gravamen quod ego accepi pro Opere in orto qui est extra portale Obilionis, quem tenebam pro locario ab Atbrando, filio Raimundi Atbrandi, sive sit in fructibus vel in redditibus vel alio quolibet modo, et bonum finem et remissionem vobis facio, et nomine hujus solutionis habui a vobis....Testes sunt Raimundus Capud bovis, Bertrandus Caucelini, Petrus de Tripoli et Stephanus de Sauzeto, notarius Montispessulani.

Anno Dominice Incarnationis millesimo ducentesimo octavo decimo secundo kalendas aprilis, ego Petrus Bordini, per me et per omnes meos, bona fide et sine omni dolo et fraude solvo et in perpetuum derelinquo vobis Operariis Communis Clausure murorum Montispessulani, scilicet Raimundo Benedicto, Johanni Ruffo, Guillelmo de Lunello, Johanni de Aureliaco, Guillelmo de Antonicis, Guiraudo Guillelmo, et Poncio Vincencio et successoribus vestris Operariis, videlicet totum solum quod vos cepistis ad opus vallorum Montispessulani de orto nostro, qui est extra portale Obilionis et confrontatur cum orto Raimundi de Cressio et ex alia cum orto qui fuit Regordane, et totum dampnum et gravamen quod pro arboribus orti et pro putheo et pro terra e[j]icienda in orto meo vel aliquo modo acceperam in dicto orto meo vobis Operariis et Operi Communis Clausure absolvo, et in perpetuum derelinquo in bonum finem, et remissionem vobis Operariis et successoribus vestris et toto universitati et communitati Montispessulani facio, et, si ortolanus aliquid vobis vel Operi petebat vel petere poterat pro dampno ei facto in orto, totum vobis et Operi restituemus, et hujus solutionis et desemparationis hujusmodi habui et recepi a vobis Operariis quindecim libras melgorienses, in quibus, etc.

Anno Dominice Incarnationis millesimo ducentesimo octavo decimo secundo kalendas aprilis, ego Raimundus de Crecio, per me et per omnes meos, bona fide solvo et in perpetuum derelinquo vobis Operariis Communis Clausure murorum Montispessulani, etc., videlicet totum solum quod vos cepistis orti mei, qui confrontatur cum orto Petri Bordini, et totum dampnum et gravamen quod pro arboribus orti mei et pro terra e[j]icienda in orto meo vel aliquo modo acceperam in dicto orto meo vobis Operariis et Operi Communis Clausure absolvo et in perpetuum derelinquo, et nomine hujus solutionis et desemparationis habui et recepi a vobis Operariis sexaginta solidos melgorienses. Testes sunt Ermengavus Estorneli, Petrus Deodati et Stephanus de Sauzeto, notarius Montispessulani.

( Arch. mun. de Montp., fonds Joffre, t. II, f° 21, pièce n° 40.)

## II.

### 1. ACQUISITION ET LODS DU PREMIER HÔTEL-DE-VILLE.

( 19 août 1205 — 29 juillet 1207).

*Carta come Johan de Latas vendet la maiso dels cosels.*

In nomine Domini. Ego Johannes de Latis, causidicus, per me et meos, bona fide et sine dolo, cum hac presenti carta, vendo, trado et titulo perfecte venditionis in perpetuum concedo vobis duodecim probis hominibus Montispessulani, scilicet Guillelmo Bocados, Guillelmo Capdebou, Petro Fabro, Otoni Cairello, Pontio Raimundo, Bono Amico, Petro Rainaldo, Guillelmo de Lunello, Guillelmo Capion et Guillelmo Rossello, hic presentibus, et Petro de Monte Belliardo juniori, et Bernardo Capiti de Mallio absentibus, et toti communitati et universitati Montispessulani, et vobis supradictis pro ipsa universitate, ad quam consulendam et regendam vos estis jam electi et constituti, et omnibus successoribus vestris, ad omnes vestras et successorum vestrorum voluntates faciendas, cum consilio tamen domini Regis et domine Regine, videlicet totam illam domum meam cum solario et sutulo et edificiis, et liberum ad eam introhitum et exitum per portam que respicit in Herbariam, et cum omnibus aliis suis pertinentibus et adjacentibus et que ad ipsam domum et ejus introhitum et exitum pertinere possunt et debent. Que domus confrontatur ex una parte cum stari Raimundi Lamberti, quod fuit Pontii Lamberti, patris sui, et ex alia parte cum domo Deodati de Fans, et ex alia cum eadem domo Deodati de Fans, et cum domo Pontii Lamberti de Tripoli, et ex alia cum domo Berengarii Lamberti, causidici, porticu in medio per quem ad dictam domum intratur. Propter hanc autem venditionem et traditionem irrevocabiliter permansuram habui et recepi a vobis nomine universitatis Montispessulani mille et quingentos et quinquaginta solidos melgorienses, in quibus exceptioni non numerati et non soluti pretii renuncio. Et quod amplius hoc precio valet vel in futurum valebit, illud totum quantumcumque sit sive duplum vel amplius excedat, de mera liberalitate vobis et universitati Montispessulani dono, et ex certa scientia in vos et universitatem Montispessulani transferro. Et scio et cognosco quod ultra dictam quantitatem reddidistis michi quinquaginta solidos, quos ego dederam pro laudimio venditionis ex dicta domo michi facte. Et hanc domum faciam vos et universitatem Montispessulani habere et tenere et possidere quiete et ab omni contradicente jure defendam, et pro evictione, si facta fuerit, in totum vel in partem me et omnia mea quecumque sint obligo usque ad dictam quantitatem precii de MDL solidis, sed non in plus vel pro racione partis que evinceretur de dicta domo prorata dicti precii et non in plus. Et est sciendum quod per dictam portam que respicit in Herbariam habent liberum introhitum et exitum alie domus que erant Raimundi Lamberti, et domus similiter Berengarii Lamberti, causidici, et nichil dixi vel feci, dicam vel faciam quominus hec omnia firma semper maneant, vel aliquo jure scripto vel non scripto contraveniam.

Acta sunt hec anno Domini Incarnationis millesimo ducentesimo quinto quarto decimo kalendas septembris in presentia et testimonio Petri de Bisanchis, Berengarii Lamberti, Symonis de Campo Novo, Pontii Panulli, Rainaldi Stornelli juvenis, Petri Salvaire, Raimundi de Latis, Willelmi Carishom, B. de Castaneto, Stephani de Candeianicis, P. Bligerius, R. Radulfi, Stephanus de Lundris, R$^i$ Maleti, Petri Johannis, Petri de Salviano, W$^i$ de Sancto Tiberio, P. de Sancto Egidio, R$^i$ de Viridario, W$^i$ de Planterio, W$^i$ de Vonranicis, et aliorum multorum et Bernardi de Porta, notarii, qui rogatus hec scripsit.

Post hec anno Dominice Incarnationis millesimo ducentesimo septimo, ego Guillelmus Capud Bovis, bajulus Montispessulani, predictam venditionem et traditionem predicte domus in perpetuum valituram laudo, concedo et confirmo auctoritate curie Montispessulani michi commissa toti universitati Montispessulani et Consulibus ejusdem presentibus et futuris, et vobis Petro Baudilio et Guillelmo de Vonranicis, consulibus Montispessulani, ab aliis Consulibus, consociis vestris, ad hanc laudationem recipiendam constitutis, et per vos et per omnes alios Consules, consocios vestros, et per totam universitatem Montispessulani stipulantibus et recipientibus, et remitto vobis et communitati Montispessulani totum consilium et laudimium.

— 223 —

Actum hoc est et laudatum anno predicto quarto kalendas augusti in presencia et testimonio Berengarii Lamberti, causidici, Lumbardi, diaconi, Petri Tropassen, Pontii Raimundi, Deodati de Fans, Regordi, canabasserii, Bernardi Capud Mail et Bernardi de Porta, notarii, qui rogatus hec scripsit.

(Grand Thalamus, f<sup>os</sup> 6 v° et 6 répété. — Cf. Livre Noir, f° 22 v°.)

## 2. ALIÉNATION DU PREMIER HOTEL-DE-VILLE.

(26 décembre 1364 et 27 février 1365).

Item die xxvj decembris per dominum Jacobum Mayssendis proposito populo ad clocam convocato si placet eis alienatio domus Consulatus, et quod aplanentur fossata necessaria juxta muros ad cognitionem dominorum Consulum, et quod uniantur iiij$^{or}$ hospitalia juxta formam acordi facti cum dominabus, respondit populus quod sic et eis placet.

Item die xxvij$^a$ februarii hospicium antiquum Consulatus fuit livratum ante domum Consulatus per Durantum Angelum, preconem juratum, Armando Ruffi, campsori presenti, precio v° librarum franco pro ipsis, etc. Testes, etc.

Item eadem die nos Bartholomeus Bartholomei, Guillelmus Alamandini, etc., consules, vendimus vobis dictum officium pro precio predicto, obligamus, etc., renurciamus, etc., sine usatico, habita relacione populi per fidem. Testes, etc.

(Arch. mun. de Montp , série BB, registre des petites notes du Consulat de l'année 1364.)

## 3. CONCESSION DE LA CHAPELLE DU CONSULAT.

(12 décembre 1336).

Pictavinus, Dei et apostolice Sedis gracia episcopus Magalonensis, providis viris Consulibus ville Montispessulani nostre diocesis salutem in Domino. Vota fidelium que presertim divini cultus augmentum directe respiciunt libenter pio favore prosequimur, eisque quantum juste possumus assensum benevolum impertimur. Exhibita siquidem nobis pro parte vestra [petitio] continebat quod vos, ad Dei laudem et beate Marie virginis gloriose ac totius celestis curie, cupientes terrena pro celestibus felici commercio commutare, sub vocabulo ejusdem beate Marie in domo Consulatus dicte ville, in loco tamen honesto, quoddam oratorium sive capellam perpetuam sine campana, in quo unum stet altare dumtaxat erectum, extra domum dicti Consulatus ad locum alium nullatenus transferendum, de bonis ejusdem ville fundare proponitis, illudque dotare pro vita et sustentatione unius capellani perpetui in sacerdotio constituti proficiendi eidem, qui vobis et aliis futuris Consulibus dicte ville summissa voce semel in die celebret, justo impedimento cessante, per vos et successores vestros in hujusmodi consulatus officio, nobis nostrisque successoribus episcopis Magalonensibus ad oratorium sive capellam hujusmodi infra tempus a jure statutum nominandus et presentandus, ac per nos et successores nostros predictos oratorio sive capelle ipsi preficiendus, si ad illud seu illam obtinendam sive obtinendum juxta sanctiones canonicas fuerit ydoneus reputatus quociens extiterit oportunum. Nos itaque hujusmodi votis vestris benignius annuentes fundandi dictum oratorium perpetuum sive cappellam, sine campana, cum altari unico dumtaxat, quod ad locum alium extra domum Consulatus predicti mutari seu transferri non possit, in quo summissa voce semel tantum diebus singulis valeat celebrari, excommunicatis et interdictis exclusis, in domo Consulatus ville predicte sine juris cujuscumque prejudicio, dote sufficienti per vos primitus assignata eidem oratorio sive capelle pro sustentatione capellani prefati, ac jure nostro episcopali et parrochialis ecclesie Sancti Firmini ville de Montepessulano predicte, in cujus parrochia domus Consulatus jam dicti consistit, tam in oblationibus quam aliis quibuscumque in omnibus semper salvo, nobisque et nostris successoribus supradictis dicti perpetui capellani confirmatione et institutione ordinaria reservatis. Ita tamen quod capellanus hujusmodi oratorii seu capelle qui fuerit pro tempore confessiones audire et ecclesiastica sacramenta cuiquam nequeat ministrare, teneaturque interdicta et sententias quelibet tam a jure quam ab homine lata et proferenda imposterum et statuta, ordinationes et mandata apostolica et superiorum nostrorum ac nostra necnon provincialia et sinodalia, juramento prestito, inviolabiliter observare, plenam vobis tenore presentium concedimus facultatem, vobis et vestris successoribus in officio consulatus prefati jus presentandi et nominandi ad dictum oratorium seu capellam postquam constructum et dotatum seu constructa et dotata fuerit, ut premittitur, infra tempus a jure statutum capellanum ydoneum, nichilominus reservantes, per hujusmodi autem concessionem nostram, expresse vel tacite, nostro episcopali seu parrochialis ecclesie Sancti Firmini predicte aut cujusvis alieno juri in aliquo non intendimus derogare, nec aliquid concedere per quod capellanus dicti oratorii seu capelle qui fuerit pro tempore a nostra nostrorumque successorum predictorum episcoporum Magalonensium jurisdictione et potestate ordinaria in aliquo quomodolibet eximatur. In quorum omnium testimonium et fidem plenariam presentes litteras nostri sigilli fecimus appensione muniri. Datum Avinioni duodecima die decembris anno a Nativitate Domini nostri Jhesu Christi millesimo trecentesimo tricesimo sexto pontificatus sanctissimi patris et domini nostri domini Benedicti divina providentia pape xij$^i$ anno secundo.

(Arch. mun. de Montp., grand chartrier, arm. F, cass. VII, pièce n° 78.

## III.

**1. CONCESSION D'UN LOCAL POUR LA POISSONNERIE.**

( 4 septembre 1212 ).

In nomine Domini nostri Jhesu Christi. Universis et singulis, presentibus et futuris clarum sit et indubitatum quod nos Guillelmus de Conchis, Raimundus Ebrardi, Johannes de Latis, Guillelmus de Cavanaco, Ermengavus de Azillano, Petrus Garrelli, Stephanus de Serviano, Petrus Senanquerii, Bernardus Regordi, Durantus de Gres, consules Montispessulani, rectores et administratores universitatis ejusdem ville, habito diligenti consilio et tractatu, per nos et per Ugonem de Monte Beliardo et per Raimondum de Bicterris, consules absentes, et per omnes successores nostros et per totam universitatem et communitatem Montispessulani, quia valde necessarium et utile esse eidem reperimus, damus et imperpetuum concedimus vobis Petro de Valle fera majori, Petro de Valle fera filio, Johanni et Vitali et Petro de Circio, peyssoneriis, et vestris, ad omnes voluntates vestras plenarie faciendas, ad vendendum, impignorandum, cum consilio tamen domini Montispessulani, videlicet totum unum locale cum omnibus suis pertinenciis et adjacenciis et introitibus et exitibus ad edificandam Peyssonariam, ubi pisces vendantur, et ad faciendas in ea tabulas et operatoria et super eam solaria et alia edificia, sicut confrontatur ex una parte cum honore Raimundi de Caturcio, carreria de Herbaria in medio, et ex alia parte cum tabulis pistorissarum, et cum honore Hugonis de Rodes, et ex alia parte cum operatoriis Hugonis Corregerii et cum honore Jacobi Lumbardi, et ex alia parte cum Macello, quibusdam tabulis in medio, quarum aque pluviales non debent discurrere neque recipi in dicta Peyssonaria. Sed sciendum est quod tectum honoris Ugonis Corregerii, cujus aque pluviales defluunt in dicto locali, debet erigi, ita quod omnes aque totius illius honoris cadant in alia loca neque de cetero defluant in dicto locali de Peyssonaria, in pariete cujus honoris tectum de Peyssonaria debet caricare. Similiter tectum Peyssonarie habet caricum in biscalino Jacobi Lumbardi subtus fenestras, ita quod possunt trabes figi et clavellari in ipso biscalino subtus fenestras et in illis trabibus tectum Peyssonarie sustentabitur ; ex parte vero Macelli debemus aperire exitum, per quem fiat ingressus et egressus in dictam Peyssonariam. Tabule vero cum sedilibus que erunt post eas debent habere tantummodo in profundum novem palmos et inter tabulas que erunt hinc et inde debet remanere carreria de duabus cannis libera sine omni impedimento quod ibi non debet fieri, in qua carreria nichil erit vobis licitum imponere vel figere, vel transitum impedire. Et in dicta Peyssonaria debent fieri sexdecim tabule, que debent habere ad minus unam cannam per frontem et novem palmos, ut dictum est, in profondum. Propter hanc autem donationem et concessionem scimus et recognoscimus nos habuisse et recepisse a vobis quinquaginta duas libras et dimidiam melgorienses, in quibus expressim et ex certa scientia renunciamus exceptioni non numerate et non solute pecunie. Verum ad Natale Domini quod erit post primum veniens Natale, et deinde de anno in annum dabitis vos et vestri imperpetuum Consulibus Montispessulani et eorum successoribus pro universitate Montispessulani triginta quinque libras melgorienses pro usatico. Et totum predictum locale Peyssonarie damus vobis et concedimus tali lege quod numquam liceat alicui facere de cetero in alio loco Montispessulani peyssonariam piscium recentium, neque pisces recentes vendere, nisi infra predictum locale ad Peyssonariam faciendam vobis datum et concessum, neque in tabulis Macelli, neque in aliis tabulis proximis Peyssonarie possint vendi pisces recentes, neque etiam salsi, sed per alia loca tantummodo Montispessulani possint vendi pisces salsi ad minutum et ad gros. Et promittimus vobis et vestris, per nos et successores nostros et per totam universitatem et communitatem Montispessulani, quod omnia predicta et singula faciemus imperpetuum ab omnibus plenarie teneri et inviolabiliter observari neque aliquem contra venire patiemus. Preterea promittimus vobis quod ab omni peticione quam contra vos vel vestros illi qui habent aliquid in Peyssonaria Veteri moverent aliquo tempore, eo quod honores sui pro Nova Peyssonaria essent deteriorati vel aliquo alio modo, occasione Nove Peyssonarie, ab ea vos jure defendemus et indempnos conservabimus, adhuc etiam promittimus quod de omnibus qui aliquid petunt vel peterent in locali Nove Peyssonarie vel in exitu Peyssonarie ex parte Macelli, pacem vobis faciemus in vos in jure et extra jus ab eorum peticione, nostris propriis sumptibus vos defendemus et indempnes conservabimus, et pro evictione universali vel particulari et pro omnibus supradictis et singulis firmis, monendis, tenendis et observandis obligamus vobis et vestris omnia bona et jura Consulatus, universitatis et communitatis Montispessulani, et specialiter supradictas xxxv libras quas nobis annuatim tenemini dare pro supradicta Nova Peyssonaria in Natale Domini. Verumtamen Peyssonaria predicta debet esse clausa et debet in ea fieri garillanus, per quem aque ipsius Peyssonarie discurrant subtus terram. Hec omnia predicta et singula laudavit et consiliavit Raymundus Capud Bovis, bajulus Montispessulani, et remisit consilium. Acta sunt hec omnia et laudata anno Dominice Incarnationis millesimo ducentesimo duodecimo pridie nonas septembris in domo Consulum Montispessulani, presentibus et consencientibus consulibus officiorum et consiliariis Consulum majorum. Horum omnium testes sunt Johannes de Aorllaco, Johannes Luciani, Petrus Salvator, Raymundus Benedicti, Willelmus Capion, Stephanus Tabernarius, Raymundus Carisom, Bernardus Gres, Bernardus de Rodos, Raimundus Darlles, B. Radulfi, Garinus Princer, Berengarius de Manso, Vincencius, canabasserius, Guillelmus Rotberti, Willelmus Dantonegues, Petrus Clari, Raymundus de Latis, Sier Berart, Willelmus de Conchis, piperarius, Guillelmus Grillus, et Ademarus Scriptor, notarius, qui rogatus a partibus hec scripsit.

(Grand Thalamus, f° 64, transcription faite en 1313).

## 2. PROTESTATION RELATIVE A LA POISSONNERIE.

Existens Guillelmus Valserie, procurator et nomine procuratorio Francisci Imberti, Egidii Viridarii, burgensis Montispessulani, necnon et magistrorum Petri de Crenurato et Guillelmi de Podio, notariorum dicte ville Montispessulani, et Johannis Faraudi patris et Johannis Faraudi filii, peyssoneriorum, dominorum seu quasi et possessorum quarumdam tabularum peyssonarie dicti loci Montispessulani, necnon Bernardi Noguerii, Johannis Pauleti, Jacobi Bedocii, Raymundi Vitalis, Arnaudi Boni Amici, Guillelmi Becini, Guillelmi Michaelis, et aliorum quorumdam peyssoneriorum dicti loci, prout de ejus procurationibus constat per publica instrumenta suo loco et tempore proponenda et exhibenda, in domo communi Consulatus dicte ville Montispessulani et in presencia Consulum dicte ville dixit et proposuit coram dominis Consulibus quod ipsi Consules seu eorum predecessores in dicto officio consulatus, per omnes suos successores et per totam universitatem et communitatem dicte ville Montispessulani et pro utilitate dicte ville, dederunt hactenus et in perpetuum concesserunt prenominatis habentibus tabulas in dicta Peyssonaria et eorum predecessoribus et aliis peyssoneriis et suis ad omnes eorum voluntates plenarie faciendas, cum consilio tamen domini Montispessulani, videlicet totum dictum locale Peyssonarie cum omnibus suis pertinenciis et adjacenciis introhitibus et exitibus ad edificandam Peyssonariam predictam, in qua pisces venderentur, et ad faciendum in ea tabulas et operatoria et alia solaria et edificia, quodquidem locale confrontabatur cum honore tunc Raymundi de Caturcio, carreria et Herbaria in medio, et ex alia parte cum tabulis pistorissarum, et cum honore Hugonis de Rodes et ex alia parte cum operatoriis Hugonis Corrigerii et cum honore Jacobi Lombardi, et ex alia parte cum Macello, quibusdam tabulis in medio, quamquidem dationem et concessionem fecerunt Consules qui tunc erant, predecessoresque Consulum qui nunc sunt precio quinquaginta duarum librarum cum dimidia melgoriensium, quas dicti predecessores Consulum nunc existancium habuerunt et receperunt a dictis recepientibus dictum locum Peyssonarie predicte, et se habuisse et recepisse confessi fuerunt cum omni juris renunciacione pariter et cautela, necnon et cum pentione triginta et quinque librarum melgoriensium dandarum et solvendarum pro usatico imperpetuum dictis Consulibus et eorum successoribus pro universitate dicte ville Montispessulani singulis annis per dictos recipientes dictum locale et eorum successores ad faciendam Peyssonariam predictam, quam dicti recipientes fecerunt et construxerunt juxta conveniciones predictas.

Item dixit et proposuit dictus procurator coram dictis Consulibus quod dicti Consules, predecessores dictorum Consulum nunc existancium, dictam dacionem et concessionem fecerunt pro se et eorum successoribus per totam universitatem et communitatem dicte ville Montispessulani, et inter cetera cum tali lege et pacto quod nunquam liceret alicui facere de cetero in aliquo loco Montispessulani Peyssonariam piscium recentium neque pisces recentes vendere, nisi infra dictum locale ad faciendum Peyssonariam datum et concessum, que omnia et singula, per se et omnes suos successores et per totam universitatem et communitatem dicte ville Montispessulani, facerent tenere imperpetuum et ab omnibus plenarie teneri et inviolabiliter observari dicti dantes et concedentes promiserunt sollempniter et quod aliquem non patierentur contra venire, et sic dictos recipientes et suos successores defferendere dicti Consules promiserunt et indempnes omnino conservare dictorum Consulum et eorum successorum ac dicte universitatis Montispessulani propriis sumptibus et expensis. Et pro omni evictione... etc. obligaverunt, etc.

Item dixit et proposuit dictus procurator quod alique persone plurime et diverse, tam homines quam mulieres, assumpserunt sibi officium peyssoneriorum perrumpendo et attemptando de facto revendere pisces recentes per diversa loca dicte ville Montispessulani extra dictum locum seu locale Peyssonarie predicte, videlicet in portali de Petrono et in portali de Latis et in aliis partibus diversis Montispessulani preterquam in dicto locali Peyssonarie, contra bonum terre statum et bonum et utilitatem rei publico, cum multo magis bariscia piscium exasperet atque crescat sic minutatim per diversa loca separando et dividendo dictos pisces recentes quam si in uno eodemque loco venderentur et in una Peyssonaria. Et etiam corruptiones plures fiunt in diversis partibus dicte ville dictorum piscium et quibus aer efficitur pestiferus, putridus et corruptus, et per consequens corpora hominum, que rebus preferenda sunt, de facili possunt periclitari, necnon et contra dicta facta et legem in dicta dacione et concessione predicti localis Peyssonarie facta, contenta et expressata. Idcirco, cum predicte vendiciones particulares tendunt nedum in maximam lesionem rei publice sed etiam in maximum dampnum dictorum dominorum, quorum est procurator, et non modicam lesionem, cum ita bene non possint nec valeant dictas suas tabulas locare, requisivit dictus procurator nomine quo supra dictos dominos Consules instanter et eorum quemlibet ut dictas vendiciones particulares piscium, que fiunt per diversa loca dicte ville extra et preter dictum locale Peyssonarie predicte cessare faciant et vetare ac prohiberi in totum et, si necesse fuerit, litem suscipere suis propriis expensis, prout promiserunt, etc., juxta formam et tenorem instrumenti publici super dicta dacione et concessione recepti et confecti manu Adhemarii, notarii publici, etc., quodquidém instrumentum est scriptum et receptum sub anno Dominice Incarnationis millesimo cc° duodecimo et pridie nonas septembris, etc.

(Arch. mun. de Montp., grand chartrier, arm. A, cass. XV, pièce n° 4.)

## IV et V.

### EXPERTISE POUR L'ORGERIE PRÈS NOTRE-DAME DES TABLES.

*Relacion des maistres macons c'est assavoir Nicolas Marie et Pierre Borgonhon faicte de la visitation qu'ilz ont faicte par commission de Messieurs [les] Consulz de la presente ville de Montpellier touchant ce que demande Pierre Foucard, drapier, sur lale nove.*
*Du dernier jour de decembre.*

Maistre Nicolas Marie et Pierre Borgonhon, maçons de Montpellier, ont fait relacion qu'ilz ont plusieurs foys veu et visité, tant en presence des sieurs Consulz qu'en leur absence, lale nove devers le cousté du casal de Pierre Foucard, lequel demande que lesd. sieurs Consulz luy vendent le dessus du corroier de lad. ale nove estant sus sa cave de long a long et aussi que lui donnent licence de bastir dessus et qu'il y puysse fere arcz au lieu des pilliers qui y sont pour soustenir le bastiment qu'il veult fere par dessus.

Tout bien veu et considere ont dit et relaté que, si led. Foucard veut achepter le hault dud. corroeir et donner prix rasonnable, que sans dommaige et interets de la ville les sieurs consulz peuvent vendre aud. Foucard ce qu'il demande, actendeu majorment ce que de quoy lad. ville se sert et entend à soy servir de lad. ale nove pourveu que led. Foucart, si en bastissant dessus faisoit aucunes fenestres et vistes, qu'il soit tenu de les treslisser de fer, en façon que nulle [chose] y puysse passer pour descendre a lad. ale, et qu'il face les arcz de l'auteur que le boys que est a present, et la reparacion qu'il y fera soit faicte a ses despenses.

(Arch. mun. de Montp., série BB, registre des petites notes du Consulat, année 1499).

## VI.

## CONCORDANCE DES ILES (1).

### Sixain Sainte-Foy.

1. SALLE DE SPECTACLE. — N'existait pas.
2. DOUZE PANS. — 1435 (*S. Saint-Thomas*), Douze Pans ; 1478 (*S. Saint-Paul*) Douze Pans ; 1525, Douze Pans.
3. LOUVRE. — 1435 (*S. Saint-Thomas*), Guillem de Murles ; 1478 (*S. Saint-Paul*), Guillem de Murles ou Paulet del Pin ; 1525, du Soleil.
4. PUITS DOUZILS.— 1435 (*S. Saint-Thomas*), Guillem Boissieyra ; 1478 (*S. Saint-Paul*), Guillem Boissieyra ; 1525, Jean Domengon.
5. CHEVAL BLANC. — 1435 (*S. Saint-Thomas*), Garin de la Pomme ; 1478 (*S. Saint-Paul*), de la Pomme ou Berthomieu Vidal ; 1525, Cheval Blanc.
6. CYGNE.— 1435 (*S. Saint-Thomas*), Dos Angels ; 1478 (*S. Saint-Paul*), Dos Angels ; 1525, du Cygne.
7. MASSANE.— 1435 (*S. Saint-Thomas*), de la Corona ; 1478 (*S. Saint-Paul*), Tres Reys ; 1525, Trois Rois, Jean Duranc.
8. PÉNITENTS BLANCS.— 1429, Santa Fe, Sainte Foy, Douze Pans.
9. MONNAIE. — 1429, la Moneda, la Monnaie.
10. AUGUSTINS.— 1429, Santa Fe, Sainte Foy, Douze Pans.
11. JÉSUITES. — A. 1429, Petit Sagel, Petit Scel.
    B. 1429, Philippe de Lantilla, Peyre Castellan, Johan Castellan, Michel Gaillard, Pierre Prunier, Estienne Petit.
    A et B réunies : Antoine Petit, Cézelly.
12. ORATOIRE. — 1429, Salle de l'Avesque, Salle-l'Evêque.
13. BOCAUD. — 1429, Torre d'En Barral, Douze Pans du portail Saint-Denis au Portail Saint-Gilles.
14. CROIX-BLANCHE. — 1429, Laurens Sary, Laurens Sary ou Philippon Ledoc, Chabaudy.
15. PUJOL. — 1429, Loys de Felinas ou hoirs de Pierre Gerbe, Etienne Tuffany, Fermin Guy ou Guay, Desvignes.
16. TOUR D'EN CANET.— A. 1429, Torre d'en Canet.
    B. 1429, Forn de las Espinas.
    A et B réunies : Tour d'En Canet.
17. TRÉSORIERS DE FRANCE. — 1429, Torre d'En Bilhon, Tour d'Obilion.

(1) J'ai suivi dans ces listes l'ordre du *Guide* de Flandio de la Combe, publié en 1788. Lorsqu'il y a eu changement de sixain, les sixains étrangers à celui dont il est question en titre sont indiqués en caractère italique.

18. De Manse. — 1429, Guizant del Pos, Guillem del Pos, Guillaume de la Croix, Pierre de la Croix ou Jean d'Orléans, Jean de la Croix.
19. Petite-Loge. — 1429, la Lotge dels merchans, Loge Vieille, Petite-Loge ou Jean Bouques.
20. Eglise Notre-Dame. — 1544, Notre Dame.
21. Consulat. — 1429, Cosselh nou, Consulat Neuf.

### Sixain Saint-Paul.

1. Douze Pans. — 1435, Douze Pans Saint-Paul.
2. Boulet. — 1435, Peyre de Lostal, François Colombier, Jean du Suc, Antoine Bonnier.
3. Riban. — 1435, Johan del Pos, Jean del Pos ou Bernard Fanota, Jean Fabre, Octon Fabre.
4. Moulin d'Huile. — A. 1435, Davant la Granada.
   B. 1435, dona Bontemps o de Masselhargues ou Gaspard Arnos.
   A et B réunies : Devant la Granada, Triperie.
5. Campagnan. — 1435 (*S. Saint-Thomas*), Peyre Roman ; 1544, Jean Romieu ou Johan de la Mar, Sant Anthony, André Despuech.
6. Triperie. — 1435, La Grenada, La Granada, Jean Carbonnier.
7. Four des Flammes. — 1435, del forn de las Flamas, Four des Flammes.
8. Couve. — 1435, Peyre Romieu ou Phelip Blanquiera, Guidon Amadieu, Jean Amadieu, Jean Bonneterre.
9. Castries. — 1435, Peyre Bonfilh, Bernat Bonfilh ou de las Balansas, des Balances.
10. Robin. — 1435, Loys Tessié ou Jean Roget, Guillaume Quadraginta, Roubin ou de Foucart, Malessagne.
11. Coste. — 1435, Jean de Pertout ou Thomas del Fayet, Estienne Chabert, Jean Fil.
12. Petit Saint-Jean. — 1435, gleiza de Sant Johan, Petit Saint-Jean, De l'église du Petit Saint-Jean.
13. Sabran. — 1435 (*S. Saint-Thomas*), Jean Serilhan ou Daude de Mazes ; 1544, Pierre Serilhan ou Jaume Satgier, Philippon Serilhan, Guillem Meyssonier.
14. Petit-Temple. — 1435 (*S. Saint-Thomas*), Jaume de Sant Miquel ou Jean Bedos ; 1544, hoirs Jean Bedos, Pierre Courtaud.
15. Tremolet. — 1435 (*S. Saint-Thomas*), Peyre Sauron ou Jean Laurens ; 1544, Peyre Sauron ou Jean Laurens, Lion d'Or, Antoine de la Croix.
16. La Ponche. — 1435 (*S. Saint-Thomas*), Peyre dels Puegs ; 1544, Jean Tabustel, Ponche de la Saunerie.
17. Boussonel. — 1435 (*S. Saint-Thomas*), Estève de Clapiers ; 1544, Pierre Roberty, Jean de l'Isle.

18. La Baume. — 1435, Andrieu Domergue ou Thadeo Manelli, François de Montarnaud, de Payen.
19. Colondre. — 1435 (S. Saint-Thomas), Berthomieu Roart ; 1544, du Porgue d'En Rouan, Jacques Cassaignes, Etienne Feynes, de Girard.
20. Dupoux. — A. 1435 (S. Saint-Thomas), Sacrestan de Magalona, Sacristie.
    B. 1435, Johan Le Cas ou Carlet Mauran, Barnias bachelier.
    A et B réunies: De la Sacristie, Ranchin-Dupoux.
21. Loys. — 1435, Peyre de Pinhan, Pinhan ou Jacme Berthomieu, Fulcrand Rat ou Michel Barratier, Rudavel.
22. Eglise Saint-Paul. — 1435, la gleyza de Sainct Paul.
23. Cambon { 1435, Guillem de Pradas, du général des Monnoyes,
24. Crouzet } correcteur Bournier et général Robin.
25. Férard. — 1435, Michel Caulvet ou Johan Agulhon, Calvet.
26. Gallières. — 1435, sen Jacme Cauzit, Peyre Capvillar, Saporta.
27. Bornier. — 1435, sen Johan de Conquas, Johan de Conques ou Guillem Bonailh, François des Ursières, du Poids du Roy.
28. Orgerie. — 1435, Jacme Carcassonna, Lotge del Pan.
29. Marie. — 1435, sen Johan Colombier, Pierre Colombier ou Laurens Cervel, Guillaume Saint-Ravy, Saint-Ravy.
30. Flaugergues. — 1435 à 1446 (S. Saint-Thomas), Berthomieu Alquier, Milan Alquier ; 1544, Timothée de Montchal, de Bosc.
31. De Plantade. — 1446 (S. Saint-Thomas), Guillem Pinhol ; 1544, Guillaume Dandrea ou Jean Mariotte, Jean d'Andrea, Jean Rat.

### Sixain Saint-Firmin.

1. Grande-Loge. — 1404, Consulat Vieux, Grande Loge ou sire Guillaume Boirargues.
2. Fonbon. — A. 1404 à 1477 (S. Saint-Matthieu), Sainct Nicolas ; 1525, Pierre Dumas ou del Mas, Saint-Nicolas ou Chambre des Comptes.
    B. 1404 à 1477 (S. Saint-Matthieu), Jean de Pertot, Johan Fenoilh ; 1525, Honorat Rogier, François Cler, Pierre Cler, Guilleminet.
3. D'Arènes d'Asports. — 1404, Pons Guillem, Jean Barrière, Guichard de Sandros, Simon do Sandres.
4. De Massilian. — 1404, lo forn d'En Atbrand, Raymond de Farges, Jacques de Farges.
5. Luquet. — 1404, Johan Duran ou Jean Auriol ou Jean Deleuze, Raymond Pellisson, Ramond Collet, Coulet, Antoine Atgier.

6. Boucherie. — 1404, del obrador de sen Johan Colombier.
   A. Guillaume Volvet ou Jean Loste, Claude Roche.
   B. Johan de Maisonnova ou del Mazel de Buou.
   A et B réunies : Jean Perdrix, Domergue Myot.
7. Poissonnerie. — 1404, Peissonaria.
8. Portalez. — 1404, Peyre de Calmon ou Bernat Fabre, Estienne du Coing, Matthieu Barrière, Barthélemy Perdrier.
9. Église Saint-Firmin. — 1404, la gleya de Sanct Fermin.
10. Rignac. — 1404, Jaume de Sant Johan, Ramond Malpel, Jean Malpel, François Malpel.
11. Durand. — 1387 à 1480 (S. Sainte-Croix), Ramond del Colet, héritiers de Pierre Teinturier ou Henry Bozon ; 1525, Jean Nadal, Jean de Vic, Dejaule.
12. Belleval. — 1387 à 1480 (S. Sainte-Croix), Raymond d'Avelas ou Anthoni Bonafos, Jean Martin, médecin ; 1525, Jean Amat, Raffinesque.

### Sixain Sainte-Anne.

1. Douze Pans. — 1416, Portal del Peyrou, Douze Pans.
2. Polier. — 1387 (S. Sainte-Croix), Guillem de la Balma, Peyre Fricani ; 1544, Pierre Fricand, Pierre Massal, Jacques Massal.
3. Carmes. — 1387 (S. Sainte-Croix), Forn del Castel ; 1544, Four du Château, Pierre Costier.
4. De Paul. — 1416, Peyre Calvel ou Madame de Champeux, *unie momentanément à l'île Faraulx sous M. de Rochemaure, voir n° 15*. Miremont, Brevard.
5. Puits d'Espinas. — A. 1416, Mathieu de Cavanac ou Benezeg Auriac, Hugues Baudran, Jardin de Fontanon.
   B. 1416, del Pos de Bernat Franc, Bernard Perrinelle ou Bernard Franc.
   A et B réunies : Cosme Aubert, Fulcrand Estève.
6. Puits Douachy. — 1416, Jacme Blazin, Guillem Verchant ou Miquel Blazin, ou Guillaume Fachaut ou Foquat, Jaume Blazin, Jean Blazin, Blazin.
7. Rey. — 1416, De costa Peyre Caylar ou Raymond Solelhac, Jean Gimel, François Esmanouin.
8. Guillem. — 1416, Peyre Caylar, *unie à la précédente*.
9. Puits Valfère. — 1416, Pelfort ou Calvet, Jean de l'Hostal, Jean de l'Hostau.
10. Chalon. — 1416, Jean Fumat ou Pons Mirabel, Guichard Chalon.
11. Devaux. — A. 1416, Johan Bota ou Raymond Saurel, Turrade, de Terrade, hoirs Maurice Delmas.
    B. 1416, de Caras Causas, Gaillard Raoulx, Gaillard Roux, Firmin Borne, Parran.

12. Sarran. — 1416, Johan Gos ou Bernat d'Avelana, Andrieu Astoul, Astoul, Jean Costier, Marestan.
13. Sépulcre. — 1416, Guillem de Rodez, Bernard Marges, Andrieu Astoul *avec la précédente*, Jaume Astoul, François Alicot.
14. Terral. — 1416, Frenolet d'Albi, Peyre de Salves ou Guiraud del Bez, Imbert Compagnon ou Guiraud del Bes, Jean del Bez ou Jaume Compagnon, Pierre Bigossi.
15. Poitevin. — 1416, Johan Clapareda ou Jean Creysson, Andrieu Bolat, M. de Farraulx, Feraux, Jean de Rochemaure, s$^r$ de Bernis.
16. Four Crémat. — 1416, Andrieu Tilhon, Dedie Duran, Peyre Collom, Andrieu Tilhon, Guillem Roveyrol, Julian del Bosc, Julian del Bos, Léonard Gras.
17. Gouan. — 1416, Raymond Martelenas, Peyre Verneda, Barabasta, Thomas Artaud, Antoine Artaud, Jean Michel, Jarlan.
18. Castelnau. — 1416, Estève Donat ou Jean Bateyat, Antoine Colet, Daude Vales, Figuières.
19. Devèze. — 1416, Jaume Pontanie, Claude Jarlac ou Berenguier Caupio, Jean Grégoire dit de Lavaur, Guizoy.
20. Sainte-Anne. — 1416, Santa Anna.
21. Ranchin-Fontmagne. — A. 1416, Frances Bedos ou dona Talhapana.
B. 1416, Johan Cauzit, Jaume de Sant Johan, Johan Avas ou Jean Gautart.
C. 1449, Pontoyza revendeire.
A, B et C réunies : Jean Serilhan, de Farges.
22. Vivens. — 1416, Bernat Castel, Peyre Castel, Estienne Courault alias Cabrida, Courault a la Cabride, Gardel.
23. Beaulac. — 1416, Ramon Costa, Adam Maupel, Adam Maupeau, Philippi, Bosquat.
24. Jausserand. — 1416, Bernat Sabos, Pierre Ferreiron, Pierre Ferrières, Desouzes, Euzières.
25. Petit-Scel. — 1387 (*S. Sainte-Croix*), P. Fornia lo viel, Peyre Berthomieu, Johan Terrin ; 1544, Conservatorie, Collège de l'Université de Droit.
26. De l'Epine. — 1387 (*S. Sainte-Croix*), Pos de Ramon Costa ou Étienne Cezelly ou Court vieille ; 1544, François de Cézelly, de Rochemaure.
27. Sarret. — A. 1387 (*S. Sainte-Croix*), Johan Ros.
B. 1387 (*S. Sainte-Croix*), Dona Marcha.
A et B réunies : Jean Genebrieyras ou Bernard Icart, Jean de Genebrières.
28. Dardé. — 1387 (*S. Sainte-Croix*), Guillem Cayries, Estève Aymes ou Johan del Puech ; 1544, Anne Charenton, Charenton.

### Sixain Sainte-Croix

1. Douze Pans Blanquerie. — *Elle était enclose dans celle dite* Sainte-Marie, *voir n° 6.*
2. Douze Pans Saint-Pierre. — A. 1387, du Sestairal d'En Capmal ou Campman.
    B. 1387, Bernat lo pargamenier ou Jean Dumergue.
    A et B réunies : Jacques Tessié, Pierre Brunault.
3. Villaret. — 1387, Estève de l'Oly, *puis unie à* Moulin d'Huile, *voir n° 6.*
4. Legassieu. — 1387, Four des Carmes, Pierre Boissière, Legassieu.
    Burgues. — 1387, Raymond Quintin ou Johan de las Traynas, Pierre Amouroux, Aubert Amouroux, Jean Estève, Burgues.
    Cabanis. — 1387, Ort de Sant Benezeg, gran Ort del Papa, Ort de Saint Germain, Figayreda, Jean Figaret, Pierre Aigalenc, Cabanis.
5. Propagande. — 1404 (*S. Saint-Firmin*), Sauvaire Azemar, *enclose ensuite dans celle dite* Moulin d'Huile, *voir n° 6.*
6. Sainte-Marie. — A. 1° 1404 (*S. Saint-Firmin*), Bertrand Olivié, et 2° 1404 (*S. Saint-Firmin*), Johan Olivié.
    1° et 2° réunies : Jean et Bertrand Olivié, Johan Olivié ou Jaume Bec, ou Devant Sainte-Catherine.
    B. *voir n° 5.*
    C. *voir n° 3.*
    A, B et C réunies : Moulin d'Huile de la Blanquerie.
7. Saint-Éloi. — A. 1404 (*S. Saint-Firmin*), Frances Tessié, Jaume Tessié, Dona Tessiera ou Peyre Bochas.
    B. 1404 (*S. Saint-Firmin*), Frances Cap de Prodome, del Cap del Prodome ou Aubert Montjuzieu, del Prodome, Bernard Favié.
    A et B réunies : Ecole-Mage.
8. Fauquier. — 1435 (*S. Saint-Firmin*), Johan Salas, Peyrot Salles ; 1544, Pierre Masbon.
9. Saint-Charles. — A. 1404 (*S. Saint-Firmin*), Bon Cor, Jean Gaillard, *voir n° 12.*
    B. 1387, Bernat Galhard, Davant lo pos de Sant Germain, Bernard Guitard ou Berenger Ausselier.
    A et B réunies : Jean Darles.

10. Ranc. — 1387, Peyre Arnaut, Pierre Maurin ou Pierre Gros, Johan Regnier, Jean du Ples ou Jean Bouet, Antoine Cayron, Jean Brouzet.
11. Delom. — 1404 (S. Saint-Firmin), Raymond Monestral ou Frances Genelhes ; 1544, Raymond Monistral, Puits du Plan de l'Om.
12. Laurens. — Voir n° 9. Jean Caylar, Guillaume et Jean Albigon, Jean Caylar et Jean Albijoun, D'Aiguillon.
13. Fontanon. — 1404 (S. Saint-Firmin), Frances Azemar, Jean Golin ou Roland Azimar ; 1544, Jean Golin, Jean Goulin, Bandinel.
14. Palat. — 1404 (S. Saint-Firmin), Johan Gile, Johan de la Camba ; 1544, Pierre Siges.
15. Saint-Sacrement. — Faisait partie de la précédente, elle-même enclose momentanément dans Armand, voir n° 18.
16. Restouble. — 1404 (S. Saint-Firmin), Benezeg del Boys, Bernat del Boys ou Johan Foet ; 1544, Bernard del Boys ou Jean Louppian, Jean Luppian, Martial du Maître.
17. Madières. — 1404 (S. Saint-Firmin), Salvayre Gibaut, Peyre Emeric, dona Gibauda ou Peire Joglar ; 1544, Guillaume Garaudel, Jean Rodier vieil, Jean Laye, Carquet.
18. Armand. — 1404 (S. Saint-Firmin), Guillem Guitart ou Peyre Mathas, Guillem Guitart ou Michel Madame ; 1544, Michel Madame ou Jacques Azemar, Etienne Buzanquet.
19. Viguier. — 1404 (S. Saint-Firmin), Jaume Bec, Peyre Riols ; 1544, Andrieu Long, André Le Long, Seguin.
20. Rongues. 1435 (S. Saint-Firmin), La Fayne ou Marques, Seguin, unie à la précédente, voir n° 19.
21. Chateau-Gaillard. — Unie avec le n° 11.
22. Rozel. — A. 1387, Jehan Pozaran, Peyre Poszeran, Abbé d'Aniane ou Germain Peisset, Rozel.
        B. 1404 (S. Saint-Firmin), Bans novs, Bans nous, Etuves vieilles ; 1544, Antoine Trouchaud, Jean Fesquet, Puits de Fraisse.
        A et B réunies : Rozel.
23. Sainte-Croix. — 1387, la gleya Santa Cros, Sainte-Croix.
24. Puits des Esquilles. — 1387, Jacme Arquier, Frances Nérot ou Guillem Arbossa, Pos de las Esquillas.
25. Saint-Michel. — Comprise dans la précédente.
26. Four de Genies. — 1387, Bernat dels Puechs, Johan dels Puetz, Castel Moton, Pierre Roussel, Clauzel.
27. La Greffe (Trinquière, s^r de). — 1387, Peyre Dinant, Ysarn Teinturier, Miquel Teinturier, Jean Boerii, Jean Bouerii, Jean de Trinquère.
28. Plan de la Canourgue. — 1387, dels graniers del Prebost, del Granier del Capitol de Maguelone, Capitol de Maguelone, Cellerie de Maguelone, de Prades.
29. Cambacérès. — 1387, Johan de la Costa, barbier, ou Frances del Forn, Jean de la Costo alias de Sainte-Croix, Roselli.

30. Tinal du bénéfice de la Canourgue. — 1387, Johan de Ferrieyras, Jean Valocière, Pierre Talon.
31. Catrix. — 1387, Guillem Peythavin ou Miquel Guerra, Peyre Borgonhon, Morat Fabre, *puis unie au n° 33*.
32. Saint-Ruf. — A. 1387, Johan Comte, Gauton lo peissonier, dels ostals nous de Sant Ruf, *réunies pour former* Saint-Ruf.
    B. 1387, Devant le lenhier del forn dels cossols, del forn dels cossols en Costa Frega, *réunies pour former* Guillem Canayre.
33. De Fagès. — A. 1387, Johan Mauran ou Guillem Perier.
    B. 1387, Raymond Martelenas, Clapareda sot la via.
    A et B réunies : Pierre Yssert, Pons Richard.
34. Bouissonade. — 1387, Clapareda ou Peyre Bremon, Johan Sancy, Bringuier Roux.
35. Blaud. — 1387, Anric Seguin, Montmajour, Plan du Palais, Dulac.
36. Puits du Palais. — 1387, Del pos del Palays, Thomas Bringuier.
37. Enceinte du Palais. — 1387, le Palais, du Palais.
38. Devant la chapelle du Palais. — 1387, Guiraut Agulhon, Pierre Mathey, Daumas Cheval, Malecare.
39. Eustache. — A. 1387, Nostra Dona du Castel.
    B. 1387, dels granies de Bernat Franc, Orgerie Neuve.
    A et B réunies : Notre-Dame du Palais, Orgerie Vieille, Vedrinel.

### Sixain Saint-Matthieu.

1. D'Arènes. — 1404, Raymond Michalet ou Bernard Palmier, de Lasset, de Serres.
2. Collège de Droit. — 1404, Johan Benofarem, Michel Chabert, Capella Nova.
3. Madier. — 1404, Pos de la Corrataria, Georges Douet ou Doet, d'Aventurin.
4. Chapeau Rouge. — 1404, En Valenti, En Valentin ou Sauvayre del Mas.
5. Chapelle-Neuve. — 1404, Raymond Sardonier, du Jardin de la Chapelle-Neuve.
6. Cayla. — 1404, Four qui passe, Etienne Bonnet, Jacques Bonnet, Fesquet.
7. Sallat. — *Démembrée de la suivante ;* 1404, Peyre Royer, Guyot Philippi, Barjalas.
8. Collège de Médecine. — 1404, Peyre Riquet, College du Roy.
9. Rivière. — 1404, Prévot de Maguelone, hoirs Trocellier, Isarn du Jardin, de Gaille.

10. Capucins. — A. 1404 (*S. Saint-Firmin*), Jacques Guillem, des Orangers, Solas.
    B. 1° 1404 (*S. Saint-Firmin*), Court del Bayle.
    2° 1404 (*S. Saint-Firmin*), Peyre Cabot, Peyre Giberna, Pierre Giberne.
    1° et 2° réunies : Cour du Bayle, Temple de la R. P. R.
11. Casseyrol. — 1404 à 1480 (*S. Saint-Firmin*), Pons Grimaut ou Thomas Amalric, Galhard Verchant, Jean Causse.
12. Pouget. — 1404 à 1480 (*S. Saint-Firmin*), Berenger de la Rueyra, Jacme Angelin, Buou Coronat ou Jean Lemyre, Dardé Coste.
13. Lauriol. — 1404 à 1480 (*S. Saint-Firmin*), Johan Jaume, Honorat Plovyer, Michel de Pluviers, de Pluviers.
14. Saint-Matthieu. — 1404, la gleia Sant Mathieu, Saint-Matthieu ou Collège du Pape.
15. Daumezon. — 1404, Prieur de Castelnau, Jacques Molez.
16. Savy. — 1404, Pos dels Dozils ou Devant le Prieur de Castelnau, Mathieu Odart, Jean Audat, Bastian Gondelard.
17. Refuge. — 1404, Guillem Boissieyra, Pierre Cabanes, Blaise Meyrueis, Bruguier.
18. Novial. — 1447, Jean Fornel, du jardin de Pierre Rosset, Pierre Rousset, Desandres.
19. Plan de l'Olivier. — 1404, Berthomieu Mogolan ou Urbain Girart, du Four du Plan de l'Olivier, Simon Baudouin.
20. Sainte-Ursule. — 1404, Peyre Tenchurier, Estienne Ferrières, Guillaume Valez, Moulin d'Huile.

## VII.

VENTE DE MAISON DITE LA CATALOGNE OU TRIPERIE.

(23 décembre 1258).

Domus vocata Cathalonya in qua venduntur capita et intestina mutonum cocta, nunc La Tripperie.

In nomine Domini nostri Jesu Christi. Anno ejusdem Incarnationis millesimo ducentesimo quinquagesimo octavo, decimo calendas januarii. Ego Guillelmus de Pavo miles, tenens locum et gerens vices serenissimi domini Jacobi, Dei gratia regis Aragonum, in Montepessulano et tota ejus dominatione, auctoritate et potestate mihi data et concessa ab eodem domino Rege, ob evidentem utilitatem domini Regis predicti, bona fide, omni dolo et fraude carente, omnibus etiam et singulis remotis, rejectis et exclusis, quibus presens contractus in totum vel in partem potest rescendi, retractari vel etiam annullari, cum hac carta publica do, trado, cedo, concedo et in perpetuum, accapiti nomine sive emphitheosim, derelinquo vobis Bernardo de Mairosio, cabasserio, et Guillelme, ejus uxori, pro medietate indivisa et tibi Grimaudo macellario pro alia medietate indivisa et vestris, ad hedificandum ibi domum seu domos cum solariis, prout vobis placuerit, et ad omnes voluntates vestras et vestrorum, in vita et in morte plenarie faciendas ad dandum, vendendum, impignorandum vel quo[cumque] alio modo vos vel vestri volueritis alienandum, exceptis tamen sanctis, clericis et militibus, cum consilio semper domini Jacobi, Dei gratia Regis Aragonum, predicti vel ejus locumtenentis in villa predicta Montispessulani, videlicet quamdam domum dicti domini Regis que vocatur CataluEñiha infra quam cabaserii et buclerie istius ville vendunt carnes coctas, capita et intestina mutonum, bovium et vacarum, agnorum et [h]ircorum et alia intestina, cum ejusdem domus tecto, solo, et cum tabulariis infra eamdem domum et infra accapitum Thome Arnaldi edifficatis, introitibus et exitibus et suis omnibus aliis pertinentiis et adjacentiis et que ei aliquo modo pertinere possunt, vel debent, et quicquid infra subscriptas confrontationes continentur, que confrontatur ex una parte cum accapito Thome Arnaldi, et ex alia parte cum honore Petri de Fontaynis, et ex alia parte cum domo Petri de Barnaco, piperarii, carreria in medio, et ex alia parte cum domibus quondam Bernardi Arluprii, carreria in medio, quam siquidem domum dono vobis in accapitum tali conditione et pacto quod cabaserii et buclerie istius ville vendant semper ibi et vendere teneantur carnes predictas. Propter hanc autem donationem, cessionem, concessionem, translationem pleno jure et in perpetuum valituram dedisti mihi accapiti nomine quindecim libras melgorienses, de quibus penes vos nil remansit in debito vel ad solvendum, in quibus expressim et ex certa scientia renuncio exceptioni non numerate pecunie seu accapiti non numerati, quod accapitum dico et in veritate assero esse legitimum atque justum, ideoque tantum non potui ab aliquibus aliis invenire, licet hoc essem sollicite et curiose inquisitus cum corrateriis et aliis personis variis et diversis, dictam domum cum omnibus suis pertinentiis per plures dies exponendo venalem, pro qua domo dabitis vos et vestri singulis annis quandiu cabaserii et Montispessulani buclerie vendent carnes predictas infra domum predictam pro usatico seu nomine usatici decem libras melgorienses, medietatem in festo Natalis Domini et aliam medietatem in festo Sancti Johannis Batiste. Tamen si cabaserii et buclerie istius ville mutarent macellum in alio loco, voluntate dicti domini Regis vel mea seu successorum nostrorum, causa vendendi carnes predictas ibi, dabitis dicto domino Regi annis singulis pro usatico seu usatici nomine pro domo predicta duos solidos melgorienses tantum, quam domum cum omnibus suis pertinentiis faciam vos et vestros et quos volueritis, dicti accapiti nomine, semper habere et tenere ac quiete et pacifice possidere et ab omni contradictione et inquietante jure semper deffendam. Pro quibus omnibus et singulis et pro evictione, si ibi in totum vel in parte fieret, obligo vobis et vestris omnia bona et jura dicti domini Regis presentia et futura, que omnia renunciando pro eodem domino Rege et ejus nomine omni juri et rationi quibus contra predicta vel aliquod predictorum venire valere, attendere, servare, custodire et numquam contra venire promitto ullo modo. Sciendum tamen est quod Dominicus Vitalis, notarius, debet accipere locarium totum dicte domus et tabularum hinc ad festum Natalis Domini. Testes sunt Johannes de Roveria, sabaterius, Johannes Ferraguci et Petrus Jordani, publicus Montispessulani notarius, qui rogatus a partibus hoc scripsit.

(Liber instrum. memor., f° 207 v°, art. 600, partie non éditée par M. Germain.)

## VIII.

### CONCESSION DE L'ORGERIE PRÈS DU PALAIS.

(Avril 1168).

In nomine Domini nostri Jhesu Christi. Anno Incarnationis ejusdem m° c° lx° viij° mense aprilis. Ego Guillelmus dominus Montispessulani, videns et cognoscens communem utilitatem tocius Montispessulani, bona fide et sine dolo, cum hac carta volo, mando, dono, laudo atque concedo in perpetuum populo Montispessulani presenti et futuro quod illo planus et spatium illud, sicut extenditur et torminatur ab operatoriis meis orgeriorum et tabulis meis, que cum eisdem operatoriis tenentur, usque in tabulam que fuit Ramundi Bruges et ex alia parte terminatur cum tabulis meis, que sunt juxta domum que fuit Stephani Adalguerii, et ex alia parte cum estari Guiraudi Atbrandi et cum estari Petri Lamberti, filii quondam Lamberti de Paleata, et cum estari quod fuit Tritmundi et ex alia parte cum estari Berengarii Samuelis, et ex alia parte cum estari Petri Vinfranc, quod iste planus et spatium istud totum sicut superius terminatum est in perpetuum remaneat ad planum et spatium, et promitto atque convenio quod in isto dicto plano et spacio aliquid edificium seu bastimentum non faciam nec fieri faciam, neque alicui persone facere dimittam, et mando atque injungo heredibus seu successoribus meis quod in perpetuum ita teneant et observent. Hoc totum sicut prescriptum est laudavit et confirmavit dictus Guillelmus, dominus Montispessulani, in ecclesia Sancte Marie et sigillo suo consignare mandavit. Hujus rei testes sunt Atbrandus et Atbrandus et Guiraudus ejus filii, Pontius Lamberti, Guiraudus Atbrandi, Petrus de la Casa, Berengarius filius quondam Berengarii Lamberti Ruffi, Petrus Aimerici, Berengarius Aimerici frater ejus, Raymundus Ricardi, Bernardus Guitberti, Guillelmus de Tresliz et Fulco qui hec scripsit. Hec carta est apud Guiraudum Atbrandi et alia similis huic est apud Atbrandum.

(Grand Thalamus, f° 72. Transcription du 10 des calendes de mars 1278.)

## IX.

AUTORISATION DONNÉE PAR PIERRE DE VERNOBS, ÉVÊQUE DE MAGUELONE,

AUX JUIFS DE MONTPELLIER DE JOUIR DE LEUR SYNAGOGUE NEUVE.

(13 mai 1387).

Concordia super nova synagoga inter dominum Episcopum Magalonensem et judeos Montispessulani.

In nomine Domini amen. Anno Incarnationis Domini millesimo trescentesimo octuagesimo septimo indictione decima et die tertia decima mensis madii, pontificatus sanctissimi in Christo patris et domini nostri domini Clementis divina providentia pape septimi anno nono, noverint universi quod cum questio seu debatum esset et major in futurum verti speraretur inter reverendissimum in Christo patrem et dominum dominum Petrum, miseratione divina episcopum Magalonensem agentem et petentem ex una parte, et judeos et judeas ville Montispessulani seu eorum procuratores defendentes parte ex altera, super eo videlicet quod dictus dominus Episcopus dicebat et asserebat dictos judeos et judeas quamdam domum in carreria in qua habitant infra dictam villam Montispessulani emisse, et dictam domum in novam sinagogam erexisse contra juris canonici et civilis dispositionem, et ibidem puhortum et armarium cum magno ornatu et artificio fabricasse cum magna numerositate lampadarum, que omnia in vilipendium religionis christianorum et ecclesiarum catholicarum, ac utriusque juris constitutiones redundabant, dictamque sinagogam de novo minime construere seu erigere posse, seque fore in possessione paciffica et a tanto tempore citra quod hominis memoria in contrarium non existit ut, cum dicti judei iu conducticiis hospiciis scolas suas seu sinagogam facere volebant, licentia prius ab Episcopo Magalonensi obtenta, soliti sunt facere, et ideo asserebat dictos judeos et judeas in extructione dicte nove sinagogue compendio ecclesie sue Magalonensis laborasse et ad ipsum pertinere debere, dictis judeis et judeabus in contrarium dicentibus et allegantibus se posse, ex potestate eis a[t]tributa per dominum nostrum Francorum regem sinagogam facere et eorum legem in ipsa colere, prout antiquis temporibus facere consueverunt, et quod ex dicta potestate ipsis a[t]tributa dictam sinagogam fecerant et in statu in quo (1) erexerant eandem tenuerunt usquedum dicta sinagogua per honorabilem et potentem virum Johannem de Betizaco, secretarium domini nostri Regis, fuit ad debitum statum restricta et reducta juxta mandatum regium sibi super hoc directum, verum cum pretextu certe commissionis pro parte dicti domini Episcopi a curia regia Parlamenti Parisius obtente et super infrascriptas certis peragendis commissario deputato et ex potestato dicti honorabilis et potentis viri Johannis de Betizaco, secretarii domini nostri Regis, et dicti domini ducis Bituricensis, locum tenentis domini nostri Francorum Regis in partibus occitanis, judicis, et conservatores et commissarii auctoritate regia deputati premissa sinagoga indubite ac excessive erecta per dictos commissarium et dictum honorabilem Johannem de Betizaco fuerit ad statum pristinum et debitum reducta, et pretextu premissarum certe appellationes introducte fuerint in dicta curia Parlamenti Parisius et adjornamentum impetratum per dictum dominum Episcopum contra dictos judeos et judeas et alias dicti judei ex certis processibus factis ad requestam prefati domini Episcopi appellaverint, pluraque per utramque partem facta, gesta et introducta in dicta curia Parlamenti fuerunt. Tandem dictus dominus Episcopus, actendens restrictionem et reductionem suprascriptas fore rate et legitime factas, et per eas pro majori parte juri ac juris dispositioni et per consequens sibi, qui per eamdem juris dispositionem conservator jurium esse debet, satisfactum existit, volens sicut et de juris velle debet ob memoriam Passionis dominice sectam judeorum tollerare et certo modo in sinagoguis eis permissis legem mosaycam eos exercere ac colere, consencientibus et requirentibus Helia de Loan et Samuele Caylli, judeis, tam pro se quam aliis judeis et judeabus Montispessulani, per quos infrascripta ratifficare promiserunt, pro diversis et magnis expensarum oneribus pro premissis et occasione ipsorum per sepe fatum

(1) Ms.: pro.

dominum Episcopum et gentes suas factis et subportatis, concordaverunt et convenerunt, ipse inquam (1) dominus Episcopus pro se et dicti Helias de Loan et Samuel Caylli, tam pro se quam aliis judeis et judeabus Montispessulani suprascriptis, pro bono pacis et concordie, ut dicti judei et judee Montispessulani et totus cetus eorum in reverentiam debitam, sicut debent et tenentur, ipsum dominum Episcopum habeant, ac ipse gratiose salva honestate et debito sui pastoralis officii confaveat et colleret, quod dent et solvant, dare et solvere teneantur, retenta prius tam super suprascriptis, quam infrascribendis omnibus et singulis licentia et bona voluntate metuendorum dominorum Parlamenti Parisius domini nostri Regis, quadringentos francos auri boni ponderis per terminos infrascriptos, videlicet ducentos francos auri in festo Beate Marie mensis augusti proxime venientis et alios ducentos francos auri in festo Omnium Sanctorum etiam proxime veniente et cum premissis a[t]tentis reductione et restrictione supra expressatis prenominatus dominus Episcopus Magalonensis sinagogam de qua superius est facta mentio juxta modum et formam restrictionis et reductionis suprascriptarum colleret et dictam legem mosaycam sine quacumque controversia seu questione exercere et colere dictos judeos et judeas permictat, dictosque judeos presentes et alios judeos et judeas, licet absentes, et me notarium infrascriptum, pro istis et aliis quorum interest seu interesse potest aut poterit in futurum stipulantem et recipientem, idem dominus Episcopus quietavit et absolvit, dicta summa mediante, de omnibus hiis que ab eis petere possent occasione dicte nove constructionis seu ampliationis facte in dicta sinagoga, etc. — Acta fuerunt hec Avinhioni in domo habitationis dicti domini Episcopi, presentibus honorabilibus viris dominis Johanne Labrenha, licenciato in legibus, Guillelmo Vincencii, licenciato in decretis, magistro P. Pasqualis, notario Bicterris, nobili Bertrando de Salveo, domino de Roveria, Guillelmo Bariani de Bicterris, testibus ad premissa vocatis specialiter et rogatis.

(Arch. dép. de l'Hérault, Cartul. Mag., reg. A, f° 314.)

(1) Ms. : numquam.

## X.

### 1. ENGAGEMENT D'APPRENTI VERRIER.
(7 avril 1343).

Anno et die predictis ego Johannes de Brolio, farinerius, habitator Montispessulani, colloco et paciscor in discipulum et scolarem Johannem filium meum vobis Thome Stephani, cristalherio Montispessulani, presenti et hec stipulanti et recipienti pro vobis et vestris successoribus, ab hodie in decem annos, etc., ad morandum vobiscum et ad addiscendum et faciendum vestrum ministerium et ad faciendum omnia alia mandata vestra licita et honesta tam in Montepessulano quam extra per totum dictum tempus, promittens, etc., quod dictus Johannes, filius meus, erit vobis et vestris per totum dictum tempus bonus et legalis, etc., vos autem tenemini dictum filium meum fideliter instruere in dicto vestro ministerio et bonis moribus et condecenter providere vestris expensis in victu, vestitu et calciamento per totum dictum tempus, eidem Johanni, filio meo, sano per dictum totum tempus et in qualibet sua infirmitate dicti tempus per quindecim dies, promi[t]tens, etc., quod dictus filius meus vobiscum morabitur et vestrum ministerium, vestraque mandata predicta faciet per totum dictum tempus, etc., pro quibus, etc., et pro omni restitutione dampnorum, etc., obligo, etc., me in personam et omnia bona mea presentia et futura sub viribus, etc., Sigilli Montispessulani dicti domini Francorum Regis, etc., per fidem, etc. Consequenter ego dictus Thomas Stephani, etc., promit[t]o et convenio vobis dicto Johanni de Brolio presenti, pro dicto filio vestro stipulanti et recipienti, quod ego dictum filium vestrum instruam in dicto meo ministerio et bonis moribus et sano per totum dictum tempus et egro in dicta sua qualibet infirmitate per quindecim dies condecenter providebo meis expensis in dictis victu, vestitu et calciamento. Pro quibus, etc., et pro omni restitutione dampnorum, etc., obligo, etc., me in personam et omnia bona mea presentia et futura sub viribus, etc., dicti Sigilli, etc., per fidem, etc. Actum in Montepessulano, horum sunt testes Guillelmus de Bossonesio, clericus, Guillelmus Thome, barberius Montispessulani, et ego Johannes Holanie, publicus notarius regius.

(Arch. dép. de l'Hérault, série G, notaires : Périer, Lafon, Holanie, reg. 29, f° 14.)

## 2. ENGAGEMENT D'OUVRIER VERRIER.

(8 novembre 1343).

Anno et die predictis ego Vivianus Sarchabo de Venosia, cristalherius, colloco et paciscor me in obrerium et omnes operas meas vobis Thome Stephani, cristalerio Montispessulani, presenti, etc., ab hodie in quatuor annos, etc., ad morandum et ad operandum vobiscum, et ad faciendum pro vobis et vestro nomine vestrum ministerium cristalheriorum et omnia alia mandata vestra licita et honesta, tam in Montepessulano quam extra per totum dictum tempus. Promittens, etc., quod ego ero vobis et vestris per totum dictum tempus bonus, etc., vos autem, ex pacto expresso inter me et vos inhito atque facto, pro meo salario et labore michi debebitis et solvetis qualibet die operativa qua vobiscum et pro vobis per dictum tempus operabor et vestra faciam duos solidos turonenses monete nunc currentis. Et etiam providebitis michi per totum dictum tempus in paropcide et lecto sufficientibus. Et sic promitto, etc., quod ego vobiscum operabor et extra Montempessulanum ad loca que volueritis et quociens volueritis, vobiscum vel sine vobis ibo pro vobis, et dictum ministerium vestrum faciam forum et hinc, et totum dictum vobis complebo et infra dictum tempus a vobis non fugiam seu discedam, nullaque alia mandata et negocia faciam, absque vestri sciencia et licencia speciali. Pro quibus, etc. Et pro omni restitutione dampnorum, etc., obligo, etc., me in personam et omnia bona mea presencia et futura sub viribus, etc. Sigilli Montispessulani dicti domini Francorum Regis, etc., renuncians, etc., juro, etc. Et consequenter ego dictus Thomas Stephani, etc., promit[t]o, etc., vobis dicto Viviano presenti, etc., quod pro vestro salario et labore predictis ego vobis dabo et solvam qualibet die operativa qua mecum operabimini per dictum tempus et mea negocia facieritis dictos duos solidos turonenses monete nunc currentis. Et quod etiam vobis providebo sufficienter meis expensis in paropsside et lecto, prout superius continetur. Pro quibus, etc., et pro omni restitucione dampnorum, etc., obligo, etc., me in personam et omnia bona mea presencia et futura, sub viribus, etc., predicti Sigilli, etc., renuncians, etc., per fidem, etc. Actum in Montepessulano, horum sunt testes magister Johannes Holanie, notarius regius, Petrus Ricardi, clericus Montispessulani, et ego Raymundus de Fonte, publicus notarius regius, qui mandatus et requisitus hec in notam recepi.

Extractum est instrumentum pro dicto Thoma Stephani.

(Arch. dép. de l'Hérault, série G, notaires : Périer, Lafon, Holanie, reg. 29, f° 116/94.)

## XI.

**1. RECONNAISSANCE PAR RAYMOND DE CONQUES D'UNE DEMI-TOUR PROCHE LE PORTAIL DE MONTPELLIÉRET.**

(30 octobre 1251).

Anno Dominice Incarnationis millesimo ducentesimo quinquagesimo primo tercio kalendas novembris, ego Raymundus de Conchis major scio et vere cognosco vobis Johanni Tabernario, etc., stipulantibus pro vobis... et pro Opere dictorum murorum, quod ego sumptibus meis feci fieri pro vobis nomine dicti Operis illud plancatum quod factum est jam in bisturri portalis Montispessulaneti que confrontatur cum stari meo quod tenet Guiraldus Fortis et cum dicto portali, et debeo ipsam bisturrim regere et tectum super ea facere sumptibus meis, tali modo quod illud quod jam ceptum et factum est in illud quod faciendum est, ut dictum est feci facere debeo et faciam pro vobis, nomine dicti Operis, ad precium factum pro quindecim libris melgoriensibus quas michi debetis reddere in hunc modum videlicet quod dictam bisturrim cum dictis edificiis et solo ejus, omnibusque suis pertinentiis locastis et locatis mihi ad quindecim annos pro pensione viginti quinque solidorum melgoriensium dandorum pro quolibet ipsorum annorum, ita scilicet quod de dicta pensione ego debeo retinere quindecim libras melgorienses in solutione dictarum xv librarum a vobis mihi, ut dictum est, debitarum, etc.

(Arch. mun. de Montp., fonds Joffre, t. II, f° 87, pièce n° 176.)

**2. RECONNAISSANCE DE LA MÊME DEMI-TOUR PAR BERNARD ROCH ET BÉATRIX DE CONQUES.**

(14 octobre 1267).

Anno Dominice Incarnationis millesimo ducentesimo sexagesimo septimo scilicet pridie idus octobris, ego Bernardus Roq, filius quondam Stephani Roq, draperii, pro me et Beatrice, uxore mea, absente, filiaque quondam domini Raymundi de Conchis majoris annis.... recognosco vobis... Operariis Communis Clausure ville Montispessulani... quod illa bisturris que est juxta portale Montispessulaneti, que est juxta domum que fuit Guiraldi Fortis, et etiam hedificia ibi facta sunt et esse debent de Opere dicte Communis Clausure ville Montispessulani, et illa edificia que ibi sunt facta sunt seu fuerunt facta de denariis propriis Operis dicte Communis Clausure ville Montispessulani, et quod illud spacium duodecim palmorum qui faciunt cannam et dimidiam, quod spacium est infra dictam domum, est et esse debet de dicto Opere dicte Communis Clausure ville Montispessulani, tamen hedificia in dicto spacio facta sunt mea et dicte uxoris mee et de meis et dicte uxoris mee denariis propriis et predecessorum nostrorum facta et hedifficata. Et promicto et convenio, etc., ... quod in dicta bisturre vel in dicto spacio non faciam vel fieri faciam clam vel palam latrinam vel aygueriam nec aliquid aliud per quod possit fieri aliquid prejudicium muro Montispessulani vel dicte bisturri, etc.

(Arch. mun. de Montp., fonds Joffre, t. 1er, f° 29 v°, pièce n° 58.)

### 3. CONCESSION DE LA MÊME DEMI-TOUR A BERNARD ROCH.

(26 octobre 1268.)

Anno Dominice Incarnationis millesimo ducentesimo sexagesimo octavo scilicet septimo kalendas novembris. Nos Hugo de Ruthenis, Petrus de Fontainis, etc..., operarii Operis Communis Clausure... locamus et concedimus tibi Bernardo Roq, filio quondam Stephani Roq, draperii, et tuis videlicet illam bisturrem et edificia ibi facta, que sunt juxta portale Montispessulaneti juxta domum que condam fuit Raymundi de Conchis, que domus nunc est tua, que bisturris et edificia ibi facta sunt et pertinent Operi dicte Communis Clausure ville Montispessulani, quam locationem tibi et tuis facimus hinc ad instans festum sancti Michaelis et a dicto festo in decem annos continuos et completos. Verumtamen tu dictus Bernardus et tui dabitis et solvetis nobis et successoribus nostris nomine locarii seu pensionis in unoquoque anno dictorum decem annorum xx solidos melgorienses in festo sancti Michaelis cujuslibet anni dictorum decem annorum. Tamen si infra dictum tempus dictorum decem annorum dicta bisturris esset necessaria ville Montispessulani ad tuhitionem ejusdem ville, quod nos et successores nostri possemus dictam bisturrem accipere et edificia ibi facta demoliri facere non obstantibus premissis, dictam vero bisturrem et hedificia ibi facta nomine locarii faciemus te dictum Bernardum et tuos per totum dictum tempus habere et tenere, et pro majori, equali vel minori locario tibi vel tuis non auferemus, obligantes pro premissis, etc. Testes sunt, etc... et ego Johannes de Sancto Thiberio, notarius Montispessulani, qui rogatus a partibus hec scripsi.

(Arch. mun. de Montp., fonds Joffre, t. II, f° 91 v°, pièce n° 187.)

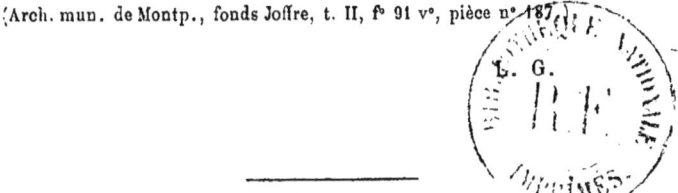

www.ingramcontent.com/pod-product-compliance
Lightning Source LLC
Chambersburg PA
CBHW050345170426
43200CB00009BA/1741